JEANNE D'ARC

**

La Couronne de feu

DU MÊME AUTEUR
(voir en fin de volume)

MICHEL PEYRAMAURE

JEANNE D'ARC

**

La Couronne de feu

roman

ROBERT LAFFONT

ISBN 2-221-08923-5

1

MARCHER SUR PARIS

Reims, juillet 1429

Bref, chargé d'une violence feutrée, l'entretien que Jeanne avait eu avec Madame Yolande dans le jardin de la Maison de Ville de Reims lui avait laissé un goût d'amertume : elle s'était sentie non seulement manipulée mais flouée, trahie, pour ainsi dire mise en disponibilité. Après avoir fait à sa protectrice un brin de conduite sur la route de Saint-Léonard, à la sortie de la ville, elle en venait presque à regretter de n'avoir pas suivi son père et repris sa place dans sa famille. Sa mission n'était-elle pas achevée ? Après avoir rejeté les Anglais au-delà de la Loire, fait sacrer le *gentil dauphin,* elle aurait pu mettre bas les armes pour reprendre l'aiguillon et le fuseau, d'autant que pas une seule fois depuis la cérémonie du sacre, malgré ses attentes fiévreuses, ses prières, ses admonestations, ses voix ne s'étaient manifestées. Elle aurait dû prendre le parti de renoncer, de traiter par l'indifférence les honneurs qu'on lui témoignait de toutes parts, les lettres qu'on lui adressait, les récits de son épopée que le maître ès arts Alain Chartier adressait aux souverains d'Occident, les poèmes que Christine de Pisan tressait pour elle depuis sa retraite mystique...

Elle aurait dû, mais le voulait-elle et le pouvait-elle ?

En tournant bride après un dernier regard vers la petite caravane qui, sous la Montagne de Reims, piquait droit vers l'orage,

Jeanne se disait qu'elle ne pouvait persister à savourer par petites gorgées délectables des hommages qui ne la laissaient pas indifférente mais ne lui tournaient pas la tête.

Son intendant Jean d'Aulon l'attendait à l'ombre d'un sorbier ; elle rangea sa monture près de la sienne.

– Jean, dit-elle, vous qui, étant de la maison d'Anjou, connaissez Madame Yolande mieux que personne, éclairez-moi. Notre dernier entretien m'a laissé un sentiment de déception que je ne parviens pas à surmonter. Depuis mon départ de Vaucouleurs pour Chinon elle n'a cessé de veiller sur moi, organisant ma mission et me donnant les moyens de la réaliser. Et aujourd'hui, alors que notre but commun est atteint, elle me congédie comme une chambrière qui aurait cessé de plaire ou d'être utile. Qu'en dites-vous ?

Jean d'Aulon se gratta la joue et grimaça un sourire gêné. Jeanne, une chambrière ! Cette comparaison eût donné à rire s'il n'y avait du vrai dans cette analyse.

– Jeanne, dit-il, vous me mettez dans l'embarras. D'une autre que vous j'aurais cru à de la niaiserie, mais je sais que vous n'avez rien d'un gobe-mouches. J'ai appris à apprécier votre bon jugement et...

– On peut avoir bon jugement et être pris en défaut. Si je m'en tenais aux propos de Madame Yolande il ne me resterait, à la fin de cette campagne, qu'à mettre mon harnois à la potence, à accrocher ma bannière et mes armes au ratelier et à retourner à Domrémy. N'y a-t-il pas là de la part de cette dame quelque manœuvre secrète ?

– Ne cherchez pas la vérité où vous savez ne jamais la trouver. La vérité est toute simple : Madame Yolande est parvenue à ses fins. Donc vous avez cessé de l'intéresser ! Elle n'a été loyale avec vous que le temps nécessaire à assumer ses propres ambitions : éloigner les Godons de la Loire pour leur couper la route du sud, établir un couloir entre ses domaines d'Anjou et ceux de Lorraine et du Barrois dont son fils René héritera à la mort du duc Charles. Je regrette de vous le confirmer, Jeanne : vous avez été, depuis le début de votre mission, un instrument docile. Vous avez été manipulée.

Il répéta en détachant les syllabes :

– Ma-ni-pu-lée...

Jeanne sentit une bouffée de colère lui empourprer le visage.

– En nom Dieu, Jean, pourquoi ne m'en avoir rien dit. Je vous considérais non seulement comme un bon serviteur mais comme un ami fidèle. Me serais-je trompée ? Allez-vous me renier vous aussi ?

Il sursauta, rougit, protesta :

– Moi, vous renier ? Si je recevais l'ordre de renoncer à mon service et que je sois libre de décider de mon avenir, je reviendrais vers vous ! Jeanne, cette opinion que vous semblez avoir de moi me déçoit !

Elle lui tendit la main ; il la prit et la porta à ses lèvres.

– Pardonnez-moi, dit-elle en souriant. Il arrive fréquemment que les mots dépassent ou dénaturent ma pensée. Nous sommes amis, restons-le.

– Il est temps de partir, dit-il, la gorge serrée.

En cours de route, il ajouta après un long silence :

– J'aurais sans doute dû vous informer des manigances dont vous avez été l'objet. Si je n'en ai rien fait c'est que votre complicité avec Madame Yolande fonctionnait à merveille. On ne détraque pas un mouvement d'horlogerie qui donne l'heure exacte. Vous eussé-je révélé le fond des choses, votre comportement en eût été changé, ce qui eût compromis votre mission. Pouviez-vous attendre de vos frères du Paradis les hommes, les armements, les subsides que la reine de Sicile ne vous a pas mesurés ? Pouviez-vous attendre ce secours du dauphin ? Sans la prodigieuse clairvoyance de Madame Yolande vous seriez restée une prophétesse de village et le dauphin aurait dû abandonner ses prétentions au trône de France ! Ne me dites pas que ce parti vous eût convenu !

Jeanne chevaucha un moment en silence. Les révélations de son intentant avaient jeté dans son esprit une lumière brutale sans pour autant dissiper ses griefs : elle se sentait victime d'un double abandon : de la part de ses voix et de la reine de Sicile. Il s'y ajoutait une inquiétude tenace : Charles semblait lui aussi prendre ses distances avec elle ; quant à ses favoris, La Trémoille et Regnault notamment, ils ne lui manifestaient qu'une déférence glacée, au point qu'elle se demandait si, eux aussi, n'allaient pas lui signifier son congé. Jean d'Aulon la rassura :

– Des favoris, je ne dirai rien, mais, pour ce qui est du roi, sachez qu'il a toujours pour vous de la reconnaissance et de l'affection. Il sait que la guerre n'est pas finie et qu'il aura besoin de vos services. Vous licencier, Jeanne... Y avez-vous vraiment songé ? Ce serait redonner aux Godons l'espoir qu'ils sont en train de perdre ! Savez-vous que le régent Bedford et le cardinal de Winchester ont le plus grand mal à recruter en Angleterre des *yeomen* et des hommes de troupe : tous sont épouvantés à l'idée de vous affronter, vous qu'ils appellent la *sorcière* ?

Sorcière... Le mot n'était pas trop fort. Jeanne n'avait pas oublié l'épisode du soldat anglais qu'elle avait recueilli à Patay, à l'issue de la bataille, et qui était mort de saisissement en la reconnaissant.

Jean d'Aulon ajouta :

– Une autre vérité vous a peut-être échappé : dans l'entourage de Sa Majesté on juge que vous outrepassez vos fonctions et vos compétences. Ces lettres que vous adressez aux bourgeois et aux nobles comme si le destin du royaume était entre vos mains... Vous êtes une meneuse d'hommes exceptionnelle. Ne vous prenez pas pour une diplomate !

Ils dirigèrent leurs montures vers la porte Dieulimire d'où montait une rumeur de fête. Dans la chaleur qui décroissait avec le soir des bouffées tièdes s'exhalaient des prairies calcinées. L'orage qui, depuis le matin, traînait ses guenilles au-dessus de la Montagne de Reims, ne tarderait pas à éclater.

Jeanne fit prendre à Pollux une allure de promenade, laissant son intendant la distancer. Elle se dit que pas un instant, alors qu'elle dictait à Pasquerel les lettres auxquelles Jean d'Aulon avait fait allusion, elle n'avait eu le sentiment d'abuser de ses prérogatives. Les succès militaires qui avaient abouti au parvis de la cathédrale étaient son œuvre. Qu'elle eût pris quelque liberté en exprimant dans ses courriers, avec son langage rude et direct, ses griefs, ses volontés, ses encouragements à résister aux Godons, personne à ce jour n'avait eu le front de le lui reprocher. Cette nouvelle *vérité* tombait sur elle comme la foudre. Elle se dit qu'elle en aurait le cœur net, et sans tarder : avant le banquet offert par la corporation des vinadiers, qui aurait lieu sous la grande halle.

Ses compagnons l'attendaient devant le châtelet : Jean d'Alençon, le bâtard d'Orléans Dunois, Gilles de Rais, le vieux maréchal de Boussac et quelques autres. Des groupes de filles et de garçons couronnés de fleurs dansaient au son d'une musette. Son écuyer, Louis de Coutes, qu'elle appelait familièrement Mugot, Dieu sait pourquoi, s'avança vers elle et prit au mors Pollux que ce tapage exaspérait.

– Jeanne, dit d'Alençon, nous commencions à nous inquiéter ! Nous étions sur le point d'envoyer une reconnaissance vers Saint-Léonard.

Le vieux Boussac surenchérit dans un grand rire :

– Nous avons cru un moment que tu avais suivi ton père à Domrémy !

Gilles ne souffla mot mais son regard et son silence proclamaient son reproche : le bruit avait couru que la reine de Sicile et le connétable de Richemont avaient décidé d'enlever la Pucelle. Dans quelle intention ? Mystère...

– Nous avons une surprise pour toi, ajouta d'Alençon.

– Devine ! lança Dunois.

– Elle ne le pourrait pas, dit Boussac.

Mugot tira le cheval de Jeanne vers la cathédrale. La foule s'était massée en rond sur le parvis comme pour un spectacle de baladins. Il en montait une rumeur confuse. Jeanne porta la main à ses lèvres pour étouffer un cri de stupeur : une grosse bombarde trônait sur le parvis, gueule béante, pareille à un énorme batracien. Elle était flanquée de grandes pannetées de boulets gros comme des melons. Sur l'extrémité antérieure du fût de bronze s'était hissée une adolescente hilare, cottes retroussées, harnachée d'une cuirasse de carton et armée d'une épée de bois.

Un notable à la poitrine ornée des armes d'Orléans et coiffé du chaperon blanc des Armagnacs adressa à Jeanne un compliment bien troussé et chargé d'émotion.

– Cette pièce à feu, dit-il, a été fondue en l'honneur de la Pucelle par les faures d'Orléans et de Tours. Ils y ont mis toute leur science et tout leur cœur. Nous avions prévu, Jeanne, de vous la remettre à Gien mais vous aviez déjà quitté cette ville. Nous l'avons alors amenée ici avec la certitude que vous en feriez le meilleur usage. Je souhaite que cette bombarde favorise la suite de votre mission pour le salut du royaume de France dont vous êtes l'un des plus beaux fleurons...

Les hommes tenaient leur bonnet à la main, tête basse ; les femmes pleuraient dans un pan de leur cotte ; les enfants se pressaient autour de l'héroïne pour caresser sa monture et quêter une parole.

Le notable d'Orléans ajouta :

– Nous avons donné un nom à cette pièce : la *Bougue.* Outre qu'elle a une allure imposante, sa voix est agréable. Sauf aux oreilles des Anglais, cela va de soi...

Il chassa la drôlesse, fit s'écarter les enfants. Le maître artiller rectifia la mire, haussa le fût par des tasseaux de bois, posa le tisonnier porté au rouge sur l'œilleton en gueulant pour faire s'écarter les derniers curieux. La *Bougue* cracha son boulet en sursautant comme un bœuf sous un coup de merlin et fit un bond en arrière. À travers la fumée on put suivre la trajectoire du projectile qui, la hausse ayant été mal évaluée, écrêta la cheminée de la chanoinerie avant d'aller s'écraser au-delà des remparts.

L'artiller allait renouveler son exploit quand un appariteur du chapitre accourut, le feu au visage, proclamant qu'il n'y avait dans la bâtisse ni Anglais ni Bourguignons et demander à l'artiller confus de réserver ses talents pour d'autres occasions.

Ce n'est pas un bombardement en règle qui attendait Jeanne dans la salle capitulaire, mais une plombée de couleuvrines.

Regnault de Chartres, archevêque de Reims et chancelier du roi, avait installé ses services dans cette salle et, entre deux tâches administratives, s'y reposait des émotions et des fatigues du sacre, avec sur les genoux un gros matou castré. Jeanne perçut du feu dans son regard lorsqu'il l'invita à s'asseoir, avec un sourd grondement au fond de la gorge, dans l'embrasure de la fenêtre ouverte sur un fouillis de rosiers épanouis dans un dernier rayon de soleil.

– Jeanne, bougonna-t-il, si vous faites tirer le canon chaque fois que vous entrez ou sortez de cette ville, vous risquez de faire des dégâts !

Les explications de Jeanne le firent sourire, puis son visage se renfrogna. Elle ne pouvait oublier que ce prélat avait présidé les débats qui, quatre mois auparavant, à Poitiers, dans la maison de maître Rabateau, avaient conclu à sa bonne foi. Depuis cet examen probatoire il témoignait à la Pucelle une affection bourrue. Il l'avait soutenue lors du siège d'Orléans et de la campagne de la Loire, en homme de guerre qu'il était à l'origine. On lui prêtait des talents de négociateur et un goût immodéré de l'argent, ce en quoi il ne différait pas des autres favoris, sauf qu'il ne laissait rien paraître de sa fortune dans son quotidien. On disait de lui : *Il ne sert ni Dieu ni le roi ni personne : il se sert.* Il différait également du Gros Georges par le physique : celui d'un ascète aux traits longs et flasques ombrés d'une barbe saupoudrée de cendres par la cinquantaine.

– Jeanne, dit-il d'emblée, je n'irai pas par quatre chemins : nous sommes fort mécontents de vous ! Depuis quelques semaines vous vous conduisez comme une garce irresponsable. Vous savez avec quelle conviction j'ai plaidé votre cause auprès de mes pairs, à Poitiers, et combien je vous ai soutenue par la suite. Vous avez répondu à notre attente au-delà de ce que nous espérions. Cependant...

Son regard gris de fer scruta celui de la Pucelle pour juger de sa réaction. Il caressa son chat d'une main nerveuse, ajouta :

– Avez-vous une idée des motifs de cette convocation ?

Il tira un feuillet de sa manche, le tendit à Jeanne.

– Cette signature : *Jehanne,* est bien la vôtre ? Et cette écriture est bien celle de Pasquerel ? Il s'agit de la lettre que vous avez adressée il y a quelques jours au duc Philippe de Bourgogne. Elle m'a été remise par des voies que je ne puis vous révéler mais qui sont des plus sûres. Concevez-vous, ma chère enfant, que rien ne peut ni ne doit m'échapper de ce qui se trame dans mon dos ?

Il ajusta ses bésicles sur son nez osseux, toussota et, orientant le feuillet vers la lumière, commença à lire :

Jésus Maria. Haut et redouté prince, duc de Bourgogne, la Pucelle vous requiert de par le Roi du Ciel, mon droiturier et souverain Seigneur, que le roi de France et vous fassiez bonne paix ferme, qui dure longtemps...

– Vous reconnaissez les termes de cette lettre, n'est-ce pas ? demanda Regnault.

Blême, lèvres scellées, Jeanne opina. Il poursuivit sa lecture avec, de temps à autre, des regard apitoyés, des haussements d'épaules, des effets théâtraux.

– Jeanne, vous osez conseiller au duc de Bourgogne, après avoir fait la paix avec notre roi, d'aller faire la guerre aux Sarrasins ! Vous parlez à l'un des plus grands princes d'Occident comme à votre écuyer, vous lui donnez des conseils, des ordres et le menacez ! Le comble : vous lui reprochez de ne pas s'être présenté en personne à la cérémonie du sacre !

Regnault prit un air narquois pour ajouter :

– Si j'en crois cette lettre et celles que vous avez adressées aux échevins de nos bonnes villes il ne reste plus au roi qu'à vous abandonner le gouvernement du royaume !

– Monseigneur, répliqua Jeanne, tout ce que j'ai accompli le fut par révélation.

– Par révélation ? Vraiment ? Même ces courriers ineptes que vous envoyez à tort et à travers ? Ce charabia, Jeanne, est indigne de vous !

– Même ces courriers, monseigneur ! Lorsque je les dictais c'est Dieu qui s'exprimait par ma voix.

Regnault laissa filtrer de ses lèvres sèches un petit rire en crécelle.

– Je croyais, dit-il, que Dieu s'exprimait dans un français correct et manifestait plus de rigueur dans son jugement. En fait, Jeanne, c'est le démon de l'orgueil qui vous inspire. Vos victoires vous ont tourné la tête !

Constatant le désarroi de Jeanne au bord des larmes, il maîtrisa son courroux avant de poursuivre :

– Par pur sentiment de charité j'ai caché cette lettre à Charles. S'il arrivait qu'elle lui tombe sous les yeux je craindrais qu'il ne vous retire son affection et sa confiance. Sachez que nous sommes engagés dans une négociation difficile avec le duc Philippe dans le but d'obtenir une trêve favorable à une paix définitive.

– La paix ! s'écria Jeanne. Vous n'avez que ce mot à la bouche. Tant que les Godons tiendront une seule de nos villes ce sera la guerre. Négocier avec Philippe, cette créature de Bedford, c'est s'exposer à tomber dans un piège. C'était votre avis il y a peu. Auriez-vous tourné casaque ? Y aurait-il plus à glaner du côté de la Bourgogne qu'auprès de Charles ?

Regnault se raidit, chassa le matou d'un revers de main et dit en se levant :

– Jugement sommaire, faux, assorti d'une insolence insupportable ! Vous m'en rendrez raison ! Je comprends la rancœur qui vous anime : vous craignez d'être renvoyée à vos foyers alors que vous ne rêvez que plaies et bosses ! Vous refusez de concevoir qu'il puisse y avoir un temps pour la guerre et un temps pour la paix. Au terme de votre mission il vous faut encore d'autres faits d'armes pour peaufiner votre légende de dieu des Armées ! Que souhaitez-vous encore, Jeanne ?

Elle se leva lentement.

– Marcher sur Paris, dit-elle.

Champagne, juillet 1429

Ce n'est pas sur Paris que le roi Charles avait décidé de marcher : le fruit ne lui semblait pas mûr.

Quelques bonnes villes se proposaient de l'accueillir : Soissons d'abord, à une journée de cheval de la ville du sacre. Il s'y rendit, y trouva un accueil délirant : tout ce que cette ville comptait de Bourguignons avait fui chez les Anglais ou en Bourgogne ; l'évêque de Beauvais, Pierre Cauchon, créature vouée aux Godons, avait, quelques jours avant, donné le signal de la fuite ; des bourgeoises avaient cousu des sacs de toile pour y enfermer les derniers partisans du duc Philippe et les jeter dans l'Aisne...

Les habitants, redoutant l'intrusion de l'armée du Sacre dans la cité, lui avaient assigné un campement dans la plaine d'Amblémy. Jeanne refusa de la quitter.

Entré dans Soissons le 23 juillet, Charles prenait quelques jours plus tard la direction de Château-Thierry. Il dut négocier une demi-journée avant que cette ville lui ouvrît ses portes.

La promenade militaire se poursuivit sous un soleil ardent par Coulommiers, Provins, La Ferté-Millon, Crépy-en-Valois, selon l'humeur du souverain et les réponses qu'il recevait des villes sollicitées.

Lorsqu'il se présenta devant Crépy, à six lieues au sud de Compiègne, il trouva non seulement les portes ouvertes mais une foule criant des Noëls, brandissant des bouquets et faisant voler des bonnets et des écharpes à l'intention de Jeanne qui chevauchait entre Dunois et l'archevêque Regnault. Le bâtard se pencha à l'oreille de sa compagne et lui dit :

– Ces gens sont fort aimables mais maladroits. L'essentiel de leurs ovations t'est destiné. Sa Majesté fait figure de prince consort. Je crains que, ce soir, il y ait de la bouderie dans l'air...

La soumission de Crépy n'était pour Charles qu'un détail sans grande importance : l'objectif principal demeurait Compiègne. Au banquet du soir, la Pucelle dit à son voisin, le chancelier :

– Le bon peuple que voilà, monseigneur ! Il aime son roi et lui témoigne à la fois son amour et sa fidélité. Autant qu'il m'en souvienne, jamais Sa Majesté n'a reçu un tel accueil. Il est vrai que sa famille est originaire de cette province. Quant à moi c'est ici que j'aimerais finir mes jours.

Stupéfaction de Regnault !

– Et Domrémy, Jeanne ? Et Orléans ? Qu'est-ce qui vous incite à songer déjà à votre mort ?

– Je sais qu'elle ne tardera guère mais je ne connais ni la date ni le lieu. Mes frères du Paradis m'en aviseront.

Elle brisa son émotion d'un rire, ajoutant :

– Il me reste pourtant bien des tâches à accomplir, avec l'aide de Dieu. L'heure n'est pas aux parlotes, aux finasseries de cabinet mais à l'action. J'ai toujours en tête cette idée : il faut marcher sur Paris !

Jeanne n'était pas la seule à juger le moment et les conditions favorables pour accentuer la pression militaire contre l'ennemi anglais, terrorisé au seul nom de la Pucelle. Un écrivain qui leur était dévoué, Thomas Basin, avait écrit : *Une telle frayeur emplissait l'âme des soldats au seul nom de Jeanne que beaucoup affirmaient qu'ils ne trouvaient ni le courage ni la force de se battre.* Le régent Bedford écrivait au jeune roi Henri que si son armée avait subi de tels déboires depuis Orléans c'était par la faute *d'un disciple et limier de l'ennemi appelé la Pucelle, qui a usé de faux enchantements et de sorcellerie.*

Marcher sur Paris ? Cette perspective n'avait pas seulement pris racine dans l'esprit de Jeanne ; beaucoup parmi ses proches y avaient adhéré ; le roi, lui, demeurait perplexe.

– Nous avons les moyens de poursuivre la lutte, ma chère enfant, soupira Regnault, mais si nous pouvons obtenir la paix sans verser de sang nous aurons obtenu une grande victoire.

Dans l'armée du Régent la situation était devenue alarmante : les désertions se multipliaient, les soldes demeuraient impayées et les exécutions capitales pour l'exemple accroissaient le malaise.

Un matin qu'ils chevauchaient de conserve entre Jouarre et Coulommiers, au début d'août, Dunois révéla à Jeanne que Bedford, avec la complicité du cardinal de Winchester, régent d'Angleterre, venait de réussir un coup de maître.

– Les Hussites, dit-il, est-ce que ce nom évoque quelque chose pour toi ?

Jeanne avoua son ignorance ; Dunois l'éclaira.

Un théologien réformateur originaire de Bohême, Jan Hus, avait été brûlé vif pour ses idées hérétiques une quinzaine d'années auparavant. Recteur de l'Université de Prague, il prônait le retour à l'Église primitive, le renoncement aux pratiques simoniaques, luttait contre les excès d'autorité et les mœurs dissolues des prélats. Sa mort n'avait pas mis un terme au mouvement qu'il avait suscité dans le peuple, comme avant lui, en Angleterre, le réformateur Wycliffe. Les Hussites avaient levé une armée et menaient une guerre acharnée contre leurs oppresseurs.

– Pour lutter contre ces rebelles, ajouta le bâtard, Winchester a organisé une croisade. Quatre mille hommes ont débarqué à Calais à la mi-juillet. Ils n'ont pas été dirigés vers la Bohême mais vers Paris. Ils y sont encore et c'est contre nous qu'ils seront menés. Cela suffit à expliquer, sinon à excuser l'irrésolution de Charles et à comprendre qu'il ait préféré signer une trêve plutôt que d'affronter les forces ennemies dotées d'un tel renfort.

Jeanne sursauta.

– Une trêve, dis-tu ? Elle est donc signée ?

– Pour une quinzaine seulement, avec possibilité de la reconduire d'un commun accord. Bien joué, Philippe ! Cela lui permet de gagner du temps, de tenir son adversaire à distance.

Le plus étrange c'est que Paris, dont Philippe a été nommé gouverneur par ses amis anglais, est exclu de cette trêve ! Nous avons donc toute latitude de l'attaquer... et de nous y briser les dents ! C'est la raison pour laquelle nous tournons en rond. C'est que Paris, ce n'est pas Jargeau, ni même Orléans. Pour y mettre le siège il faudrait beaucoup plus de forces que nous n'en avons.

– Il faudra bien pourtant nous y résoudre ! Prendre Paris, ce serait montrer aux Anglais le chemin de l'Angleterre. Bedford s'accroche à la Normandie où il compte se constituer une principauté, à ce qu'on dit, mais, Paris entre nos mains, il ne résistera pas longtemps, d'autant que la population est presque tout entière contre lui.

– Dieu t'entende... soupira Dunois.

– Mais il m'entend ! protesta Jeanne.

Alors que l'armée du sacre pénétrait dans Château-Thierry, Charles avait mandé Jeanne en son Conseil, ce qui n'était pas dans ses habitudes. Elle attendait une semonce ; elle fut accueillie par des sourires.

Charles s'était levé pour lui dire d'un ton solennel :

– Ma fille, nous avons désiré répondre favorablement à la requête que vous nous avez adressée. Nous savons ce que nous vous devons, à vous mais aussi aux habitants de la province qui vous a vue naître. Nous avons donc décidé, pour la durée de notre règne et la suite des temps, si nos successeurs y consentent, d'exempter d'impôts Domrémy et Greux...

Charles avait reçu de Compiègne une réponse qui le comblait d'aise : la ville attendait sa venue. Il en éprouva presque autant de joie que si Paris lui avait ouvert ses portes.

Si, dans cette ville, on s'apprêtait à tresser des guirlandes et à chanter des alléluias, il n'en allait pas de même à Reims où le départ de l'armée du Sacre et la menace anglaise entretenaient une inquiétude tenace. Au risque d'une nouvelle réprimande de Regnault, Jeanne adressa une lettre aux bourgeois, les assurant qu'elle ne les abandonnerait pas, qu'elle était prête à voler à leur secours, qu'elle déplorait la trêve intervenue entre Charles et Philippe. Pasquerel prit mot à mot ce galimatias, sans la moindre observation quant à la confusion des idées et aux maladresses du style. Pourquoi cette inquiétude de la part des Rémois et cette réaction de la part de Jeanne ? Aucune menace des Bourguignons et des Anglais ne pesait sur la ville du sacre. Bedford et Philippe étaient trop occupés à renforcer les défenses de la capitale, et les contrées de l'est étaient calmes, parcourues seulement par les inévitables bandes armées.

Surprise pour Charles au début d'août : Bedford lançait un défi à *Charles de Valois qui se nommait dauphin et maintenant, sans raison, se disait roi,* lui proposant de régler leurs différends par un combat singulier contre lui et *cette femme diffamée et apostate* qui l'accompagnait. Charles déclina cette partie de bras de fer, estimant que la provocation du Régent trahissait la crainte de voir l'armée de Charles camper devant Paris. Il était temps, d'ailleurs, d'en finir avec cette fastidieuse déambulation d'une ville à l'autre. Il estimait que le temps était venu de se replier sur la Loire et d'aller prendre un repos mérité à Meung ou à Chinon. L'armée du Sacre n'avait plus sa raison d'être et, en outre, il devenait difficile d'assumer son entretien et de refréner les élans guerriers de Jeanne et des capitaines, ses compagnons, ces têtes folles.

D'ailleurs, se battre contre qui ?

La réponse n'allait pas tarder...

Montepilloy, août 1429

À la mi-août, alors que l'armée avait pris ses quartiers entre Paris et la petite cité de Crépy, dans les parages de Dammartin, Jeanne invita Jean d'Aulon à l'accompagner avec une petite escorte de cavaliers jusqu'au sommet d'une butte coiffée d'un joli moulin qui battait des ailes dans le vent chaud. L'intendant estima que l'on pouvait bien se permettre cette promenade sans danger : la contrée était paisible, les paysans travaillaient aux champs et aux vignes et le gros de l'armée campait à proximité.

Ils laissèrent leurs montures souffler à l'ombre d'un bouquet de noisetiers et s'abreuver dans le cuveau de pierre, près de la mule du meunier, maître Guillaume, qui venait de surgir de la bâtisse, le dos chargé d'un sac qu'il jeta sur le cul d'un chariot. Il s'approcha, son bonnet à la main, un large sourire sur sa face rubiconde en constatant qu'il avait affaire à des Français.

Il lança avec un fort accent briard :

– Tudieu ! Vous êtes les premiers Français que je vois si près de Paris depuis des mois. Que me vaut l'honneur de votre visite, mes amis ?

Jeanne prit une voix d'homme pour lui répondre qu'il s'agissait d'une simple promenade : elle voulait savoir si, du haut de cette colline, on pouvait apercevoir Paris. Le meunier se gratta la tête : le temps, un peu brumeux, ne favorisait guère cette curiosité ; le moment le plus favorable était tôt le matin ou le soir, par feu rasant.

– Pourtant, en regardant bien... fit-il.

Jeanne mit une main en visière et cligna des paupières. Au-delà de la plaine, des nappes sombres de forêts et des buttes émergeant des prairies, des éteules et des vignes, se dessinait un moutonnement de vagues dont la brume de chaleur diluait les contours.

– De la dernière colline, tout au fond : celle de Montmartre, vous auriez une bien meilleure vue, dit le bonhomme, mais je ne vous conseille pas de vous y rendre. Elle est occupée par des postes anglais. La ville se situe au-delà, dans un creux. Le matin on voit distinctement les murs de l'abbaye des dames, qui ont leurs domaines près de Saint-Denis. C'est moi qui mouds leur grain.

La voix rocailleuse du meunier parvenait à Jeanne dans un bourdonnement qui lui rappelait l'apparition de ses frères du Paradis. De deviner, à la fois si proche et si lointaine, cette métropole dont elle avait rêvé durant les jours et les semaines qui avaient suivi le sacre, elle sentait se ranimer en elle des humeurs guerrières. Il eût suffi d'une volonté supérieure, voire d'un signe, pour que l'armée s'ébranlât et, en moins d'une journée, se trouvât rassemblée dans sa totalité aux portes de la ville. Cette volonté, elle était pour ainsi dire la seule à l'éprouver avec une telle intensité ; l'ordre, personne ne daignerait le lancer, et le signe elle risquait de l'attendre longtemps. Elle retrouvait en cet instant, venus des profondeurs de son être, les impatiences et les élans qui l'avaient poussée vers Chinon, Orléans et Reims.

Elle tendit les bras, la main à plat, dans un geste d'enfant, vers la lointaine perspective, écarta les doigts comme pour saisir quelques bribes de cette image confuse, les resserra, gémit :

– Oh ! Jean... Paris... Paris... Il faut convaincre le roi de s'y porter sans tarder. Je ne dormirai pas d'un sommeil tranquille tant que cette ville ne sera pas à nous.

Elle avait repris par inadvertance sa voix de fille. Maître Guillaume eut un mouvement de surprise si ostensible que Jean d'Aulon lui révéla qu'il s'agissait d'une de ces ribaudes qui accompagnaient l'armée.

– Perrine ! cria le bonhomme, apporte-nous de quoi restaurer nos visiteurs !

Il fallut s'attabler à l'ombre d'un chêne, près des chevaux et de la mule, dans une odeur de crottin frais, goûter le vin de Pierrefitte, tailler de larges chanteaux dans la miche, savourer le jambon et le fromage, des mets qui, pour Jeanne, avaient le goût d'un bonheur retrouvé : celui des fenaisons, des moissons, des vendanges dans les parages de Domrémy, du temps où on l'appelait Jeannette et où le ciel nocturne commençait à se peupler de présences mystérieuses.

– Lorsque vous aurez chassé les Godons de Paris, dit joyeusement maître Guillaume, venez me faire une visite de temps à autre. À part la clientèle nous voyons peu de monde. Il est vrai que ce raidillon décourage les visiteurs.

La dame Perrine sortit d'entre ses mamelles une médaille d'étain.

– Le curé de Dammartin, dit-elle, m'en a fait cadeau après l'avoir bénite. Elle représente une sainte fille qu'on appelle Jeanne la Pucelle. J'aimerais la rencontrer, l'embrasser, lui dire que nous l'aimons, mais ce serait trop demander au Seigneur.

– Vous êtes une brave femme, dit Jeanne en la serrant contre sa poitrine. Lorsque je rencontrerai la Pucelle, je lui parlerai de vous.

Charles apprit par l'un de ses agents à Paris, fils d'un tenancier de l'auberge de l'Ouest, que les Anglais venaient de faire sortir de la ville, par la porte de La Chapelle, une troupe importante en direction de Senlis. Il s'agissait des soldats de la fausse croisade à laquelle le duc Philippe avait joint quelques compagnies picardes.

Le premier réflexe de Charles fut de tirer au large afin d'éviter une rencontre en rase campagne, et d'aller s'enfermer dans Compiègne où il était attendu. Fureur de Jeanne ! On avait une occasion inespérée d'engager l'armée du Sacre dans une bataille et l'on n'avait souci que de l'éviter !

– Patience ! lui dit Jean d'Alençon. Te souviens-tu de cette journée torride, au cœur de la Beauce, la veille de la bataille de Patay, il y a deux mois ? Tu faisais rire tout le monde en disant que ça sentait l'Anglais. Eh bien, je puis en dire autant aujourd'hui ! J'ai le sentiment que nous n'allons pas tarder à les rencontrer.

– Dieu t'entende ! dit Jeanne.

– Une chose est certaine : les Anglais se dirigent vers Senlis et cette ville est sur notre route. Je ne serais pas surpris qu'une rencontre ait lieu dans les parages...

Bedford devait avoir en tête la même idée. On ne déplace pas une armée de plusieurs milliers d'hommes commandés par les capitaines les plus émérites, comme Suffolk et le bâtard de Saint-Pol pour une simple visite d'amitié aux fidèles sujets de Senlis. Sur certaines de leurs bannières figurait une inscription qui constituait un défi à la Pucelle : *Ores, vienne la Belle...*

En dépit des réticences de Charles, le Conseil royal décida de ne rien changer à l'itinéraire de l'armée royale. Envoyé en reconnaissance vers Pont-l'Évêque, à une lieue environ de Senlis, Jean de Xaintrailles, frère de Poton, avait signalé des avant-gardes anglaises en train de franchir une rivière, la Nonette, sous les murs de l'abbaye de la Victoire. Comme l'heure était trop tardive pour se mettre en mouvement, Charles décida de faire camper son armée aux abords du village de Montepilloy. De toute manière on se fût interdit d'entamer une action, cette journée étant un dimanche. On attendrait le lendemain.

Lorsque Dunois lui rapporta cette nouvelle, Jeanne eut un sursaut d'indignation :

– En nom Dieu ! s'écria-t-elle, nous n'en ferons rien.

– Et pourquoi cela ? Aurais-tu changé d'avis ?

– Demain sera le 15 août, jour de l'Assomption. Nous battre serait offenser la mémoire de la Vierge. Je vais dire deux mots au roi !

Elle trouva Charles alors qu'il se rendait à son Conseil, entouré du Gros Georges et de l'archevêque, et lui exposa ses réticences avec une telle ardeur qu'il finit par convenir que Jeanne avait raison.

De retour sous sa tente elle se mit en prière mais sollicita en vain la visite de ses frères du Paradis. Elle chercha dans le sommeil un refuge à ses angoisses. La nuit était lourde et paisible, vaguement éclairée par une lune blafarde qui détaillait les longues enfilades de tentes échelonnées le long de la Nonette. L'armée anglaise campait sur la rive opposée et se préparait au combat en organisant son habituel système de défense pour le lendemain. Des musiques de cornemuses alternaient avec des chansons de marche. Lorsque les patrouilles françaises et anglaises se croisaient de part et d'autre de la rivière elles échangeaient des injures, des menaces et des défis.

Le matin, passé la messe dite sous un taillis de saules, Charles mit son armée en ordre de bataille, avec la consigne de ne rien entreprendre ce jour-là, sauf à riposter à une attaque qui, de toute évidence, ne se produirait pas, les Anglais, les Bourguignons et les Picards ne le cédant en rien à leurs adversaires quant à l'adoration de la Vierge.

Durant la nuit, les Anglais n'avaient pas perdu leur temps : leurs équipes de terrassiers avaient creusé des tranchées, dressé des palissades de pieux aiguisés pour recevoir les charges de cavalerie adverses, tiré parti du moindre accident de terrain.

Lorsque Jean de Xaintrailles vint faire son rapport, Charles soupira :

– Ils nous attendent, comme à Azincourt, mais nous ne tomberons pas dans ce piège. Qu'ont-ils sur leurs arrières ?

– Un étang infranchissable pour notre cavalerie, sire, peut-être la pêcherie de l'abbaye...

– Eh bien, nous n'irons pas nous y noyer, pas plus que nous n'enverrons notre cavalerie s'empaler sur leurs pieux. Nous attendrons pour les affronter qu'ils sortent de leurs lignes.

Avant de réunir son Conseil pour décider d'une stratégie, Charles, contrairement à ses habitudes, demanda à Jeanne d'y assister.

Il avait décidé de scinder son armée en plusieurs groupes commandés par d'Alençon, Vendôme, René d'Anjou, Foucaud et Graville. Le corps du roi constituant la réserve ayant à sa tête La Trémoille, Clermont, Saint-Sévère, Gilles de Rais, tiendrait les ailes avec une compagnie de chevau-légers. Jeanne prendrait la tête d'un escadron chargé de provoquer des escarmouches ; elle aurait sous ses ordres Dunois, d'Albret et La Hire.

– Faites passer la consigne à la troupe, dit Charles. Il ne doit pas y avoir de bataille avant demain.

Rester l'arme au pied alors que les dispositifs de la bataille étaient en place, c'était beaucoup exiger des soldats qui, de part et d'autre, mouraient d'envie d'en découdre.

Au début de l'après-midi, en dépit de la consigne donnée aux deux armées, des compagnies vinrent faire la bravade de part et d'autre de la Nonette sous l'œil de quelques pêcheurs qui se tenaient prudemment à distance et s'amusaient des injures et des défis qui s'échangeaient d'une rive à l'autre.

Alors que l'escadron de Jeanne faisait mouvement en direction de l'abbaye pour rompre l'immobilité que les chevaux supportaient mal, harcelés qu'ils étaient par les mouches et les taons, il fut assailli par un groupe de Picards avinés aboyant des injures à l'adresse de la *sorcière*, de la *ribaude*, de la *putain des Armagnacs* : une chanson à laquelle Jeanne était accoutumée et qui ne la blessait plus.

– Qu'allons-nous faire ? s'écria La Hire. Nous laisser provoquer par ces ivrognes sans riposter ?

– Nous ferons ce que Dieu décidera, dit-elle.

– Alors demande-lui de se décider rapidement, sinon je le ferai à sa place !

– En nom Dieu, s'écria-t-elle, je te l'interdis, mécréant !

Ils s'apprêtaient à s'en retourner quand des fusées de cris attirèrent leur attention. Derrière un boqueteau de chênes, à une portée de flèche du cœur de l'armée, du côté des Français, deux compagnies de gens de pied étaient aux prises sans éveiller la moindre réaction du gros des corps de bataille immobiles dans la chaleur lourde qui pesait sur la prairie. Ils s'en donnaient à cœur joie sur un espace de guéret large comme une cour de ferme. Un blessé de la compagnie de René d'Anjou s'avançait vers eux en titubant, la main à son ventre qui pissait du sang.

– La Hire, tu veux te battre, lança Jeanne, eh bien, que Dieu me pardonne, je t'y autorise. Sus à ces brigands ! Ramène-les dans leurs lignes !

La Hire prit la tête de l'escadron et fonça sur la mêlée, dispersa les assaillants, ne laissant sur le terrain qu'une poignée de cadavres et de blessés, les piétons de Picardie ayant repassé la rivière presque à sec pour reprendre leur concert de vociférations sur la rive opposée.

D'autres provocations suivies d'agressions n'allaient pas tarder à se produire, en dépit de la consigne que le roi venait de répéter. L'espace de prairie entre les deux armées, de part et d'autre de la rivière, s'était transformé en champs clos, moins pour une bataille à proprement parler que pour une série d'actions sauvages. Ici des joutes, là des duels à l'épée, à la hache ou à la masse d'armes, là des assauts de cavaliers s'affrontant à la lance, ailleurs des rixes au poignard entre coutilliers.

La chaleur commençait à décroître sans que, ni d'un côté ni de l'autre de la Nonette, soit venu l'ordre d'attaquer en force.

– En fin de compte, Jeanne, dit La Hire, tu n'as rien à te reprocher : il n'y aura pas eu de bataille digne de ce nom mais des escarmouches.

Au milieu de l'après-midi on avait vu surgir de toutes parts des paysans, des religieux, quelques bourgeois de Senlis qui se tenaient à l'écart comme au spectacle d'un mystère, par groupes et le cul dans l'herbe. Des filles dansèrent avec des soldats au son de la cornemuse et de la cabrette, tandis que l'on sortait des caves et des charniers des bouteilles et des victuailles. Retour du pacage, un troupeau de bœufs et de chèvres traversa le champ clos, ce dont les hommes d'armes s'amusèrent.

Qu'est-ce qui poussa La Trémoille, alors que le roi Charles s'apprêtait à mettre de l'ordre dans cette indécente chienlit, à se faire hisser sur son lourd cheval et, l'épée au clair, un hurlement dans la gorge, à galoper vers la Nonette, la franchir dans une gerbe d'eau et piquer droit sur l'ennemi ? On supposa qu'il avait reçu une injure ou un défi qui lui était resté en travers du gosier. Cet accès d'héroïsme faillit se terminer par sa capture ou par sa mort. Par bonheur le cheval, trop lourdement chargé par le gros satrape et inapte au galop, trébucha, faisant vider les arçons au cavalier, à moins d'une portée de flèche des défenses adverses. Charles envoya sur-le-champ quelques cavaliers pour le soustraire aux Godons qui s'avançaient vers lui.

– Jeanne, dit La Hire, j'ai quelque idée de ce qui a provoqué la folie du Gros Georges. Ce matin, au sortir du Conseil royal, je lui ai reproché d'être plus près des gens de cabinet que de ceux des champs de bataille. Il a sans doute tenu à montrer aux témoins de l'algarade que je me trompais.

– Lorsque je l'ai vu prendre le large et franchir la Nonette, dit Jeanne, j'ai eu un instant la conviction qu'il allait trahir son roi et se rendre à l'ennemi, par amitié pour Philippe de Bourgogne.

– Nous aurions été au moins deux, ajouta La Hire, à ne pas pleurer son départ...

À en juger par l'ardeur combative des soldats, la journée du lendemain promettait d'être chaude. Pour les Français l'affaire était mal engagée : si les Anglais refusaient de quitter leurs retranchements on ne chercherait pas à les en déloger par une charge de cavalerie. Azincourt, l'habileté diabolique des archers *yeomen*, les palissades infranchissables étaient dans toutes les mémoires.

– Il va falloir, dit La Hire, prendre une bonne nuit de repos, éviter de vider des bouteilles et de danser la gigue. Demain, la bataille sera rude.

– Il n'y aura pas de bataille, rétorqua Jeanne.

– Comment peux-tu en être certaine ?

– Par révélation. Tout à l'heure mes voix m'ont parlé. Elles ne se trompent jamais.

Au petit matin, lorsque Jeanne sortit de sa tente, revêtue de son harnois, elle ne marqua aucune surprise en constatant que, de l'autre côté de la Nonette, les Anglais finissaient de plier bagage. Le rempart de pieux démonté, les tentes repliées, les chariots s'engageaient sur la route de Paris au lieu de prendre la direction de Senlis. Bedford avait dû se dire que les démonstrations de force de la veille suffisaient à entretenir dans son armée l'énergie souhaitée et que les Français, avec le soutien de la sorcière, risquaient de mettre son armée en difficulté.

La Hire dit à Jeanne :

– J'avoue que je n'y croyais pas mais aujourd'hui je dois en convenir : tes voix avaient vu juste.

– Comme à Orléans, remarqua Jeanne.

Elle se souvenait de la dernière journée du siège, un jour de fête religieuse également. Elle ne pourrait jamais oublier l'image de cette masse de combattants conduite par Talbot, figée dans le silence de la matinée, entre deux bastilles évacuées. Elle revivait, comme si cela datait de la veille, la messe en plein air dans le faubourg en ruine, l'arrivée des pêcheurs remontant avec leur chariot ruisselant vers la porte Regnard. Elle se dit que l'Histoire se répétait, qu'elle tournait en rond comme une roue de loterie.

Charles prit avec son armée la route de Crépy, en proie à une grande confusion de sentiments, partagé entre déception et réconfort. Les événements lui démontraient qu'il avait eu tort de placer sa confiance dans le cousin de Bourgogne : au lieu de lui livrer Paris comme il s'y était implicitement engagé, il avait confié à Bedford un contingent d'hommes de Picardie. Cette fausse bataille le privait d'une occasion de se venger de cette félonie et de montrer au duc qu'en épousant la cause des Anglais au lieu de s'en tenir à son rôle d'arbitre, il avait choisi le mauvais parti.

Il jugea qu'il était temps de gagner Compiègne et de là, peut-être, pour répondre au souhait de la Pucelle, de conduire son armée aux portes de Paris.

2

CES JEUNES TÊTES FOLLES...

Compiègne, août-septembre 1429

Et maintenant, que va faire le roi ? Où va-t-il décider de porter ses pas ? À Montepilloy il s'est ridiculisé : non seulement il n'est pas parvenu à imposer aux Anglais une bataille en règle mais il les a laissés filer sans tenter de leur emboîter le pas ! Le gros de leur armée s'est replié sur la Normandie et le reste dans Paris dont Bedford a confié la défense au comte Jean de Luxembourg au nom du duc Philippe de Bourgogne. Joli tour de passe-passe ! De quoi pourraient se plaindre les Parisiens ? Ce ne sont plus les Anglais mais de bons Français qui les protègent...

On va négocier une nouvelle trêve. Après celle qui a duré quinze jours, à peine le temps de graisser les houseaux, celle qu'on envisage durerait trois ou quatre mois, largement le temps d'organiser une armée solide. Le Régent et le duc savent bien que Charles se lassera vite de promener son armée inutile à travers la Brie, la Picardie et la Champagne. Le jour où il sondera le vide vertigineux de ses coffres il reviendra vers ses retraites douillettes des bords de Loire. Décision imminente semble-t-il : il erre de ville en ville, respire l'encens des compliments, ronronne dans le giron de la victoire et semble ignorer que les succès dus à la Pucelle reposent sur du sable, que demain une bourrasque pourra les balayer.

On a quitté Senlis avec l'assurance de la part des bourgeois de ne pas céder aux sirènes anglaises et bourguignonnes. On a emprunté la grande charrière de Creil qui, par un large crochet menant à Beauvais, se dirige vers Compiègne.

– Beauvais... murmure Jeanne. Que va-t-on faire à Beauvais ? Une ville de plus à accrocher à la guirlande, sans doute !

Jean d'Alençon, qui chevauche près de la Pucelle, se met à rire.

– Eh bien, Jeanne, dit-il, tu parles seule à présent, comme les vieilles ?

– Je me demandais : pourquoi Beauvais, si loin de nos bases de départ ? Tant qu'à faire, pourquoi pas Rouen ? On pourrait descendre la Seine prendre le bateau pour l'Angleterre à Calais, et...

Nouveau rire de Jean :

– Calais, Jeanne, est beaucoup plus au nord.

Il lui manque, à la bergère de Domrémy, d'avoir dans la tête, comme son beau duc, comme Dunois et quelques autres, des cartes et des plans, plutôt que ce brouillon de provinces, de villes, de fleuves, qui se chevauchent et s'entremêlent.

– Pardonne-moi, dit-elle, mais je n'arrive plus à comprendre ce qui se passe. Nous tournons en rond alors qu'à Paris on attend notre venue. Je veux voir cette ville de plus près que l'autre jour sur la butte du moulin. Il faut parler au roi, le convaincre qu'il se laisse berner par ces trêves, que les circonstances sont plus favorables que jamais pour prendre l'offensive.

– Eh bien, Jeanne, fais-le ! Nous te soutiendrons.

Jean d'Alençon est un élément majeur de cette sorte de confrérie qu'on appelle le Parti des Ardents : une pléiade de têtes jeunes, ardentes, folles, encadrée par des vétérans d'Azincourt. Ils sont unanimes à considérer, comme Jeanne, leur égérie, que ce moment favorable à une opération d'envergure ne se représentera pas de sitôt.

Ici et là, suscités par des capitaines portant la fleur de lys, des incendies ont embrasé les provinces du nord de la Loire. La Hire s'est précipité comme un ouragan sur la forteresse de Château-Gaillard, frappant au cœur de la Normandie et délivrant un vieux capitaine armagnac, Arnaud-Guilhem de Barbazan, qui végétait là, enfermé dans une cage de fer, en attendant le paiement d'une rançon. Aumale, en Picardie, a ouvert ses portes, avec la complicité du curé Coppegueule et des Français du sire de Longeval. La Bretagne, entrée dans la danse, arrache, lambeau après lambeau, des possessions aux Anglais. Et Charles, indifférent, irrésolu, reste immobile au milieu de cette fête de feu et de sang.

Les chevaucheurs prirent les devants pour rassembler les embarcations nécessaires au passage de l'Oise avant de s'engager sur la route de Nogent.

Jeanne apprit ce jour-là avec surprise que le connétable Arthur de Richemont marchait sur Évreux.

– Je le croyais en train de planter ses choix à Parthenay ! dit-elle. Nous n'en avons plus de nouvelles depuis la journée de Patay. Évreux... quelle mouche l'a piqué pour qu'il aille chercher aussi loin la gloire des armes ?

Arthur, comte de Richemont, las de bayer aux corneilles dans son château de Parthenay, s'est réveillé brusquement. Il a revêtu son vieil harnois bosselé de coups et griffé par la guerre, remis son épée au côté et choisi son meilleur destrier. La mouche qui le pique s'appelle Jeanne la Pucelle : les nouvelles qu'il recueille de ses exploits, de sa marche triomphale sur Reims ont fini par lui rendre insupportable sa retraite volontaire.

Escorté d'un petit groupe de soudoyers bretons il a enlevé comme en se jouant quelques places anglaises, d'assauts en guet-apens, avant de se retrouver sur les marches de la Normandie et, emporté par son élan, de marcher sur Évreux, une place forte chère au Régent. Tout au long de sa campagne il a eu le soutien de la population en rébellion contre l'occupation anglaise.

L'entrée dans Compiègne fut ce que l'on en espérait : les habitants avaient eu le temps de préparer leur réception, d'orner les rues et les places d'effigies et de peintures représentant le roi et la Pucelle, parfois côte à côte. Les fleurs et les rameaux que l'on avait cueillis étaient fanés mais on avait envoyé quelques garces faire une nouvelle moisson.

Le premier acte de Jeanne fut d'aller faire ses dévotions en l'église Saint-Jacques, avant de rejoindre le roi et son Conseil à la Maison de Ville.

À peine était-elle entrée dans la basilique qu'un petit bonhomme jovial, portant une houppelande légère de notable, fit voler devant elle ses petites mains lourdement baguées en s'exprimant avec volubilité :

– Jeanne, ma chère enfant, mon nom ne vous est pas inconnu : Jacques Boucher. Le trésorier général d'Orléans est mon cousin. Il a de la considération pour vous, son épouse de l'admiration et leur fille, Charlotte, de la dévotion. Les fonctions de procureur royal m'attachent à cette ville mais je rêve de finir ma carrière et mes jours à Orléans.

Il ajouta avec un brin d'embarras :

– Me feriez-vous l'honneur, Jeanne, de résider dans mon logis ?

Jeanne demeura perplexe : elle avait décidé, pour échapper à la foule et au bruit, de demander asile aux moines de Sainte-Corneille.

– Jeanne, protesta le procureur, vous ne pouvez coucher sur un grabat de moine et manger du pain rassis trempé dans l'eau ! J'insiste : c'est chez moi qu'il faut vous installer.

Elle céda de mauvaise grâce en se disant qu'elle allait devoir, pour satisfaire ses hôtes et en quelque sorte payer son écot, raconter ses faits d'armes et ses relations avec les corps célestes.

Situé au centre de Compiègne, l'hôtel du Bœuf, résidence du procureur, respirait l'opulence. Mme Boucher lui en fit les honneurs. Le procureur tira Jeanne par la manche et lui souffla à l'oreille :

– Mon épouse a une faveur à vous demander, mais elle n'ose : auriez-vous l'amabilité de partager sa couche, comme la petite Charlotte à Orléans ? Vous connaissez la curiosité des femmes en général. Je ne vous cache pas que la mienne serait comblée si vous lui permettiez d'entendre vos voix. Peu de chose, une phrase par-ci par-là. Elle serait aux anges!

Jeanne lui répondit sèchement :

– Je ne puis rien promettre. Mes frères du Paradis supportent mal d'autres présences que la mienne. J'accéderai volontiers au souhait de Mme Boucher, mais à une condition : qu'elle ne ronfle pas.

Le bonhomme éclata d'un rire cristallin, fit voltiger ses bagues dans un rayon de soleil.

– Amusant... très drôle... Je tiens à vous rassurer : mon épouse a des sommeils de nourrisson. D'ailleurs je suis persuadé qu'elle tiendra à rester éveillée dans l'attente d'une visite céleste.

Il n'y eut pas d'apparition la première nuit, pas plus que les suivantes : les acteurs du spectacle nocturne devaient être retenus ailleurs. En revanche, la dame tint le devant de la scène une partie de nuit : bavarde comme une pie elle jacassait, dévidait en monologue ses amours de jeunesse, son mariage, la naissance de ses douze enfants et, ce qui retint davantage l'attention de sa compagne de lit, la situation de la ville et de la contrée durant l'occupation par les Anglo-Bourguignons et qui fut un *calvaire.*

– Pardonnez à mon bavardage, dit-elle, mais avec mon époux, trop pris par ses occupations, les entretiens sont rares et de peu d'intérêt pour ce qui me concerne.

Elle creusa à coups de reins nerveux sa place dans le matelas, prit la main de Jeanne après avoir soufflé la chandelle et dit à voix haute son *Credo.*

– Précautions indispensables, je suppose, dit-elle, pour favoriser l'apparition de vos frères du Paradis.

Elle se croyait à un spectacle d'ombres.

Après quatre jours passés à Compiègne, Jeanne eut la surprise, la veille du départ, de recevoir une lettre du comte Jean d'Armagnac. Après celui de Foix il était considéré comme le seigneur le plus puissant au sud de la Loire. Elle fit lire cette lettre à Jean d'Alençon.

– Le comte d'Armagnac, dit-il, demande ton avis au sujet

des querelles qui agitent le Saint-Siège. Selon toi, qui est le vrai pape ? Martin V qui réside à Rome, Clément VII qui s'est exilé à Peñiscola, en Espagne, dans le royaume de Valence ? Le cardinal de Saint-Étienne qui se fait appeler Benoît XIII ?

Il lui relut la fin de la missive : *Veuillez supplier Notre-Seigneur Jésus-Christ qu'il veuille dans sa miséricorde infinie déclarer par vous lequel des trois susdits papes est le vrai et auquel nous devons croire. Nous serons tout prêts de faire selon le vouloir et le plaisir de Notre-Seigneur.*

Il s'écria joyeusement :

– Tu es tenue, toi, la petite bergère de Domrémy, de résoudre un problème qui embarrasse le concile ! C'est un grand honneur que te fait le comte d'Armagnac !

Elle bredouilla :

– Martin... Clément... Benoît... J'ignorais jusqu'à leur existence. Que pourrais-je répondre ? Mes voix ne me parlent que de la situation dans notre royaume. Ce qui se passe au-delà de nos frontières ne concerne pas ma mission. Et d'ailleurs, qui est ce comte d'Armagnac ?

On lui avait parlé naguère de Bernard d'Armagnac, connétable de France, gouverneur de la maison du dauphin Charles, que les Bourguignons avaient capturé, martyrisé et tué.

– Le comte Jean est son fils, dit Alençon. Un triste sire qui tient du renard et du loup : il n'a aucune sympathie pour Charles, il n'est ni du parti des Français ni de celui des Anglais et des Bourguignons. Quant à savoir ce qui l'incite à se mêler des affaires du concile...

Comme Jeanne s'inquiétait de ce qu'elle allait bien pouvoir lui répondre, son compagnon lui conseilla de se mettre en oraison et d'attendre l'avis de son Conseil.

– Au lieu de m'aider, protesta-t-elle, tu te moques de moi !

Il se proposa de l'aider à rédiger une réponse qui ne la présentât pas sous un jour ridicule trahissant son ignorance, qui se cantonne dans le flou afin d'éviter que les événements à venir ne vinssent l'infirmer. Elle soupira :

– Tout cela m'indiffère et m'importune. Je veux en finir au plus tôt.

Elle fit appeler le frère Pasquerel, lui dicta, le pied à l'étrier, un message dans lequel elle promettait à ce *très cher et bon ami* de lui adresser une lettre plus explicite à tête reposée, après avoir pris conseil *de ses voix, de son droiturier et souverain Seigneur, du roi et de tout le monde.* Elle terminait par une formule toute simple : *Je recommande à Dieu qu'il vous garde.*

– C'est ce que les anciens Grecs, dit Jean, appelaient un renvoi aux calendes...

Quelques heures plus tard, alors qu'elle se livrait à une dernière prière à Saint-Jacques, elle se trouva nez à nez avec le frère Richard; elle lui donna lecture de la lettre du comte d'Armagnac et de la teneur de sa réponse. Le frère laissa éclater son indignation :

– Malheureuse, qu'as-tu fait? De quoi t'es-tu mêlée? Le concile a pris récemment sa décision : le vrai pape est Martin V. C'est à moi qu'il fallait te confier. Ton ignorance aurait dû te prévenir contre une prise de position dans ce problème qui te dépasse.

– Mais, protesta Jeanne, je n'ai pris aucun parti!

Le frère dut en convenir. N'empêche : cette lettre ne méritait pas de réponse. Elle prit la mouche :

– Cette ignorance que vous me reprochez est ma fierté! Il y aurait orgueil de ma part à vouloir me substituer à mes conseils. Cela leur montrerait que je puis me passer de leur aide.

Richard battit en retraite en maugréant comme un chien battu : Jeanne exprimait en toutes circonstances une logique inattaquable.

Avant de quitter Compiègne elle remit sa réponse à l'émissaire du comte d'Armagnac. Elle le trouva épouvanté, prêt à faire dans ses chausses comme s'il avait une meute à ses trousses, ce qui semblait être le cas : La Trémoille avait appris récemment que le comte d'Armagnac venait de se rallier, pour d'obscures raisons d'intérêt, au connétable de Richemont qui avait juré la perte du Gros Georges. Apprenant la présence du messager portant les armes d'Armagnac, il avait lâché ses chiens pour l'arrêter et le jeter dans l'Oise.

– Vous quitterez cette ville en ma compagnie, lui dit Jeanne. Vous êtes sous ma protection.

Accompagnés de quelques lances, Jeanne et Jean d'Alençon s'éloignèrent en direction de Paris en se détachant de l'armée du Sacre. Le roi n'avait émis que des réserves de pure forme : ces têtes folles voulaient se battre ? Grand bien leur fasse ! Alors qu'il s'apprêtait à signer une nouvelle trêve, il préférait les savoir loin de lui et de son Conseil.

La colonne conduite par Jeanne quitta Compiègne au petit matin afin d'éviter les débordements d'enthousiasme de la population. Elle prit la direction de Senlis où l'on ne séjournerait que le temps de rassembler les éléments que l'on y avait laissés à l'aller afin de se présenter en force pour les opérations de harcèlement que les jeunes capitaines avaient prévu d'effectuer devant Paris.

En cours de route Jeanne observa chez Pollux des signes de fatigue. C'était une bonne nature de cheval. Il avait porté sa cavalière sans faillir depuis Orléans. Elle lui rendait en affection ce qu'il lui donnait de patience, de résistance et de courage. Ce cadeau de Jean d'Alençon, destiné à récompenser ses premiers exploits, à Chinon, ne l'avait jamais déçue. Elle dut pourtant, en arrivant à Senlis, songer à s'en défaire. Elle s'indigna lorsque La Hire proposa de le vendre à un équarrisseur, préférant le céder pour une somme modique au bourgeois qui l'hébergeait, afin qu'il servît aux jeux de ses enfants car ce cheval était docile et dépourvu de malice.

La Hire se mit en quête d'un remplaçant ; ce fut une remplaçante : une haquenée qui n'avait rien d'un Bucéphale mais semblait suffisamment robuste pour supporter de longues chevauchées, ainsi que *buffes et torchons,* comme disait la Pucelle.

– Je l'ai trouvée, avoua La Hire, dans l'écurie de monseigneur l'évêque. Tu vas avoir l'honneur de monter une jument épiscopale et qui, de surcroît, ne te coûtera rien. L'évêque vient de prendre la fuite, comme avant lui, à Beauvais, monseigneur Cauchon. Il se nomme Jean Fouquerel et cette jument Aspasie. Joli nom, pas vrai ?

Jeanne tint à payer ce que l'on pouvait considérer comme une prise de guerre, l'évêque étant une créature inconditionnelle des Anglo-Bourguignons.

Partie de Senlis le 23 août, la colonne, renforcée des éléments prélevés sur la garnison et quelques postes des environs, arriva à Saint-Denis le 26 en traversant des paysages de plaines baignés d'une délicate lumière de fin d'été.

Contrairement aux prévisions pessimistes de certains, la ville, dotée pourtant de solides défenses, ouvrit ses portes aux premières sommations des hérauts, la garnison anglo-bourguignonne s'étant repliée sur Paris devant la menace d'une attaque.

Jeanne se fit libérer de son harnois et, ne gardant que sa huque sur sa chemise et ses chausses, se rendit à la cathédrale accompagnée de ses deux frères, Pierre et Jean : ils ne l'avaient pas quittée depuis Orléans mais n'entretenaient avec leur sœur que des rapports distants depuis qu'elle leur avait reproché de ne lui emboîter le pas que par intérêt et gloriole. Elle avait appris que le cœur du connétable Bertrand Du Guesclin avait été déposé en ces lieux et s'était promis de se recueillir devant cette précieuse relique que les moines avaient dérobée au vandalisme des Godons. Elle se fit présenter par un chanoine l'urne de bronze cachée derrière l'autel d'une chapelle latérale et resta un long moment en prière.

Alors qu'elle se relevait sur un dernier signe de croix après avoir embrassé le reliquaire, une voix murmura dans son dos :

– Ma fille, j'apprécie une telle dévotion. Si vous le permettez, je vous guiderai pour la suite de votre visite. Je suis le père abbé du monastère voisin.

Ils firent de conserve le tour des tombeaux des rois et des reines, des reliques qui avaient échappé aux pratiques simoniaques ainsi qu'à la rapacité des occupant précédents : une écharde de la Vraie Croix, les langes de l'Enfant Jésus, un fragment de la cruche figurant aux noces de Cana, une écuelle de bois ayant contenu la mixture qui avait sauvé Saint Louis d'une affection de la rate...

– Votre venue, dit l'abbé en la reconduisant, nous est sensible pour deux raisons : la première est que la sainte fille que vous êtes ait tenu à consacrer dès son arrivée une visite à notre chère basilique ; la seconde : nous étions las des incursions que les Godons font sur nos domaines, au point de nous réduire à la disette. Nous vivons dans la misère, si l'on peut appeler cela vivre. Nous devons mendier la farine auprès d'une population réduite à une centaine de familles presque aussi misérables que nous. Nos chers frères nous abandonnent les uns après les autres pour aller se réfugier à Paris où ils mènent une vie pitoyable et dissolue. Jeanne, Dieu nous aurait-il abandonnés lui aussi ?

Au retour, elle décida de se séparer d'Aspasie qui l'avait déçue : elle était nonchalante, paresseuse et rétive ; elle la fit renvoyer à son écurie originelle.

La ville présentait un aspect sinistre : pas une maison sur dix n'avait d'occupant ; les négociants, n'ayant plus de marchandise à proposer aux chalands, avaient fermé boutique ; dans les rues désertes des chiens errants s'acharnaient sur de rares tas de détritus, relayés la nuit par des bandes de loups sortant des forêts de Montmorency et de Saint-Germain. La rue principale où, quelques années auparavant, se tenait la célèbre foire du Lendit, présentait un spectacle de désolation : les bourgeois ayant quitté Saint-Denis pour Paris, leurs demeures étaient occupées par des mendiants, des brigands, des filles de joie et des enfants affamés.

Jeanne eut la surprise de voir des mères de famille venir la solliciter de bénir leur nouveau-né et le tenir sur les fonts baptismaux. Ainsi qu'elle l'avait vu faire à Domrémy, elle versa sur leur front une goutte de cire fondue coulant d'un cierge.

– Que signifie cette pratique ? s'étonna un curé. Il n'est pas dans nos coutumes de baptiser les nouveau-nés à la cire chaude. N'y a-t-il pas de la sorcellerie là-dessous ?

– Je n'y vois pour ma part qu'une pratique religieuse inspirée par le Ciel. Ce cierge que vous avez allumé, n'est-il pas béni ?

Les remparts de Paris étaient trop proches pour que Jeanne et ses compagnons s'attardent dans cette cité inhospitalière. Dès le lendemain de son arrivée, elle prit, accompagnée de La Hire, d'Alençon et d'une escorte de cavalerie, la route de la capitale. La voyère qui traversait la plaine la conduisit, sous une pluie fine, au pied des hauteurs de Montmartre couronnées de moulins à vent et d'une imposante abbaye de femmes. L'émotion qui lui étreignait le cœur ne la privait pas de rester vigilante : à diverses reprises elle avait aperçu des groupes de reconnaissance qui chevauchaient tantôt sous les bannières aux léopards, tantôt sous celles de Bourgogne ; elles s'immobilisaient, observaient l'allure et la direction de la colonne avant de détaler.

Passé le clos et la léproserie de Saint-Lazare qui faisaient face, de part et d'autre de la route, à l'abbaye de Saint-Laurent et au gibet de Montfaucon, Jeanne, en découvrant les remparts du nord de la cité, se signa par trois fois.

L'abbé de Saint-Denis, qui avait accompagné la Pucelle, lui dit :

– Je comprends votre émotion, ma fille. Paris est, de toutes les villes d'Occident, la plus importante et la mieux défendue. Votre troupe n'est pas assez nombreuse pour tenter une action avec quelque chance de réussite.

Elle répondit sèchement :

– Croyez-vous que je l'ignore ? Nous nous bornerons pour aujourd'hui à une opération de reconnaissance. Approchons... Si vous craignez pour votre sécurité, restez en arrière et décampez à la première alerte.

– Je souhaite au contraire vous accompagner. Je suis né dans cette ville et ma famille y vit encore. Je pourrais vous y guider les yeux fermés !

– Nous n'en sommes pas à ce point ! dit Jeanne en éclatant de rire. Dites-moi plutôt le nom de ces portes, en face de nous.

Il lui désigna, à leur droite, au loin, la porte Saint-Honoré ouvrant hors les murs sur le Marché aux Pourceaux et la Butte des Moulins. Plus près d'eux, dans la même direction, se dressait le châtelet de la porte Montmartre. Ils n'étaient pas très loin des portes Saint-Denis et Saint-Martin. Sur la gauche se dressait la porte du Temple. Du centre de la capitale ils n'avaient qu'une vue rasante, sans perspective. À travers un brouillard de pluie et de fumée se profilaient indistinctement des clochers et des tours : Notre-Dame, l'Hôtel de la Ville, le Temple, la Sainte-Chapelle, la Bastille et, tout près des remparts, la masse grisâtre de l'abbaye de Saint-Martin-des-Champs.

– Approchons encore, dit Jeanne. Je veux voir les défenses de plus près.

– Je vous le déconseille, dit l'abbé. Notre présence n'est pas passée inaperçue.

Dans l'appréhension de nouveaux combats, quelques paysans pressaient leurs troupeaux vers les deux portes les plus proches autour desquelles, campées sur le boulevard longeant les remparts à l'extérieur, scintillaient salades et bourguignottes, voletaient les éclats métalliques des pointes de lances et de guisarmes.

– Les pauvres gens ! s'exclama Jeanne. Comment peuvent-ils vaquer à leurs travaux malgré ces alertes perpétuelles qui les chassent de chez eux ?

L'abbé avait été témoin à diverses reprises d'un phénomène singulier : lorsque le bétail entendait sonner le tocsin il prenait de lui-même le chemin du bercail.

Jeanne poussa de nouveau sa monture jusqu'à l'ultime limite de la prudence, en dépit des réticences de l'abbé, de son écuyer Louis de Coutes et du petit page Raymond, un adolescent au visage angélique qui ne la quittait pas d'une semelle, prévenait toutes ses intentions et ne l'appelait pas autrement que maîtresse, comme un valet de ferme.

– Maîtresse, gare à votre gauche !

Raymond venait d'apercevoir, émergeant sur le talus d'un fossé, la casaque rouge d'un soldat bourguignon en train de bander son arc. Le trait passa en sifflant à quelques paumes de leur cheval. Elle ne bougea pas pour autant.

– Il faut faire demi-tour, dit La Hire. Ta bravade n'a que trop duré. Je viens de voir pointer le museau de quelques couleuvrines.

Jeanne parut ne pas entendre cette mise en garde.

– Intéressant ! fit-elle. Les remparts sont protégés par une escarpe, des fossés et des contre-fossés, ce qui veut dire que nous aurons à plonger et à escalader à deux reprises avant de tenter une échelade. Cela nous promet de l'exercice...

Elle consentit enfin à se retirer. L'abbé lui dit :

– Une attaque aurait davantage de chance de réussite contre la porte Saint-Honoré : elle est plus vulnérable que la porte Saint-Martin qui comporte un double pont-levis et quatre tours d'angle. Quand comptez-vous passer aux actes ?

– Demain matin sans doute, si les renforts que nous attendons nous parviennent.

Sur le chemin du retour Jeanne s'informa auprès de l'abbé de l'état d'esprit de la population.

– Vous auriez tort de croire, ma fille, répondit l'abbé, qu'elle est toute dévouée au duc Philippe et aux Godons. J'ai encore en mémoire ce qu'écrivait cette grande poétesse, Christine de Pisan, qui vient de mourir : *Il y a dans Paris beaucoup de mauvais. Il y a aussi du bon, beaucoup de bon : des fidèles du roi de France, mais ils n'osent parler...* On ne saurait mieux dire en quelques mots. Charles a des partisans dans toute la société : dans la population mais aussi dans le chapitre de Notre-Dame, le corps des échevins, la Prévôté...

– Pourrions-nous attendre un secours de leur part, une rébellion, un soulèvement ?

– Dieu seul le sait. Une population comme celle de Paris est semblable aux femmes, capricieuse en diable, pardonnez-moi... Celui que l'on appelle du nom de sa taverne, le Seigneur de l'Ours, pourrait vous éclairer. Il ne tardera guère à vous donner des nouvelles car il doit être déjà informé de votre présence. Il vient parfois me rendre visite, lui ou l'un de ses fils. C'est lui qui m'a appris la dernière manœuvre du prévôt Simon Morhier, favorable aux Bourguignons : il a fait courir le bruit que Charles se proposait de faire raser Paris pour la punir de son infidélité, et qu'il sèmerait du sel sur ses ruines, comme les Romains l'ont fait à Carthage en criant leur *Delanda Cartago !* Il s'est trouvé de sottes gens pour croire à cette fable...

Depuis leur départ de Compiègne, ni Jeanne ni aucun de ses compagnons n'avait reçu de nouvelles du roi.

– Cela m'inquiète, dit Jean d'Alençon. Sous la pression de son Conseil, Charles pourrait fort bien décider de nous abandonner à notre sort. La Trémoille et Regnault doivent être en train de faire mijoter leur petite cuisine de sorciers pour suborner le roi et le jeter dans le piège que lui tend Philippe sous couvert de trêves.

– Charles, dit Jeanne, nous a laissés libres d'agir à notre guise. Il n'a pas promis de nous soutenir.

– Cela pourtant va de soi. Question d'honneur. Je trouve cependant qu'il tarde à nous soutenir.

Désireux d'en avoir le cœur net il décida de partir sur-le-champ pour tenter de l'arracher aux influences néfastes de ses conseillers et le persuader d'envoyer des renforts que Jeanne attendait sans trop y croire.

– En attendant mon retour, ajouta Jean, tu ne bouges pas. C'est l'affaire de quelques jours.

– Je ne puis attendre plus longtemps, dit Jeanne. Nos hommes crèvent d'envie d'en découdre. Quelques escarmouches leur feront prendre patience.

Dans l'heure qui suivit Jean d'Alençon quitta Saint-Denis escorté d'une cinquantaine de cavaliers. À la fin de la journée il entrait dans Senlis où Charles séjournait, le gros de son armée installé dans les prairies de Montepilloy.

Jean trouva le souverain occupé à une partie de boules dans le jardin de l'abbaye et lui expliqua les raisons de cette visite impromptue.

– Laissez-moi finir cette partie, dit Charles. Allez m'attendre sous la treille et faites-vous servir du vin frais. Cette chaleur est pénible. Pardonnez-moi, ça va être mon tour...

– Il y a plus urgent que cette partie, sire. J'arrive de Saint-Denis et...

Charles s'assit à contrecœur, ses boules dans son giron, et soupira :

– Saint-Denis... Il est vrai que vous campez à Saint-Denis... Au fait, comme va notre Jeanne ? Toujours aussi fringante ?

– Notre Jeanne, sire, a grand besoin de secours et s'impatiente.

– Des secours ? bredouilla Charles. Vous aurais-je promis de vous aider dans cette folie ? La vérité c'est que vous êtes tous, ceux du Parti des Ardents, comme on dit, tombés sous le charme de la Pucelle ! Vous la suivriez combattre les Tartares si elle en manifestait l'intention !

Il versa du vin dans les gobelets, but lentement, avec une componction épiscopale, rota, soupira :

– Cette décision hâtive d'aller assiéger Paris est malvenue alors que nous sommes en pourparlers avec Philippe pour une trêve de six mois que mon chancelier est allé négocier à Arras. Six mois... cela va vous laisser le temps de respirer, mon cousin...

– ... et de disputer quelques parties de boules !

Le roi eut un sursaut d'indignation.

– Je vais tâcher d'oublier à la fois votre insistance et vos insolences, dit-il.

Il lui révéla les termes de l'accord intervenu avec la Bourgogne : Paris échappant à la trêve, rien ne s'opposait à ce que Jeanne allât batailler sous ses murs, mais il refusait de s'en mêler. Cela n'allait pas sans une compensation : Charles abandonnait à Philippe quelques villes ayant un pont sur l'Oise. L'armée bourguignonne faisait déjà mouvement pour occuper ces places. Compiègne faisait partie du lot.

– Compiègne ! s'écria Jean. Vous avez donné Compiègne à Philippe ! Vous savez pourtant que la population est hostile aux Bourguignons et aux Anglais, qu'elle ne veut pas d'autre protecteur que vous ! Je crains un bain de sang. Le capitaine de la garnison, Guillaume de Flavy, ne porte pas les Bourguignons dans son cœur !

– Guillaume de Flavy, bien sûr... Mais sachez que le véritable commandant de la garnison est mon grand chambellan. Nous en avons ainsi décidé. Flavy devra s'incliner de gré ou de force.

Charles mit fin à l'entretien en se levant.

– Pardonnez-moi, mon beau cousin, dit-il en souriant, mais j'ai une revanche à prendre. Je veux parler du jeu de boules, évidemment.

– Évidemment... soupira d'Alençon.

Le roi avait fait dresser les tables sous la charmille de chèvrefeuille qui, dans cette belle arrière-saison, embaumait encore. La Trémoille et Xaintrailles, qui l'avaient escorté à Arras, se reposaient des fatigues de leur voyage dans une cellule de l'abbaye. Charles avait invité le chancelier Regnault et l'un de ses conseillers, Raoul de Gaucourt, ainsi que quelques officiers de la Cour. Le cuisinier Taillevant, qui suivait le train du roi, avait fait en sorte que l'on pût oublier, grâce à ses talents, à la fois la misère des temps et la modicité des subsides que lui attribuait le trésor royal. Il fit alterner avec bonheur le chapon aux poireaux blancs, la pièce de bœuf aux morilles, les gelées de viande et de poisson, fit répandre sur la table, en guise d'issues, des flans de crème, des oublies, des fruits accompagnés d'un aimable hypocras offert par l'échevinage.

– Ce maître queux, dit Charles, est une perle ! Il est capable, comme notre Jeanne, de faire des miracles, et des prodiges comme nos capitaines. C'est dire qu'il sait tout faire avec presque rien.

Mis de bonne humeur par ce balthazar, il ajouta en posant sa main délicate sur celle de Jean :

– Allons, mon beau cousin, faites honneur à cette table qui vous change de celle du camp. *Carpe diem !* Profitons des plaisirs que nous dispense cette heureuse journée. Demain nous aurons tout loisir de songer aux choses sérieuses.

Au petit matin alors que, la mort dans l'âme, d'Alençon s'apprêtait à remonter en selle, le roi le convoqua dans sa chambre où il était en train de se faire raser.

– Mon beau cousin, dit Charles, je vous ai rattrapé au vol ! Il eût été dommage que vous n'eussiez pu entendre la bonne nouvelle que j'ai à vous annoncer. Vous vouliez des renforts ? Eh bien, vous les aurez ! Mon Conseil est réticent mais je l'ai mis au pas. Il a grogné mais il s'est soumis. Je viens de donner des ordres. Vous aurez ce soir deux mille hommes à votre disposition. Ménagez-les. Évitez ces imprudences auxquelles vous nous avez accoutumés. Puis-je avoir votre parole ?

– Vous l'avez, sire, et de bon cœur ! dit le duc.

Il s'inclina pour lui embrasser la main.

3

LE SEIGNEUR DE L'OURS

Devant Paris, automne 1429

Dès l'aube sur pied de guerre, Jeanne fit sonner le rassemblement sur le parvis de la basilique. Flanquée de Dunois et de Gilles de Rais, le page Raymond tout fiérot tenant son cheval au mors, elle traversa la ville quasi déserte pour s'engager sur la voyère qu'elle avait prise la veille.

Le temps s'était remis au beau ; l'averse de la nuit scintillait encore sur les prairies et les éteules ; une vieille draperie de nuages traînait sur les hauteurs de Montmartre et de Montfaucon mais, plein sud, au-dessus d'un léger écran de fumée, le ciel était entièrement dégagé.

Gilles ne cacha pas son inquiétude à la Pucelle.

– Il ne me déplaît pas, dit-il, de partir à l'aventure, mais ce matin, je m'interroge : qu'allons-nous faire ? Ce n'est pas avec quelques centaines d'hommes, aussi ardents soient-ils, que nous pourrons emporter la capitale et faire en sorte que Charles, en arrivant, ait juste à s'installer au Louvre.

Jeanne éclata de rire.

– Je n'ai pas cette ambition, Gilles ! Nous allons tout bonnement donner aux Parisiens un avant-goût de ce qui les attend lorsqu'ils auront une véritable armée sous leurs murs. Si nous parvenons avec une poignée d'hommes à leur donner des frissons, ils se diront qu'avec des milliers la prudence leur conseillera de lever les ponts et d'abaisser les herses.

– Et comment vous y prendrez-vous pour leur donner des frissons ? Convoquerez-vous une légion céleste ?

– Ne vous moquez pas de moi, Gilles. Nous n'allons entreprendre qu'une vaillance d'armes. Ce n'est pas aujourd'hui ni demain que nous prendrons Paris. J'ai confiance dans la mission de Jean d'Alençon : il saura convaincre le roi de nous envoyer des renforts. Mes voix, d'ailleurs, me l'ont assuré. De plus, vous semblez ignorer que la population nous est en majorité favorable. Une belle insurrection faciliterait notre tâche...

Gilles partageait cet espoir, mais avec de sérieuses restrictions : les partisans de Charles étaient en nombre moins important que Jeanne ne le supposait et la force armée comme la Prévôté étaient aux mains des Bourguignons. La population n'aimait guère ses actuels occupants mais elle avait gardé un souvenir exécrable des Armagnacs, de leur arrogance, de leur grossièreté, de leur cruauté ; elle n'avait pas oublié le crime de Montereau et certains tenaient encore le dauphin Charles pour responsable de cette basse vengeance. Paris, énigme aux multiples visages, tissu de contradictions...

Jeanne fit défiler son corps d'armée de la porte Saint-Denis, dite des Peintres, à la porte Saint-Honoré puis, au retour, jusqu'à la porte du Temple ou de Sainte-Avoye. Cette promenade militaire achevée, sur le coup de onze heures, elle ordonna la pause et le casse-croûte dans les ruines du faubourg que les Parisiens, comme les Orléanais naguère, avaient incendié.

Lorsqu'elle entendit sonner midi à l'abbaye Saint-Laurent, Jeanne ordonna à Jean d'Aulon de faire sonner la trompille pour interrompre la sieste. Elle prit avec sa bannière la tête de la colonne pour la mener en vue des premiers retranchements. Elle y fut accueillie par un concert d'invectives et d'injures partant des remparts, ce qui la laissa indifférente.

Elle fit poster Gilles avec un corps d'archers et d'arbalétriers sur le bord du second talus. Réplique immédiate : un déluge de flèches et de viretons accompagnant quelques plombées de couleuvrines qui n'occasionnèrent pas grand mal. Elle se porta avec

Dunois sur la porte Saint-Denis, sa voisine la plus proche, pour une nouvelle bravade.

On escarmoucha durant une bonne heure sous cette porte contre une compagnie de coutilliers hargneux que l'on eut grand-peine à maintenir puis à repousser vers le pont. La deuxième sortie des Parisiens engageait quelques groupes de dizeniers des milices urbaines qui, à défaut de se battre avec ardeur, montrèrent les dents. Il suffit que Jeanne poussât son *Ahay!* et se portât à l'avant de sa troupe pour les faire refluer en désordre sur le boulevard.

Quatre heures sonnaient lorsque Dunois dit à Jeanne :

– Nous en avons assez fait pour aujourd'hui. Dix morts et une vingtaine de blessés, c'est beaucoup. Il est temps de regagner notre base.

On avait regroupé les blessés et les morts dans une grange au toit crevé par l'incendie, où Pasquerel, aidé de quelques religieux de Saint-Denis, préparait les moribonds à leur entrée au paradis des guerriers.

Jacques Guillaume ne payait pas de mine. Ce colosse jovial, au visage envahi jusqu'aux yeux par une ample toison frisée, avait, avec son sarrau maculé de terre et de bouse, le bonnet crasseux qui descendait jusqu'aux sourcils broussailleux, l'apparence d'un galopin d'écurie.

Lorsqu'il vit Jeanne mettre pied à terre sur le parvis de la basilique il s'avança vers elle avec un grand rire.

– Et voilà notre Jeanne, la Pucelle des Armagnacs ! s'écria-t-il. Vous avez devant vous l'homme le plus heureux de cette vallée de larmes !

Il ôta son bonnet et s'inclina.

Jeanne se demanda ce que lui voulait ce butor : sans doute un de ces vagabonds sorti de sa tanière pour demander l'aumône. Elle tâta sa bourse, en sortit une pièce qu'elle lui tendit. Il éclata d'un rire tonitruant.

– Gardez votre monnaie ! Ma bourse, Dieu merci, est plus ronde que la vôtre. Mon nom est Jacques Guillaume, mais je suis plus connu sous le sobriquet du Seigneur de l'Ours. Peut-être avez-vous entendu parler de moi, bien que je souhaite qu'on en parle le moins possible.

Il s'excusa d'une tenue qui ne faisait guère honneur à sa mission mais était indispensable pour ne pas éveiller l'attention des sergents du guet et lui permettait de franchir les portes sans inconvénient. Il avait son passeport en poche car, si l'on pouvait assez facilement sortir de Paris, il était malaisé d'y retourner. Il était sorti mêlé à un groupe de tâcherons qui s'en allaient vendanger les vignes des moniales de Montmartre.

– L'abbé, dit Jeanne, m'a parlé de vous. Ainsi vous êtes des nôtres ?

– Depuis belle lurette, ma fille ! J'ai sucé à la mamelle la fidélité au roi de France et, comme le roi de France n'est pas et ne sera jamais ce Godon, le jeune Henri, je suis demeuré fidèle à Charles et le resterai jusqu'à ma mort.

– Nous avons cela en commun, dit Jeanne.

En attendant que la Pucelle se fût laissée désarmer par son écuyer, le bonhomme flâna dans les jardins de l'abbaye puis alla la rejoindre dans sa cellule. Elle lui proposa du vin ; il montra la gourde qui pendait à sa ceinture.

– Mon propre vin, dit-il. Il vient de mes vignes de Suresnes. C'est celui que je sers à mes bons clients. Faut vous dire que mon auberge est réputée dans tout Paris. Elle se situe rue Saint-Antoine, près de la porte Baudoyer, à l'est de la capitale. Si cela vous convient nous y fêterons la victoire !

– Nous n'en sommes pas encore là, maître Guillaume !

– Si j'en juge par les événements de ce jour et par ce qu'ils nous promettent, cela pourrait bien ne pas tarder.

Il tendit sa gourde à Jeanne qui but une gorgée à la régalade pour ne pas vexer son visiteur.

– Comme je vous le disais, poursuivit-il, ma maison a une clientèle de gens fidèles que je traite dans la grande salle. Les autres, ceux qui me marquent une autre manière de fidélité, c'est dans la cave que je les reçois, au milieu des futailles et des jambons.

– J'en suis fort aise, mais encore ?

– Cette cave, les Bourguignons et les Godons donneraient des milliers de livres pour en avoir la clé. C'est là que se tiennent les conciliabules des fidèles du roi Charles, qui ont la croix blanche dans leur poche.

– C'est d'un complot que vous me parlez ? Voilà qui m'intéresse.

– Complot, conjuration, subversion, rébellion, intrigue... Appelez ça comme vous voulez, mais c'est du sérieux. Nous sommes une bonne centaine, et du gratin ! Une centaine qui fera des petits le jour où il faudra prendre les armes. Et des armes, j'en ai plein mon grenier et ma cave !

Il éructa avant de reprendre sur le ton de la colère :

– Tonnerre de Dieu ! Il me tarde que ce jour arrive...

Jeanne l'interrompit sèchement :

– Apprenez, maître Guillaume, qu'en ma présence on ne jure pas le saint nom de Dieu ! J'ai fait perdre cette habitude à mes capitaines et ils s'en trouvent fort bien.

– Pardonnez-moi... bredouilla-t-il. Je ne suis qu'un rustre mal embouché, et...

– De quelles forces dispose Philippe à l'intérieur ?

– Deux cents hommes ou guère plus, casernés à la Bastille. La force principale est celle des milices bourgeoises : gens de métier et membres des solidarités paroissiales, mais tout justes bons à faire la police. Dans une vraie bataille ils ne vaudraient pas tripette.

– J'en sais quelque chose ! À Orléans ils m'ont causé quelques déboires.

– Voilà donc la situation. Je vous conseille de vous tenir en contact avec l'abbé de Saint-Denis. C'est un rebelle de bon aloi. Il sait où et comment nous trouver.

– Je suivrai votre conseil, maître Guillaume et j'accepte votre invitation de boire dans votre auberge le premier vin de la liberté.

– Dieu vous entende, ma chère petite...

Le colosse essuya une larme dans sa barbe, s'agenouilla et prit la main de Jeanne pour la porter à ses lèvres.

Jeanne s'inquiétant de l'absence du frère Richard qui avait disparu depuis le départ de Compiègne, Pasquerel lui révéla qu'un matin il avait quitté la cellule qu'ils partageaient, au Moncel, sur une rive de l'Oise, et n'était pas reparu.

– L'envie le démangeait de retourner dans Paris et d'y recommencer ses prêches. Il ne tient pas en place, comme si les braises de l'enfer brûlaient ses semelles. Il est probable que nous ne le reverrons jamais...

Frère Richard était de nouveau dans son élément favori : la foule urbaine, cette masse informe qu'il pouvait modeler à sa volonté, en tirer, outre les railleries qui lui passaient par-dessus la tête, une ferveur qui le comblait. Installé dans le quartier de Sainte-Opportune, près d'une demeure appartenant à la famille de La Trémoille, il n'eut de cesse, dès son arrivée, que d'aller claironner aux carrefours les ardentes invectives de saint Jean.

Informé par son loueur d'un complot qui se tramait contre l'évêque de Thérouanne, Louis de Luxembourg, chancelier d'Angleterre, qui remplaçait son frère Jean au gouvernement de Paris, le capucin voulut en savoir plus et se retrouva un jour attablé, rue Saint-Antoine, à l'auberge de l'Ours, bien décidé à accompagner de fanfares bibliques l'action des conjurés. On lui fit discrètement comprendre qu'il se trompait d'adresse : ce grand bavard eût risqué, par une indiscrétion, de compromettre le mouvement insurrectionnel.

Déçu mais non aigri par cette éviction, il poursuivit son action purificatrice, son lieu de prêche favori restant le cimetière des Innocents. Il se hissait sur l'escabeau qu'il tenait accroché dans son dos et, dressé contre la fresque de la Danse macabre, se lançait dans ses vaticinations. Depuis qu'il avait admiré les œuvres de Jean de Bruges consacrées à l'Apocalypse, il avait compris que sa vie et sa foi seraient consacrées à traquer l'Antéchrist, qu'il se manifeste sous la forme d'une bête immonde ou d'une créature séduisante. Rencontrant Jeanne, il avait songé un moment qu'il tenait sa proie ; il avait vite déchanté : Jeanne était Fille Dieu, comme elle disait, pure comme l'eau de roche.

Il s'apprêtait à déclencher sa grande offensive purificatrice en renouvelant les autodafés de futilités qui, deux ans auparavant, l'avaient fait bannir de la capitale, quand le prévôt le fit saisir *manu militari* au moment où il distribuait à des enfants des médailles d'étain portant l'image de la Pucelle. Cette imprudence qui relevait de la provocation le conduisit devant le tribunal du Châtelet, qui, avant de l'expulser une nouvelle fois, lui promit le bûcher s'il persévérait.

Au soir du premier assaut contre Paris, Jeanne eut la surprise de le voir reparaître, la mine sombre, l'œil chargé d'orages, pestant :

– Le grand dragon... Je n'ai pu l'affronter mais je sais qu'il se cache dans cette Babylone perdue de vices ! Je respire son odeur de soufre. Ah, Jeanne ! malheur à la terre et à la mer car Satan est remonté des enfers ! Il est animé d'une grande fureur car il sait qu'il lui reste peu de temps à pervertir les âmes avant le retour du Seigneur.

Jeanne, maîtrisant à grand-peine une envie de s'esclaffer, lui répondit qu'elle se mettrait à son service pour le traquer et qu'à eux deux, sous la bannière du Christ, ils en viendraient à bout. Elle ajouta :

– Cependant vous faites erreur en imaginant que le démon a pris l'apparence d'une seule créature. Il habite le corps de milliers, de millions d'hommes. On les reconnaît aisément : ils portent sur la poitrine la croix rouge des Bourguignons...

Saint-Denis, Paris, septembre 1429

Après mûres réflexions, hésitations, conflits avec son entourage, Charles avait pris sa décision : pour ne pas risquer de voir l'armée de Jeanne fondre sous les murs de Paris en pure perte, il avait précédé ses propres forces jusqu'à Saint-Denis.

Les termes de l'accord sibyllin conclu avec Philippe l'obsédaient. On avait décrété une suspension et abstinence d'armes jusqu'à Noël pour les contrées situées au nord de la Seine, à l'exception de Paris que Philippe se réservait de mettre en défense contre les Anglais s'ils décidaient de s'y replier au retour de la Normandie (ce qui paraissait peu probable) et contre les Français, qu'il décidât de leur résister ou de leur ouvrir ses portes (ce qui semblait exclu). Cette manœuvre obscure sentait le piège. En progressant vers Paris Charles avait l'impression de chevaucher sur un pont aussi pourri que le parquet de La Rochelle, qui avait failli jadis l'engloutir en s'effondrant.

L'élan d'enthousiasme de la Pucelle en le voyant franchir les portes de Saint-Denis, loin de le conforter, lui fit courir des frissons dans le dos. *Alea jacta est!* se disait-il. La Seine, où Jeanne avait déjà mouillé la pointe de ses houseaux, était son Rubicon.

Averti de son arrivée, Louis de Luxembourg, de nouveau gouverneur de Paris, lui délégua des émissaires qui lui tinrent des propos pleins d'aigreur : il eût été imprudent et prématuré d'engager une action contre la capitale ; il convenait de laisser les autorités et la population décider ou non de laisser le roi Charles y entrer librement. « Le temps, surtout, songea Charles, de renforcer les défenses et d'alerter les Anglais de Normandie... »

Il fit montre d'arrogance, parla haut et fort, renvoya les émissaires sans leur donner la moindre assurance de maintenir une suspension et abstinence d'armes dans les jours à venir.

Le roi mit son armée aux champs dans les prairies de La Chapelle et convoqua Jeanne. Il eut la surprise de l'entendre proclamer qu'à la réflexion il fallait ajourner toute action, ses voix lui ayant dicté cette consigne. Passer outre, attaquer sans sa présence, Charles n'y songeait pas.

Alors qu'elle était occupée à inspecter le corps d'archers et d'arbalétriers de Gilles de Rais, Jeanne surprit une rixe violente entre Gascons et Poitevins, qui risquait de dégénérer en tuerie.

En apprenant que cet incident était motivé par la concurrence de deux sergents qui se disputaient une garce embarquée à Compiègne, elle prit la mouche, intervint, ramena l'ordre non sans peine et mit aux arrêts les deux antagonistes. Quant à la pauvre garce objet de ce charivari, elle lui donna quelques sous, un peu de nourriture et la pria de s'en retourner.

Elle regagnait sa tente, encore frémissante de colère, lorsqu'elle trouva en travers de son chemin une créature fardée comme une maquerelle, au visage de gorgone coiffé de cheveux rouges.

– De quoi se mêle cette pécore ? s'écria-t-elle. La fille que tu viens de chasser était des nôtres. Tu vas la rappeler illico, sinon tu auras affaire à moi, Cathy la Rouge.

– Eh bien ! répondit Jeanne, tu vas sur-le-champ prendre le même chemin que cette garce. Tu peux préparer tes frusques.

– Et toi, Jeanne, attends-toi à recevoir une rebuffade dont tu te souviendras jusqu'à la fin de tes jours !

La maquerelle retroussa ses manches et s'avança vers la Pucelle, au milieu du cercle formé par les soldats qui ricanaient sous cape. Jeanne tira son épée et en porta la pointe sur la virago en criant :

– Un pas de plus et tu es morte !

Cathy s'esclaffa : Jeanne n'oserait pas ; trop de curieux autour d'elles qui la jugeraient sévèrement, elle qui prétendait n'avoir jamais occis personne. Elle fit un pas en avant et Jeanne en fit un en arrière. Soudain, avec un cri de rage, elle porta un coup de plat d'épée sur les reins de la garce qui poussa un gémissement puis, rompant, prit ses jambes à son cou, poursuivie par la Pucelle qui la rattrapa et se mit à cogner sur elle avec une telle force que la fusée de son arme se rompit.

Renonçant à poursuivre la gourgandine, Jeanne s'immobilisa quelques instants avec entre ses mains les deux tronçons de l'épée de Fierbois qu'elle portait depuis son départ de Chinon pour Orléans. Hébétée, elle murmurait au milieu des rires qui éclataient dans le groupe des soldats :

– Mauvais signe... Mon épée... Ma vieille compagne...

Elle posa ses lèvres sur la lame constellée de cinq étoiles tombées du blason d'un preux des temps jadis dont elle ignorerait toujours le nom, qui peut-être l'avait portée aux croisades de Palestine. La rage au ventre, la tristesse au cœur, elle retourna vers sa tente.

Alerté par l'esclandre, Jean d'Alençon l'y attendait.

– Mon beau duc, gémit-elle, je ne puis plus supporter la présence de ces garces qui suivent notre armée. Elles insultent à la sainteté de notre mission. J'exige que, le jour où nous passerons à l'attaque, plus une seule de ces créatures ne reste dans nos chariots.

– Tu sais bien que c'est impossible ! protesta Jean. D'ailleurs le moment serait mal choisi. Cette garce sera expulsée parce qu'elle t'a manqué de respect, mais il faudra en rester là. Ces femmes mangent notre pain et se conduisent mal, c'est vrai, mais elles stimulent l'ardeur de nos soldats. Les renvoyer serait dangereux et inutile : on verrait sans tarder reparaître ces créatures. Pour changer cet état de choses il faudrait transformer le cœur des hommes. Alors, patience...

– Ma vieille épée de Fierbois, dit Jeanne, s'est rompue entre mes mains. Sans elle, je me sens orpheline.

– Mais aussi, plaisanta Jean, pourquoi tirer l'épée contre une aussi misérable créature ? Un gourdin aurait suffi...

Prudemment, Charles décida de s'abstenir de participer en personne à ce siège : c'était l'affaire de Jeanne et du Parti des Ardents, ces têtes folles qui se lançaient sur les murs de Paris ainsi qu'une tribu en armes contre Babylone. Comme il avait oublié à Senlis son jeu de boules, il se cantonna dans une cellule du monastère à lire *L'Imitation* et dans un vieil hôtel de la ville à jouer avec ses petites maîtresses.

Au matin du 8 septembre, alors qu'il avait écrit aux échevins de Paris pour leur demander de livrer la ville et n'avait pas obtenu de réponse, d'Alençon dit à sa compagne :

– Lorsque nous attaquerons il faudra changer de tactique : faire porter le gros de nos forces sur la porte Saint-Honoré en laissant quelques compagnies en faction devant ses voisines.

C'était l'avis de Jeanne. Elle avait longuement inspecté les lieux et constaté que les défenses, comme l'abbé le lui avait déjà signalé, étaient plus vulnérables devant la porte Saint-Honoré, sous la Butte des Moulins et près du chemin du Roule, du Louvre et de la Seine ; elle était précédée d'un vaste espace favorable aux mouvements des troupes : le Marché aux Pourceaux.

– J'ai commencé, ajouta Jean d'Alençon, à constituer un pont de bateaux de manière à pouvoir passer sans encombre sur la rive gauche du fleuve et de prendre pied sur le Pré-aux-Clercs. Une attaque sur deux points jettera la panique chez l'ennemi.

Peu avant que l'armée ne s'ébranle, Jeanne reçut la visite de Pierre, fils du Seigneur de l'Ours. Il venait donner à Jeanne les dernières nouvelles de la situation à Paris, il ne fit que confirmer ce que son père avait révélé à la Pucelle : les gens de la Prévôté faisaient courir la rumeur selon laquelle les habitants seraient passés au fil de l'épée, les maisons incendiées et les femmes violées si la « légion infernale des Armagnacs » entrait dans Paris.

– Il s'est trouvé beaucoup de sottes gens, dit-il, pour croire ces sornettes. Les hommes des milices sont fort remontés contre vous et vous font brûler en effigie sur les places. Le Régent a renoncé à retirer des troupes de Normandie mais il nous a envoyé quelques valeureux capitaines. La partie n'est pas jouée. Il vous faudra beaucoup de sacrifices et de persévérance. Où allez-vous attaquer ?

– À la porte Saint-Honoré.

– Vous avez fait un choix judicieux.

Durant la nuit précédant la marche sur Paris Jeanne avait envoyé des équipes chargées de collecter les matériaux divers nécessaires au comblement des fossés : arbres, poutres, vieux meubles arrachés aux ruines du faubourg, échelles, claies, fagots... Elles étaient encore à l'ouvrage quand l'avant-garde conduite par Gilles de Rais arriva sur les lieux. Le gros de l'armée, environ dix mille hommes, suivait de peu sous la conduite du maréchal de Boussac, de Saint-Vallier, de Vendôme, de Gaucourt, d'Albret et des deux frères de Laval.

Le premier soin de Jeanne fut de faire abattre les gibets et de les faire jeter aux fossés avec les deux cadavres qui y étaient restés suspendus. Elle distribua l'artillerie : bombardes, couleuvrines et veuglaires, en regrettant que l'on n'ait pu tracter la *Bougue* jusque-là. Un convoi transportant sept cents échelles fermait la marche.

Les Français avaient commencé à se répandre, compagnie par compagnie, devant la porte Saint-Honoré, dite des Aveugles, quand les premiers tirs de couleuvrines partirent des remparts où flottaient bannières et étendards marqués de la croix de Saint-André. Les Français ripostèrent par un feu nourri qui bouqueta de poussière la pierre des tourelles.

Jeanne pria le sire de Saint-Vallier d'ouvrir le bal avec ses compagnies de Dauphinois : il s'agissait de mettre le feu aux barrières protégeant le boulevard et de poser les premières échelles. Les compagnies de Gilles attaqueraient sur un autre point ; il fit sans trop de grabuge franchir les fossés à ses hommes en passant sur les bourrées, et leur fit prendre position sur le boulevard avec quelques échelles. Jeanne, qui ne voulait pas manquer cette vaillance d'armes, le suivait de peu avec sa bannière portée par le petit page Raymond. Elle lui avait dit :

– Tu veux m'accompagner, gamin, mais tu sais que tu vas risquer ta vie ?

– Elle m'importe peu si je meurs pour vous.

– Alors suis-moi et ne me quitte pas d'un pouce en tenant ferme cette bannière que j'ai ramenée d'Orléans.

Ils parvinrent à franchir le premier fossé malgré les flèches et les viretons qui pleuvaient autour d'eux et ricochaient sur la cuirasse de la Pucelle. Dressée sur ses arçons, les mains en porte-voix, elle lança :

– Nous sommes des Français comme vous ! Cessez toute résistance. Par le Christ, si vous vous obstinez nous entrerons par la force, et alors gare à vous !

En arrivant au sommet du deuxième talus protégeant le fossé elle constata que le travail de comblement avait été mal exécuté : il restait en surface une nappe d'eau où les gens de Gilles pataugeaient et s'embourbaient avant d'escalader la pente menant au boulevard, dans un branle-bas d'échelles et une grande confusion. Elle se dit que le niveau de la Seine avait dû monter durant la nuit et submerger les bourrées.

Elle laissa son cheval aux mains de Raymond, s'avança jusqu'au bord du fossé et, à l'aide du manche de sa bannière, sonda la profondeur. Alors qu'elle remontait vers son cheval elle poussa un cri et s'effondra sur le parapet, un vireton d'arbalète dans la cuisse. Raymond l'aida à se relever et la conduisit sur le revers du premier fossé pour la mettre à l'abri. La blessure semblait grave, la pointe s'étant fichée profond dans la chair.

– Raymond, dit-elle, baisse-toi ! Tu t'exposes trop.

Elle soulevait les franges de son gippon pour constater le degré de gravité de sa plaie et tenter d'arracher le trait, quand elle entendit le cri du page et le vit battre l'air comme pour prendre son vol. Il tomba près d'elle, un trait d'arbalète entre les deux yeux.

– Mon Dieu ! gémit-elle, le pauvre enfant...

Elle parvint à se redresser, tenta vainement de remonter en selle, et se mit à hurler :

– Courage, mes amis ! *Ahay !* En avant ! Cette place est à vous !

Un voile rouge lui tomba sur les yeux. Elle se laissa choir sur les genoux. D'Alençon la fit prestement transporter à l'arrière et allonger sur le cul d'un chariot, inconsciente, sa blessure délivrée de la pointe lâchant un flot de sang. À peine eut-elle retrouvé ses esprits qu'elle tenta de se lever en criant qu'il fallait d'urgence achever de combler les fossés et qu'en poussant ferme on pourrait se rendre maître de la porte avant la tombée du jour.

De retour d'un assaut infructueux, Gilles pencha vers elle son visage en sueur et lui demanda si elle souffrait beaucoup.

– En nom Dieu ! s'écria-t-elle, si je souffre c'est de ce qu'on m'ait traînée ici au lieu de me laisser dans la bataille. Si les hommes s'aperçoivent de mon absence ils vont me croire morte. Il faut les rassurer.

Elle s'enquit des premiers résultats des attaques.

– Ces sacrés Parisiens, dit Gilles, offrent plus de résistance que nous le pensions, mais nos hommes vont de l'avant sans mesurer leur courage. Vous entendez ce bruit, Jeanne ? C'est celui de nos pièces à feu mêlé aux voix des combattants. Nous venons de lancer une troisième échelade.

– Tenez ferme ! Dès que possible je reviendrai parmi vous.

Elle ajouta d'une voix brisée :

– Mon petit page Raymond est mort près de moi, en portant ma bannière. Je veux qu'on prenne soin de son corps et qu'on l'ensevelisse en terre chrétienne. Vous y veillerez, Gilles ?

– Il en sera fait selon votre volonté, dit-il. Quant à vous, serrez les dents et tenez ferme. Ce serait un grand malheur si vous preniez congé de nous...

La nuit était tombée depuis deux heures et les combattants avaient allumé leurs feux sur le Marché aux Pourceaux lorsque Louis de Coutes annonça à la Pucelle la visite de La Trémoille. Elle le croyait encore à Compiègne ; il venait d'arriver à Saint-Denis et avait eu avec le roi un entretien orageux.

À la clarté des flambeaux qui le précédaient il semblait porter encore sur son visage des traces d'une récente colère. Jeanne fit effort sur elle-même pour paraître sous son jour le plus favorable et ne pas donner au Gros Georges de faux espoirs quant à sa santé.

Il fit avancer un escabeau, y étala sa large croupe, soufflant et s'épongeant le front comme s'il venait de parcourir une lieue à pied. Enfermée dans son reliquaire de cristal, la main desséchée de Giac pendait toujours entre ses mamelles qui dévalaient jusqu'au nombril. Suite à sa chute de cheval lors de la fausse bataille de Montepolloy il claudiquait et s'aidait d'une potence pour marcher.

Il chaussa ses bésicles et, avec la mine et le ton d'un chirurgien, demanda à Jeanne comment elle se ressentait de sa blessure. Elle répondit :

– Moins bien que je ne le souhaite et mieux que l'espèrent mes ennemis.

– J'en suis fort aise, ma fille. Quelques bonnes nuits de sommeil et vous retrouverez votre force et votre énergie. Certains affirment que vous avez une nouvelle fois fait preuve d'héroïsme, d'autres que vous vous êtes montrée trop imprudente. Je partagerais volontiers l'avis de ces derniers. Je vais demander que l'on vous fasse transférer au camp de La Chapelle où vous serez en sécurité, puis à Saint-Denis où vous pourrez vous reposer.

Elle riposta avec vivacité :

– Pardonnez-moi, monseigneur ! Je préfère ne pas bouger, de manière à être à pied d'œuvre pour reprendre ma tâche dès demain.

La Trémoille toussa d'un air embarrassé avant d'ajouter :

– Jeanne, il faut être raisonnable. Je me suis expliqué tout à l'heure, et de manière fort raide, avec Sa Majesté en lui reprochant d'avoir agi trop hâtivement et compromis à la fois la paix à laquelle nous aspirons tous et la soumission de cette ville que le duc Philippe a promis de nous restituer.

Dressée sur ses coudes, réprimant une grimace de douleur, Jeanne lui jeta :

– Dites-vous bien qu'il n'y aura de paix dans ce royaume que lorsque les Anglais retourneront en Angleterre ! Quant à la remise de Paris par Philippe, il faut être bien naïf ou très finaud pour y croire !

Un grognement profond comme un borborygme roula dans la gorge de La Trémoille. Il gratta furieusement ses genoux et parut se maîtriser pour ne pas laisser éclater sa colère.

– Ma chère enfant, dit-il, votre mission est de soutenir par les armes notre roi. Notre rôle à moi et au Conseil royal est de mener des négociations et de ne faire appel aux armes qu'en dernière extrémité. En arrachant à ce pauvre Charles l'autorisation d'attaquer Paris vous brouillez les cartes !

– Il n'y a qu'une apparence de bon sens dans ce jugement, riposta la Pucelle. Mon bon sens à moi m'est dicté par mes voix. À ce jour elles ne m'ont pas trompée !

La Trémoille arrêta net l'éclat de rire qui lui montait aux lèvres et reprit en postillonnant :

– Ah ! j'oubliais... Vos voix... Il semble évident à vos yeux que les avis du roi, de son Conseil, les miens propres ne comptent guère devant elles ! L'ennui, Jeanne, c'est que, ces voix, vous êtes seule à les entendre et que vous pourriez être tentée de les interpréter à votre façon.

Il se raidit pour ajouter :

– Quoi que vous en pensiez, ma chère fille, la fête est terminée. Demain l'armée se retirera. Il était temps de mettre un terme à cette opération mal préparée, qui se révèle calamiteuse. Et quelle est cette idée stupide de prétendre attaquer Paris par la rive gauche ? Un pont de bateaux aurait été inutile. J'ai d'ailleurs donné l'ordre de le démonter...

– Vous avez osé ! hurla Jeanne. De quel droit ? Seriez-vous, par miracle, devenu chef d'armée ? Vous nous privez d'une chance de victoire ! Votre grand ami Philippe va vous bénir !

– J'ai donné cet ordre en accord avec Sa Majesté et votre *alter ego* le duc d'Alençon. Il faut en prendre votre parti, ma petite Jeanne, et mettre l'arme au pied. D'ailleurs vous avez besoin d'une longue convalescence.

Deux valets l'aidèrent à se lever, placèrent les potences sous ses aisselles. Il désigna l'épée nue placée au pied du grabat, demanda d'où elle provenait.

– Prise de guerre ! répondit Jeanne. Je la tiens d'un capitaine bourguignon que Gilles a capturé sur le boulevard où il faisait la bravade. C'est une belle arme. Je compte bien m'en servir longtemps encore, que cela plaise ou non...

Surprise de l'armée, le lendemain matin, en voyant la Pucelle de nouveau à cheval, Louis de Coutes tenant le mors, bannière déployée. Certains la croyaient invalide pour des semaines, d'autres assuraient qu'on leur cachait sa mort. Et voilà qu'elle surgissait, bien droite sur sa selle, souriante, sa cuisse gonflée d'un gros pansement.

Le premier à marquer de l'étonnement fut Gilles.

– Jeanne, dit-il, cette blessure...

– ... n'est pas plus grave que celle d'Orléans : une égratignure.

– Vous ne comptez tout de même pas reprendre la bataille ?

Elle cessa de sourire, soupira :

– Il n'y aura pas de bataille, Gilles. Ainsi en ont décidé les pleutres et les traîtres qui nous gouvernent. Nous allons retirer nos compagnies, notre artillerie, notre matériel de siège et nous replier.

– Mais, Jeanne, nous tenions le bon bout ! Durant la nuit nos équipes ont achevé le comblement des fossés. Nous occupons le boulevard. Tout est prêt pour un nouvel assaut !

– Il faut mettre bas les armes, Gilles ! Ainsi en a décidé le *maréchal* de La Trémoille...

– Et le pont de bateaux ?

– Envolé !

– Notre matériel, nos échelles, notre artillerie ?

– L'ordre est de nous replier au plus tôt et de brûler ce que nous ne pourrons emporter.

– Et nos morts ?

– Ordre de La Trémoille : plutôt que de les emporter, les faire brûler. Regardez cette fumée, au pied de la butte... Je n'ai même pas pu éviter ce sort à mon page Raymond.

– Vous paraissez prendre sans émotion l'annonce de cette retraite !

– Sans émotion, dites-vous ?

Elle se fit aider de Louis de Coutes pour descendre de cheval, s'accrocha aux épaules de Gilles et murmura entre deux hoquets :

– Comment pouvez-vous supposer, vous, mon fidèle ami, que cette infamie puisse me laisser indifférente ? Je suis comme crucifiée. De toute cette nuit je n'ai pu fermer l'œil. J'en veux à La Trémoille, à Charles, au monde entier !

– Charles ? Vous auriez tort de le rendre responsable de cette retraite prématurée. Il est pris entre deux feux : son Conseil lui serine que Paris ne se rendra que par une négociation, et nous Jeanne, ainsi que tous nos compagnons, restons convaincus que seules nos armes pourront rendre Paris et la France aux Français. Un jour il vous donne satisfaction ; le lendemain il approuve les avis de son Conseil. Ah, Jeanne ! l'envie me revient de retourner dans mes terres !

Il avait, pour se présenter à la Pucelle, ôté son casque et sa mentonnière. Auréolant ses traits nobles et rudes, sa chevelure et sa barbe blonde où s'accrochaient des gouttes de pluie, flottaient dans le vent qui poussait jusqu'au camp d'atroces odeurs de crémation mêlées à celle des prairies mouillées. Son regard, parfois imprégné d'une étrange luminosité, notamment dans les préparatifs d'un assaut, parfois voilé d'une brume sous le coup d'une déception, étincelait ce matin-là comme celui d'un aigle blessé. Il ajouta d'une voix glacée :

– Je ne sais ce qui me retient d'aller rejoindre Richemont, de mêler ma colère à sa soif de vengeance, de trouer la panse de ce gros porc de La Trémoille ! Il faudra bien qu'il paie pour ses trahisons. Sa dernière m'est restée en travers de la gorge : avec le consentement de ce pauvre Charles il s'est attribué le gouvernement militaire de Compiègne ! Je ne voulais pas y croire. C'est fait. La fidélité de Guillaume de Flavy au roi lui semblait dangereuse pour le cas où il faudrait livrer bataille aux Bourguignons, c'est-à-dire aux Anglais !

– Compiègne ne se rendra pas, quoi qu'en pense le Gros Georges. La population ne le supporterait pas. J'y veillerai personnellement.

– Comment vous y prendrez-vous ? Charles refusera d'aller contre l'avis de son chambellan !

– Le peu de temps que j'ai séjourné à Compiègne, j'ai acquis la certitude que la population se dressera comme un seul homme pour défendre sa ville. Flavy est d'accord avec moi. Sa garnison est loin d'être acquise aux Bourguignons et les remparts peuvent soutenir un long siège. Mes voix, d'ailleurs, me l'ont assuré...

Elle resta quelques instants encore appuyée aux épaules de Gilles, son visage à demi enfoui dans les flocons mordorés de la barbe et des cheveux, sans qu'il fît le moindre geste pour l'écarter. Elle ne pouvait se cacher que Gilles la troublait, moins en raison de sa mâle beauté que de cette ombre, de ce mystère qui couvaient en lui et dont elle eût aimé sonder les profondeurs. Peut-être afin de ramener à Dieu ce grand pervers.

Paris, septembre 1429

La retraite précipitée sous les murs de Paris menaçait de prendre l'allure d'une débandade. Jean d'Alençon expliqua à sa compagne que le Conseil royal, et notamment le chambellan, redoutait une sortie en masse des assiégés et des renforts de troupes anglaises encore occupées à batailler dans les parages d'Évreux.

Jean venait tout juste de rendre visite à la Pucelle quand Louis de Coutes arriva à bride abattue, venant des arrières de l'armée qui traînaillaient entre l'abbaye de Montmartre et celle de Saint-Laurent, dans l'intention de découvrir quelque cave ou cellier à mettre à sac. Il criait :

– Le comte de Montmorency vient à nous !

Jeanne et d'Alençon s'apprêtaient à rameuter quelques groupes de fuyards pour faire front à cette attaque imprévue quand Louis de Coutes, sautant de cheval, les rassura d'une voix haletante :

– Le comte de Montmorency vient de sortir de Paris en forçant la porte du Temple... pour se rallier à nous, pas pour nous combattre ! Il est suivi d'une soixantaine de cavaliers !

Jeanne, suivie du duc, se porta à ses devants. Il descendit de cheval, s'agenouilla pour lui baiser la main en balbutiant :

– Ah ! Jeanne, quelle joie de vous voir ! Je rêvais de cet instant depuis des mois. De vous savoir si proche, mes gentilshommes et moi n'avons pu nous retenir, et nous voici ! Nous sommes las du joug que les Bourguignons font peser sur la capitale, et nous ne sommes pas les seuls. Las surtout des droits de pots et poêles qu'ils nous imposent pour faire la guerre à nos propres compatriotes ! Nous avions envie de prendre l'air, de courir avec vous les chemins de l'aventure et de la guerre !

Il ressemblait à ces vieux guerriers tassés par l'âge et les blessures mais qui gardent la tête haute, le regard droit, la mine fière. Une grimace s'esquissa sous sa moustache grisonnante.

– Quelle mauvaise surprise, Jeanne, lorsque nous sommes arrivés dans les parages de la porte Saint-Honoré ! Où était cette armée qui, la veille, avait fait de si brillantes vaillances d'armes ? Quelle stupeur fut la nôtre en constatant que la place était vide ! Que s'est-il passé ? Est-ce la conséquence de votre blessure ?

Il écouta en hochant la tête, avec un profond sentiment de détresse, les explications que lui donna Jean d'Alençon.

– Par le chef Saint-Martin ! s'écria-t-il, que me contez-vous là ? Le roi aurait-il perdu le sens ? Eussiez-vous persévéré quelques jours l'affaire était dans le sac ! Charles va me faire regretter de vous avoir amené mes gentilshommes...

– Rien n'est perdu, dit Jeanne. Votre présence va ranimer l'ardeur de l'armée. Nous allons rassembler nos troupes et reprendre la tâche où nous l'avons abandonnée.

Elle donna l'ordre à Louis de Coutes d'annoncer au roi la venue de ce renfort, de lui demander d'arrêter le mouvement de repli et de ramener les troupes. Jean d'Alençon tempéra ce bel élan.

– Jeanne, dit-il, cesse de te bercer d'illusion. Ce que tu demandes est impossible. Nous n'avons plus le moindre matériel...

– ... mais, grâce à Dieu, nous avons encore notre artillerie et nos hommes souhaitent encore se battre !

– Ce qui était vrai hier ne l'est plus aujourd'hui. Il faut en prendre ton parti : le ressort est brisé.

Le comte de Montmorency remonta à cheval et, d'un ton fort raide, s'écria :

– Eh bien, puisqu'on ne veut pas de nous, salut la compagnie !

– Qu'allez-vous faire ? demanda Jeanne. Retourner à Paris ?

– Pour nous faire écharper et jeter à la Bastille ou au Châtelet ? Merci bien, ma fille ! Nous allons retourner dans nos domaines. Bien le bonjour à tous ! Faites révérence de notre part à Sa Majesté !

De retour à Saint-Denis, Jeanne et le duc trouvèrent Charles en conversation avec un groupe de carmes qui, sortis eux-mêmes de Paris par la porte du Temple, apportaient des nouvelles. Charles les écoutait, tête basse, l'air maussade, en roulant de petites boules de mie sur la table de son dîner.

Ces religieux avaient élaboré au sein de leur établissement un complot contre l'occupant, en rapport avec le prieur des carmes de Melun, le père Pierre d'Allée. Ils avaient à leur solde des groupes d'agitateurs chargés, lorsque l'armée royale serait devant Paris, de créer intra-muros une confusion dont ils profiteraient pour ouvrir la porte aux assaillants. Galvanisés par l'apparition de la Pucelle ils s'étaient mis à l'ouvrage, faisant courir le bruit, dans les milices notamment, que tout était perdu, que les gens devaient s'enfermer dans leur demeure. Un sauve-qui-peut efficace : ceux de la milice s'interrogeaient pour savoir s'il ne valait pas mieux poser les armes plutôt que d'affronter l'armée de la Pucelle. Il avait fallu l'intervention des Bourguignons de Jean de Luxembourg pour faire cesser la panique, interrompre l'exode de la population vers les faubourgs de la rive gauche et faire rouvrir boutiques et maisons.

Dans le même temps les carmes avaient rendu publique la lettre que, quelques jours auparavant, le duc d'Alençon avait adressée aux notables, leur enjoignant de se soumettre et leur promettant que ne se reproduiraient pas les atrocités commises par les Armagnacs.

Comme le comte de Montmorency une heure avant, les religieux laissaient libre cours à leur ressentiment : il eût suffi d'un peu de persévérance pour que l'opération tentée par la Pucelle fût couronnée de succès.

– Je vous sais gré de votre action, bredouilla Charles, et je regrette que la nôtre ait dû s'interrompre, mais mon Conseil en a jugé autrement. Il a redouté que l'entrée de nos troupes dans la capitale n'entraînât massacres et pilleries. Les querelles entre Armagnacs et Bourguignons ont laissé des traces sensibles. Mieux valait attendre que le duc Philippe nous livrât la ville.

Les religieux, point dupes de ces arguments fallacieux, se concertèrent du regard et se retirèrent sans un mot.

Averti de la venue du comte d'Armagnac et de sa suite, le roi avait haussé les épaules et soupiré : ils venaient trop tard à la rescousse et d'ailleurs ce renfort n'eût pas été d'un grand secours. On ne reviendrait pas sur ce qui avait été décidé. Il se leva, s'éloigna d'une allure chancelante dans la galerie. Il y retrouva Gaucourt, Regnault et, tassé sur son escabeau, La Trémoille qui jouait nerveusement avec la relique de Giac pendue à sa poitrine.

Sur les derniers mots de Charles, Jeanne, tournée vers d'Alençon, avait murmuré :

– Ne pas revenir sur cette décision ? Voire...

– Que veux-tu dire ?

– Quelques-uns de nos capitaines sont soulagés de cette issue mais la plupart sont tout disposés à reprendre les armes. Nous allons les rassembler, leur demander de revenir à la tâche. Il faudra tâter le terrain du côté de la rive gauche. C'était ton idée, il me semble ?

– Mais, Jeanne, le pont de bateaux a été dispersé et le Conseil a décidé de la retraite. Nous ne pouvons aller contre sa volonté !

– L'avis du Conseil, je m'en moque comme d'une guigne : Quant au pont de bateaux il reste à confirmer sa disparition.

– C'est pure folie !

– Il se peut, mais la sagesse consiste parfois à se montrer un peu fou. D'ailleurs mes voix m'ont assuré que rien n'était perdu. Si tu refuses de me suivre je partirai seule avec un détachement. J'en connais qui me suivront sans barguigner !

– Tu sais bien que je ne t'abandonnerai pas moi non plus, quoi que tu fasses, où que tu ailles !

Le lendemain matin, alors que le gros de l'armée, suivie par le roi et les membres du Conseil, se repliait sur Senlis, Jeanne et quelques-uns de ses compagnons, bannière au vent, contournèrent la Butte des Moulins dominant le Marché aux Pourceaux, arrivèrent, passé les Tuileries, sur la berge de la Seine faisant face à la Grenouillère et au Pré-aux-Clercs. Ils constatèrent qu'à part quelques barques de pêcheurs, aucun pont de bateau ne subsistait.

– Qu'importe ! dit Jeanne, nous allons reconstruire ce pont. Il nous faudra du temps, mais nous y parviendrons.

C'était l'avis de La Hire que les entreprises les plus hardies ne prenaient jamais de court ; ce n'était pas celui d'Alençon et des autres capitaines. Jeanne laissa éclater son courroux, traita ses compagnons de pleutres, de lâches, sans parvenir à les fléchir.

– Jeanne, dit le vieux Boussac, il faut être raisonnable. Si nous t'avons suivie aujourd'hui c'est parce que nous t'aimons et que nous refuserions de te voir t'exposer seule dans cette aventure. En admettant que nous puissions reconstituer ce pont de bateaux, ce n'est pas avec une poignée d'hommes que nous pouvons prétendre conquérir Paris !

– Hommes de peu de foi, s'emporta-t-elle, retirez-vous puisque telle est votre volonté ! Dieu merci, nous aurons d'autres occasions de nous battre...

4

LE RESSORT BRISÉ

Gien, La Charité, automne-hiver 1429-1430

Lorsque le détachement mené par Jeanne arriva à Saint-Denis, le reste de l'armée avait pris les devants. On ne resta dans cette localité que le temps de se sustenter et de se rafraîchir pour reprendre la route.

Avant de quitter la nécropole des rois il restait à Jeanne un dernier acte à accomplir. Accompagnée de l'abbé elle pénétra dans la basilique, se fit dépouiller de son harnois par Louis de Coutes pour l'offrir en ex-voto à l'abbaye.

Alors qu'elle chevauchait en direction de Senlis, Poton de Xaintrailles lui dit :

– J'ai l'impression que Charles fait la tête. Pourquoi ? Je l'ignore. Il devrait être heureux que les avis de son Conseil aient prévalu sur les tiens.

– Charles, ajouta Jean d'Alençon, a des comportements étranges. Il accepte volontiers qu'on l'aide mais, dès que les personnages qui s'y risquent prennent trop d'importance et lui portent ombrage, il les abandonne ou les renie. Aussi sûr qu'une branche pourrie... Jeanne, tu lui as rendu des services inestimables mais tu en as trop fait à son goût. Il t'en veut et te prépare une belle retraite, avec les honneurs. Ce n'est pas vraiment un ingrat, mais il se dit que le temps des miracles est révolu.

Une triste nouvelle attendait Jeanne à Senlis : le Seigneur de l'Ours, cet aubergiste qui avait favorisé la subversion des Parisiens, venait d'être arrêté. Alors que Jeanne se battait devant la porte Saint-Honoré, une dénonciation révélait à la Prévôté du Châtelet le complot qui se tramait dans l'auberge de la rue Saint-Antoine. Alors que les rebelles y tenaient une réunion, les sergents du guet avaient fait irruption et pris dans leurs filets quelques gros poissons. Mis à la question certains avaient craché le morceau.

– Les malheureux !... s'exclama le duc Jean. Leur compte est bon : un séjour à la Bastille ou au Châtelet, un jugement vite expédié et ils iront nourrir les corbeaux de Montfaucon...

– Dieu les garde ! dit Jeanne. Que pourrions-nous faire pour les délivrer ?

Jean haussa les épaules avec un air de découragement. On ne pouvait rien faire, hélas, pas plus que pour le père d'Allée, prieur des carmes de Melun, qui venait d'être emprisonné avec quelques acolytes. Rien, sinon prier pour le salut de leur âme.

Jeanne apprit de même, à son grand déplaisir, que, quelques jours après son départ de Saint-Denis, la soldatesque anglaise avait réoccupé la cité, fait irruption dans le monastère et la basilique, malmené l'abbé soupçonné de connivence avec l'ennemi et commis une ignominie : ils avaient décroché de la muraille les ex-voto de la Pucelle pour les rapporter triomphalement à Paris. Elle se dit qu'aucune humiliation ne lui serait épargnée.

Tandis que l'armée du Sacre se regroupait dans la prairie de Montepilloy en attendant le repli annoncé sur la Loire, Jeanne constata chez le roi un phénomène singulier : alors qu'une trêve avait été décidée jusqu'à Noël, il semblait en proie à une agitation inhabituelle, chevauchant des heures chaque jour, jetant des ordres avec une autorité de capitaine, s'exerçant aux armes. L'énergie qui avait déserté la Pucelle semblait s'être retrouvée en lui. On aurait dit qu'après avoir été reconnu roi, il eût la volonté de le devenir vraiment. Après avoir boudé Jeanne il lui faisait des grâces. Il lui disait :

– Jeanne, tu as connu un échec sévère devant Paris et tu as échappé de peu à la mort. J'y vois un signe : tu dois prendre un peu de repos en attendant que nous te mettions de nouveau à la tâche, si Dieu le veut.

Alors que le roi parlait de repos, Jeanne entendait *trahison*. Ce mot la harcelait depuis qu'elle avait appris les termes du traité d'Arras qui n'avait pour but que d'endormir le pauvre Charles et de lui réserver des réveils brutaux. Cette hantise était devenue une certitude.

– Et maintenant, sire, dit-elle, qu'allons-nous faire ?

Il toussa pour cacher sa gêne, rougit, bredouilla :

– Euh... nous replier sur Gien et, euh... licencier cette armée.

– Notre belle armée du Sacre...

– Il n'y a rien d'autre à faire. Si cette armée n'a pas eu à livrer bataille, du moins a-t-elle montré à nos adversaires que nous ne sommes pas disposés à plier le genou devant leurs exigences. Ce fut une belle démonstration de force...

Jeanne n'osa lui demander ce qu'il entendait par adversaires (il n'avait pas dit ennemis), mais il était clair qu'il songeait aux Anglais plus qu'aux Bourguignons en passe, semblait-il, trêve après trêve, de se rapprocher de lui. Une grosse naïveté de plus à la charge du souverain, à un moment où Philippe venait d'être nommé lieutenant général par le roi d'Angleterre ! Trahison... Bedford, d'autre part, venait de faire au connétable de Richemont des promesses mirifiques afin de le détacher de Charles. Trahison...

– Jeanne, poursuivit le roi, tu vas nous suivre jusqu'à Gien. Je te ferai escorter ensuite jusqu'à Bourges où tu pourras jouir des bienfaits d'une retraite bien méritée. Toujours sous le harnois et l'épée au poing depuis Orléans...

Il déploya une carte pour lui montrer le chemin que l'on suivrait pour se retrouver sur la Loire : Lagny, Bray, Sens, Courtenay, Châteaurenard, Montargis... On atteindrait la Loire la dernière semaine de septembre.

– Sens... observa-t-elle, est bien occupée par les Godons ?

– En effet, Jeanne, en effet.

– Pourquoi ne pas nous y arrêter pour en faire le siège ?

Il eut un mince sourire avant de répondre :

– Parce que cette place n'est pas d'un intérêt capital. Décidément, Jeanne, tu es incorrigible...

Il est des paysages qui proposent une image si parfaite du bonheur qu'ils donnent envie de poser le sac. On se dit qu'on aimerait finir ses jours dans une de ces misérables cabanes de briques couvertes en chaume, précédées d'un jardinet planté de salades et de rosiers, avec une remise pour la chèvre, une vieille futaille pour le chien, un nid pour un couple de merles, un clapier pour une tribu de lapins, avec tout le jour, sous les yeux, les toitures de Gien, le pont, les immensités d'eau et de sable de la Loire.

Louis de Coutes toussa pour marquer sa présence.

– Jeanne, dit-il, messire Jean...

Que lui veut-on encore ? Elle se croyait seule, accoudée à la terrasse, entre le vaste château de briques et les toitures rousses de Gien, promenant son regard sur le fleuve qui semble rêver comme elle dans la somptueuse lumière de septembre, et voilà qu'on vient l'importuner !

– Je vous rappelle, poursuit Louis, que monseigneur le duc Jean a souhaité vous voir avant son départ, qui ne va plus tarder. Il m'a chargé de vous dire...

Le reste se perd dans un brouillard sonore, mais Jeanne n'ignore rien de cette invitation à rejoindre Jean. Son beau duc, son prince de sang royal, va quitter Gien. Leur long compagnonnage s'arrêtera dans cette cité qui marque la borne d'une aventure guerrière et amoureuse. Guerrière, sans conteste, mais amoureuse ? Pour Jean peut-être : il ne l'a jamais laissée dans l'ignorance de ses sentiments, de son désir de vivre toujours à ses côtés, d'en faire en quelque sorte sa favorite à défaut de sa femme car il ne souhaite pas renoncer à son épouse et à leurs enfants. Mais elle, Jeanne ? Est-ce de l'amour, ce frisson qui la parcourt en sa présence depuis leur rencontre à Chinon ? Elle n'a pas oublié : ils montaient le même cheval, Jean derrière, lui apprenant à tenir les rênes de manière à ne pas irriter et blesser un cheval sensible de la bouche. Est-ce un simple élan d'amitié, ce sentiment qui lui met du rose aux joues et de la brume dans la tête quand il lui dit qu'il l'aime et qu'il voudrait l'emmener au bout du monde ?

Louis lui présente son cheval au fond de la terrasse. En montant en selle elle se dit qu'elle aurait préféré renoncer à ces adieux, que Jean, comme Gilles l'a fait la veille, parte sans se retourner. En chevauchant vers la ville basse le long de ruelles fleuries de giroflées, elle se promet de se montrer distante, froide, de ne pas prononcer le moindre mot susceptible de lui faire croire que cette séparation est pour elle un déchirement.

– Messire Jean, dit l'écuyer, vous attend à l'auberge du Pont. Il a décidé de quitter Gien avant midi.

– Dans quelles dispositions est-il ?

– À la fois triste et emporté. Il tourne en rond, s'en prend à ses gens pour des vétilles.

Que Jean soit triste d'abandonner cette campagne sans les honneurs, cela se conçoit. De même que de devoir abandonner sa compagne aux hasards de l'existence. Qu'il soit de même mécontent, comment en douter ? Il a mal supporté le refus du roi, inspiré sans doute par son chambellan, de se faire accompagner de la Pucelle dans sa retraite. Une retraite en trompe l'œil : il n'a pas l'intention de mettre bas les armes ; il a prévu une nouvelle campagne, pour son propre compte, en Normandie.

La veille, au cours d'un banquet dans le jardin du château, il a dit à sa compagne :

– Jeanne, le roi vient de m'informer de son refus de te laisser me suivre. Raison avouée : il pourrait bien avoir de nouveau besoin de toi. Raison inavouée : il redoute les conséquences de la guerre que je vais mener contre le Régent allié des Bourguignons. Il semble tenir à cette trêve qui n'est que duperie. Je sais d'où vient le coup : du Gros Georges ! Ni lui ni le roi n'ont oublié les liens qui me lient à mon oncle, Arthur de Richemont, qui, lui non plus, n'a pas désarmé ! Ils n'ont pas oublié non plus que Madame Yolande est ma belle-mère. Elle a obtenu, grâce à toi, de quoi satisfaire ses ambitions : la sécurité pour ses domaines d'Anjou. Elle verrait d'un mauvais œil que je reprenne, avec toi à mon côté, une offensive qui, si elle échouait, risquerait de ramener les Godons sur la Loire. Elle tient tant à cette idée qu'elle a obtenu du roi que l'on me prive de mon titre de lieutenant général pour le confier à l'une de ses créatures : Vendôme. Lorsque je partirai, demain, il me semblera avoir une épine dans chaque pied...

L'auberge du Pont grouille de monde. Le duc Jean se tient au fond de la grande salle, devant des pots de cidre, en compagnie de ses capitaines qui boivent le coup de l'étrier, sans enthousiasme. Très pâle, il se lève pour venir au devant de Jeanne. Il lui prend le bras, lui dit :

– Suis-moi !

– Doucement ! fait-elle. J'ai encore du mal à marcher.

Jean la conduit jusqu'à l'enclos en la soutenant par les épaules. Elle a remarqué la mine narquoise des gens de sa suite, persuadés pour la plupart que la Pucelle ne mérite plus son surnom. Certains se sont poussés du coude en riant.

Il la fait asseoir près de lui sur un banc que le vent de la nuit a couvert de pommes blettes et de feuilles, qu'il écarte d'un revers de main. Il dit d'une voix étranglée :

– J'ai longtemps hésité à te faire mes adieux, puis je m'y suis résolu. Jeanne... ma Jeanne... c'est la fin d'un long voyage et d'une grande aventure. Je n'en ai retiré que fatigue, déception et amertume mais je recommencerais volontiers si j'étais certain de n'être pas séparé de toi. Aurais-tu accepté de me suivre ?

– J'ai l'impression, dit-elle, de ne plus m'appartenir. Que va-t-on faire de moi ? Des gens veulent ma mort, d'autres voudraient oublier que j'existe. Tantôt je souhaite retourner dans ma famille, tantôt il me prend envie de revenir me battre. Je suis à la fois prisonnière des autres et de mes incertitudes. Avec toi, Jean, je savais qui j'étais et ce que je voulais.

– Alors, suis-moi !

Elle frappe du plat de la main sur le genou de Jean, éclate de rire. Il sait bien que c'est impossible, qu'on aurait vite fait de les rattraper, de leur faire payer leur indiscipline. D'ailleurs, le suivre pour aller où ? Faire la chasse aux Anglais ou aux Bourguignons ? assiéger Évreux ? porter secours aux défenseurs du Mont-Saint-Michel ? Elle hausse les épaules, soupire :

– Au fond, Jean, une seule chose t'intéresse : reprendre tes domaines aux Anglais. Si je t'écoutais je ne serais qu'un instrument entre tes mains, comme pour Madame Yolande.

– Tu es bien autre chose pour moi, et tu le sais !

Il lui prend les mains, les embrasse, s'en caresse le visage. Ce grand enfant... Toute molle de tendresse et d'affliction, elle se dit qu'elle n'aurait jamais dû accepter ce dernier rendez-vous. S'il cherche ses lèvres elle ne les lui refusera pas ; en revanche, s'il veut pousser plus loin son avantage elle s'y opposera : sa virginité, c'est à Dieu qu'elle l'a vouée jusqu'à la fin de ses jours, et elle sait, de par ses voix, que ce terme est proche.

Elle se raidit, lance d'une voix ferme :

– Pars maintenant ! Tes gens doivent s'impatienter. Dans un mois ou deux tu m'auras oubliée.

– T'oublier, Jeanne ? Jamais ! Grâce à toi j'ai vécu la plus belle aventure dont un homme puisse rêver, et je t'aime tant... À nous deux nous aurions pu entreprendre des actes qui auraient étonné le monde !

– Peut-être l'aurions-nous pu, mais Dieu ne l'a pas voulu.

Dieu ? Non ! Plutôt ces larves qui grouillent autour de Charles ! Il lui répète d'une voix mouillée qu'il l'aime, attend la même confidence, qui ne vient pas. Elle répète d'une voix ferme :

– Il est temps de partir, mon beau duc. Pars et ne te retourne pas. Sache que tu auras toujours ta place dans mes prières.

De la porte de l'auberge elle le regarde réunir ses capitaines, monter à cheval avec cette assurance, cette souplesse qu'elle lui envie ; il va rejoindre sa troupe campée sur l'autre rive. Arrivé au milieu du pont, il se retourne et fait un dernier salut de la main.

D'ici quelques jours il sera à Beaumont, l'un de ses domaines proches de Senlis, au bord de l'Oise.

Beaumont où l'attend son épouse.

Jeanne n'a pas assisté au départ de Gilles de Rais : il est parti la veille, dans une aube brumeuse, sans lui faire ses adieux, et elle sait pourquoi. Ce sombre chevalier refuse en toute circonstance de se laisser attendrir.

En revanche, le lendemain du départ de Jean d'Alençon, La Hire, Xaintrailles, Dunois, Boussac et quelques autres capitaines de l'armée du Sacre ont fêté leur séparation par un repas commun, en donnant la place d'honneur à Jeanne, le roi ayant refusé de se joindre à eux.

Quelques heures plus tard elle a assisté à leur départ, chacun vers sa destination propre, bannière au vent, dans le grondement des chansons de route dont certaines parlent de la Pucelle en tout bien tout honneur. Une pluie aigre de fin d'été brouillait l'horizon.

Lorsque Jeanne a repris son cheval pour remonter vers le château, un sentiment de solitude s'est appesanti sur elle, donnant à l'avenir l'apparence désolée des immenses gravières jaunâtres bordant la rive opposée du fleuve.

Comme il lui restait quelques heures de jour et qu'elle redoutait de se retrouver si tôt dans sa chambre, elle s'est mise à flâner dans les rues marchandes, s'arrêtant pour parler avec des boutiquiers et des chalands qui, l'ayant reconnue, l'interpellaient joyeusement. Ce qui l'importune d'ordinaire, ces témoignages de dévotion, elle le supporte aujourd'hui, sinon avec plaisir, du moins avec l'impression qu'ils l'aident à chasser ses idées noires. Parvenue sur la crête, face au vallon agreste qui occupe l'autre versant envahi par des vignes, des champs, parsemé de hameaux paisibles, elle se dirige vers l'église et, méprisant les douleurs à la cuisse qui la harcèlent, reste une heure en prière devant le Christ en croix.

Quand elle en ressort il tombe avec la nuit une nouvelle averse qui semble devoir engloutir le monde jusqu'à la fin des temps.

5

AU BOUT DE LA LANCE

Bourges, début hiver 1429-1430

Partie de Bourges en compagnie de son fils Louis, la reine Marie se portait à la rencontre de son royal époux. Charles demanda à Jeanne d'aller à ses devants ; elle ne put refuser. La rencontre eut lieu sur une rive du Cher, près de la petite ville de Selles-sur-Berry.

À part une discrète entrevue sur les terrasses de Loches, Jeanne n'avait pas revu la reine depuis son départ de Chinon pour Orléans. La fille de Louis d'Anjou et de Madame Yolande n'avait pas embelli : elle avait, à vingt-cinq ans, gardé ce visage ingrat qui faisait dire aux mauvais esprits que sa seule apparition eût suffi à faire fuir les Anglais. Sa taille s'était alourdie, son nez semblait s'être allongé ; sa conversation était toujours aussi parcimonieuse. Parlant des rapports de Charles avec cette épouse disgraciée, les mêmes mauvais esprits proclamaient qu'il tempérait les déplaisirs des *amours de dette* par les plaisirs des *amours de grâce,* une observation qui excusait les passades adultérines auxquelles Sa Majesté se livrait sans retenue et sans scrupules.

Le dauphin Louis, lui non plus, n'avait pas gagné en grâce en prenant de l'âge : ce garçonnet de sept ans, laid et sournois, s'accrochait encore aux jupes de sa mère.

La reine Marie et Jeanne ne s'attardèrent pas à Selles : il tardait à Marie de retrouver ses habitudes de Bourges et la petite

Catherine qui, née l'année précédente, était entre la vie et la mort.

En chemin, la reine demanda à Jeanne comment se portait le roi : Charles avait pris de son côté le chemin de Sully-sur-Loire où La Trémoille avait proposé de l'accueillir dans son château.

– Au mieux, madame, répondit Jeanne. Vous avez pu le constater. Il est fort satisfait que nous n'ayons pas eu à faire combattre l'armée du Sacre. Sa santé et son humeur se ressentent de ces bonnes conditions.

– Souffre-t-il toujours de ses maux d'estomac ? A-t-il encore des vents ?

– Ma foi, je ne saurais dire. Sa Majesté ne me fait pas l'honneur de ses confidences. Je puis vous assurer qu'il ne souffre de rien de grave.

– Je ne vous cache pas, ma fille, que j'étais inquiète à son sujet. Mon époux est un homme de cabinet, fait pour la diplomatie plus que pour la guerre. Lorsque je l'ai vu partir pour Reims à la tête de son armée, l'idée m'a traversée qu'il n'en reviendrait pas. Au moins a-t-il fait montre de prudence ? Ne s'est-il pas trop exposé ?

– Que non, madame ! Nous avons veillé à ce qu'il se tienne à l'écart de tout danger. D'ailleurs, nous n'avons pas eu vraiment à livrer bataille et aujourd'hui nous sommes débarrassés de ces soucis. Sa Majesté sera toute à votre service.

« Au service de son épouse, songeait Jeanne, mais aussi à celui de sa grande favorite, Éléonore de Paule, et des petites dindes qui jouent du croupion pour accéder à la chambre royale. »

Chemin faisant, Jeanne apprit de Marie que l'Université de Paris venait d'adresser au pape un message le mettant en garde contre les menées dangereuses de la Pucelle que, contrairement à leurs pairs exilés à Poitiers, ils dénigraient, la qualifiant de *pécheresse* et d'*hérésiarque*. Le plus ardent à dénoncer les méfaits de cette diablesse était l'évêque de Beauvais, commissaire général des Anglais pour la Champagne, Pierre Cauchon : il n'avait pas pardonné à la Pucelle l'éviction de son diocèse.

En vue de Bourges, Marie dit à Jeanne :

– Nous avons trouvé à vous loger durant votre séjour dans une des plus belles demeures de la ville, proche de la cathédrale. Messire Charles d'Albret a pris les choses en main et veillé à ce que vous soyiez comme un coq en pâte dans notre petite capitale.

Frère utérin de La Trémoille et lieutenant général du roi pour le Berry, Charles d'Albret n'était pas un inconnu pour la Pucelle. Personnage aimable et doucereux, dont la main moite prenait plaisir à manipuler son entourage quitte à le trahir à l'occasion, il portait beau malgré son apparence déconcertante de nabot volubile.

– Jeanne, dit-il en se haussant sur ses souliers à grosse semelle, je suis très honoré de vous accueillir. Si cela vous convient, je serait votre cicérone le temps que durera votre convalescence.

Ce dernier mot fit sourire Jeanne : elle se portait aussi bien, sinon mieux que lui. Il lui fit les honneurs de ses appartements situés dans la vaste demeure de René de Bouligny, ancien maître des finances royales, adversaire déclaré des Anglo-Bourguignons et de l'Université de Paris, qui l'avait renié en raison de ses accointances avec le dauphin.

Si ce personnage aux allures de gros matou châtré se montrait discret, pris qu'il était par ses affaires, son épouse, en revanche, semblait avoir du vif-argent dans les veines. En voyant Jeanne paraître, accompagnée de Charles d'Albret, elle tomba à genoux, embrassa les franges de la huque, des larmes glissant sur ses joues rebondies. Comme elle avait du mal à se relever en raison de son obésité, Jeanne l'y aida.

– Ah, Jeanne... Jeanne... chevrotait la dame, quel honneur vous me faites d'avoir accepté mon hospitalité ! Jamais je n'aurais pu imaginer qu'un jour... Mais entrez donc... Ne faites pas attention au désordre... Les domestiques, de nos jours, vous le savez...

Elle alla lui montrer ses appartements. Tandis qu'elle naviguait, tanguant bord sur bord dans les étroits corridors, soufflant sans interrompre son monologue, Bouligny, qui suivait le cortège, glissa à l'oreille de Jeanne :

– Mon épouse se nomme Marguerite, mais on la connaît en ville sous le nom de La Touroulde. Vous n'aurez pas à vous garder d'elle : c'est une âme innocente. Si elle vous importune, n'hésitez pas à la rabrouer, mais avec quelques égards, bien entendu : c'est une bavarde impénitente...

Après le souper, simple mais copieux, La Touroulde dit à Jeanne qui avait revêtu des habits de son sexe prêtés par une jeune parente :

– Si j'osais, Jeanne... Si j'osais... je vous demanderais de m'appeler Marguerite, comme moi je vous appelle par votre prénom.

– Qu'à cela ne tienne ! répondit Jeanne. Cela facilitera nos rapports.

Marguerite dissimula un nouvel embarras sous une toux grasse avant d'exprimer une autre requête : elle souhaitait partager le lit de la Pucelle, oh ! une nuit ou deux tout au plus... Jeanne ne put refuser cette faveur dont elle se serait bien passée. Autant, à Orléans, elle avait pris du plaisir à cohabiter avec la petite Charlotte, autant la perspective lui répugnait de partager sa couche avec cette matrone qui devait ronfler, puer, et dont elle redoutait la curiosité.

En dépit des craintes éprouvées à l'idée de la *convalescence* qu'on lui imposait, Jeanne devait convenir que cette halte prolongée, dans une ville prospère et animée autour de son énorme cathédrale couleur de tourbe, lui convenait. Comme lui avait dit le roi, il y avait un temps pour la guerre et un temps pour la paix.

Elle eut tôt fait de révéler à Marguerite qu'elle souhaitait préserver son indépendance. La dame respecta ce souhait, tout en veillant à ce que sa pensionnaire ne manquât de rien. De temps à autre, à l'heure du coucher, elle venait gratter discrètement à la porte de Jeanne pour lui demander de lui faire place dans son lit, promettant de ne pas l'importuner par ses bavardages.

Jeanne n'avait pas tardé à deviner ce que Marguerite attendait vraiment de ces cohabitations nocturnes : entendre des voix et assister à des apparitions. Elle fut déçue.

Si la dame ne pouvait se contraindre à ne pas ronfler, en revanche elle ne puait pas, et pour cause. Plusieurs fois par semaine, c'était le même refrain :

– Jeanne, préparez-vous ! Nous allons aux étuves...

Par les rues du Four-du-Roi et de la Chappe, accompagnées d'une servante, elles gagnaient à pied les rives de l'Auron où étaient installés les bains. Pour Jeanne, une découverte heureuse ! Si la promiscuité avec ces bourgeoises nues, qui grouillaient dans les cuveaux comme de gros vers blancs, lui pesait, en revanche elle se plaisait aux longues stations dans l'eau chaude ainsi qu'aux massages qui les accompagnaient et lui révélaient des sensations nouvelles et des plaisirs rares ; lorsqu'elle quittait les étuves il lui semblait flotter sur un nuage.

À l'ambiance de la cathédrale envahie par une foule de mendiants, de pèlerins, d'une populace bruyante et puante peu favorable au recueillement, elle préférait le modeste sanctuaire de Saint-Pierre-le-Guillard où elle se faisait accompagner par son intendant, Jean d'Aulon, et le frère Pasquerel. Elle trouvait en ces lieux la pénombre et le silence auxquels elle aspirait.

Un matin, elle eut la surprise, alors qu'elle était en oraison, d'entendre de nouveau la voix de saint Michel : il lui conseilla de prendre son mal en patience et lui annonça qu'elle allait bientôt se trouver de nouveau à l'ouvrage.

Pas un instant, au cours de son séjour à Bourges, Jeanne ne trouva le temps long.

Retour de Sully, le roi avait repris avec sa Cour possession du palais. Jeanne l'y rencontra au cours d'une cérémonie.

– Jeanne, lui dit-il, je crains que ce séjour ne te pèse. Tu vas me suivre pour un petit voyage. Je tiens à te présenter à mes sujets qui souhaitent te connaître.

Il la promena durant des jours et des jours dans toute la province et à l'extérieur : de Montargis à Issoudun, de Vierzon à Jargeau où les habitants, se souvenant du siège qui avait abouti à leur délivrance, l'accueillirent avec des larmes de reconnaissance. Partout des femmes venaient à elle pour la regarder, baiser sa huque, faire bénir médailles et chapelets. Elle leur disait :

– Vous vous méprenez : je ne suis pas une sainte !

Un matin, le sire d'Albret vint la chercher chez La Touroulde pour la conduire au palais où l'attendait La Trémoille. Il la reçut dans sa petite tenue du matin, entre deux braseros qui, outre le feu de cheminée, entretenaient dans la salle une chaleur pesante et faisaient flotter des odeurs d'herbes aromatiques.

En la voyant paraître, le ministre se leva pour l'accueillir.

– Jeanne, dit-il, cet habit de femme te va à ravir ! Il semble que tu aies pris du poids. Il est vrai que la table de dame Marguerite est des plus réputées, et que le manque d'exercice... Si tu te laisses aller à la vie bourgeoise il est à craindre que tu ne deviennes grasse comme La Touroulde... ou comme moi !

Il se libéra de sa bonne humeur par un rire grasseyant qui se perdit dans des sifflements amphisémateux, avant de poursuivre en continuant à la tutoyer comme lorsqu'il était de bonne humeur :

– Bref ! je te connais trop bien, ma petite Jeanne, pour ne pas deviner que la vie que tu mènes ne te convient guère. Tu dois te sentir mal à l'aise dans ces fanfreluches qui risquent de te faire oublier l'exercice du cheval et des armes.

Ébahie, elle lui révéla qu'il n'en était rien, qu'elle passait quelques heures chaque jour à faire galoper son cheval dans les prairies de l'Auron et à pratiquer les armes. Qu'allait s'imaginer le Gros Georges ? qu'elle allait finir son existence dans les *délices de Capoue* ?

L'expression fit sourdre un sourire des grosses lèvres du satrape. La petite bergère illettrée de Domrémy tenait sans doute cette expression de Charles d'Albret ou de M. de Bouligny qui se piquait de belles lettres.

Jeanne se demanda où le chambellan voulait ne venir ; il ne tarda pas à le lui révéler :

– Jeanne, ma chère fille, nous avons deux épines au talon : elles se nomment La Charité-sur-Loire et Saint-Pierre-le-Moutier. Ces deux villes proches de Bourges sont aux mains d'un chef de bande dévoué à nos adversaires. Sa Majesté et moi souhaitons nous en débarrasser et t'en confier le soin. Étant donné la saison, cette opération ne sera pas une sinécure. Si tu échouais nous ne t'en tiendrions pas rigueur. Prends le temps de la réflexion. M. d'Albret, mon demi-frère, te fournira les indications nécessaires et te secondera dans cette entreprise.

En retournant chez La Touroulde, Jeanne se sentait en proie à une grande confusion. Lorsqu'elle s'ouvrit de cette proposition insolite à Jean d'Aulon, il se dit qu'une fois de plus on cherchait à la manipuler ou à se débarrasser d'elle.

– Bien joué ! s'écria-t-il. La Trémoille est décidément un fripon de la pire espèce. Ce qu'il n'a pas osé vous dire c'est qu'il souhaite faire de vous l'instrument d'une vengeance. Ces deux cités sont tenues par les bandes du célèbre routier Perrinet Gressart. Jadis La Trémoille, mis à rançon par ce brigand au cours d'un simple voyage, a dû débourser quarante mille écus pour être libéré. Il s'est remboursé sur le trésor public mais, comme il est d'un naturel vindicatif, il s'est promis de tirer vengeance de cet affront. Il faut dire aussi que Gressart met en coupe réglée les contrées qu'il contrôle et les domaines royaux des alentours. Autant de profit en moins pour le trésor royal... et le sien propre. Alors, Jeanne, il faut bien réfléchir avant de vous laisser embarquer dans cette affaire truquée.

– C'est bien mon intention, dit Jeanne.

Elle se disait déjà que, toutes préventions écartées, elle accepterait cette mission. Elle ne pouvait sans déchoir s'y dérober et n'en avait pas envie.

– Si j'accepte de partir, dit-elle, ce ne sera pas pour venger le Gros Georges mais pour délivrer le pays d'un brigand qui fait injure à Dieu en terrorisant et en ruinant les pauvres et les gens d'Église...

Elle ajouta avec un rire :

– ... et aussi pour me donner un peu de mouvement !

Elle se tenait immobile dans l'entrée, son baluchon à ses pieds, sa mule au poil luisant de pluie derrière elle. Sous le bonnet qui lui enveloppait le haut du visage jusqu'aux oreilles pendaient des filaments humides de cheveux roux.

La Touroulde, alertée par les domestiques, lui demanda ce qu'elle voulait.

– Je viens, dit la femme, de la part du frère Richard, pour rencontrer celle qu'on appelle Jeanne la Pucelle. Mon nom est Catherine.

Jeanne se tenait dans ses appartements, occupée à mettre sur pied, en compagnie de Charles d'Albret, un plan de campagne contre Gressart. Elle s'avança vers la pauvresse, lui demanda des nouvelles du frère Richard, la fit entrer et l'invita à venir se chauffer. Catherine grelottait en essuyant avec la serviette que lui avait tendue une servante son visage long et mince de madone romane, aux yeux gris et tristes.

Elle expliqua à Jeanne, devant un bol de vin chaud, qu'elle était originaire de La Rochelle où elle avait laissé son mari et ses enfants. Poussée par des révélations célestes, elle avait pris la route pour suivre une bande qui bataillait contre les Anglais au nord de la Loire. C'est là qu'elle avait rencontré le frère cordelier en train de prêcher le populaire. Elle lui avait raconté les révélations dont elle était l'objet : la Vierge Marie lui apparaissait chaque nuit ou presque, drapée dans une tunique de tissu d'or, un tourbillon d'étoiles autour de la tête ; elle lui parlait, lui révélait des choses surprenantes...

– Vraiment ? fit Jeanne avec un sourire ironique. La Vierge elle-même... Et quelles choses surprenantes vous dit-elle ?

À ce jour les révélations célestes n'avaient porté que sur la recherche de trésors : une spécialité comme une autre. De plus Catherine avait la réputation d'une quêteuse émérite : lorsqu'une bande avait besoin de subsides pour continuer la lutte, le capitaine faisait appel à elle pour faire s'ouvrir bourses et coffres.

– Ce don, ajouta Catherine, m'a été révélé le jour où la Vierge m'est apparue pour me dire : « Tu vas aller vers les villes et faire crier par les hérauts, à son de trompes, que quiconque a de l'or, de l'argent ou quelque trésor caché l'apporte à l'instant et le dépose dans ton giron. » Certains refusent de se soumettre mais moi j'ai vite fait de découvrir le magot !

Elle se pencha vers Jeanne et lui confia à voix basse pour échapper à la curiosité de La Touroulde :

– Je tiens à votre disposition dix mille écus. Cette somme vous permettra de solder en partie l'armée que, dit-on, vous vous apprêtez à mettre sur pied.

– Si vous venez vers moi pour m'apporter votre secours, dit Jeanne, soyez la bienvenue. Mais ce n'est pas l'unique raison de votre visite !

Catherine tendit ses mains vers le feu, jeta de nouveau un regard autour d'elle avant de déclarer :

– Jeanne, il faut faire la paix avec Philippe de Bourgogne.

– La paix, dites-vous ? Si c'est le frère Richard qui vous a inspiré cette idée, j'en suis surprise : il sait mieux que quiconque à quel point j'aspire à la paix, à condition que les Anglais retournent en Angleterre. La paix avec Philippe ne se fera que le jour où il raisonnera de même, mais il ne semble pas en prendre le chemin. Nous ne trouverons la paix qu'au bout de nos lances !

Jeanne trouva singulier que cette femme lui proposât en même temps de l'argent pour se constituer une armée et lui conseillât de faire la paix. Elle allait s'informer de cette contradiction quand

Catherine partit sur un autre dada : elle apprit à Jeanne que le frère Richard marchait accompagné d'une cohorte d'illuminées plus ou moins fiables, dont elle était le chef de file, l'inspirée numéro un, qu'il faisait confiance plus qu'à toute autre à une Bretonne, toujours accompagnée de sa sœur cadette, qui professait pour la Pucelle une sympathie qui confinait à la passion. C'est dans cet entourage féminin caquetant que le frère cordelier attendait la fin du monde.

– Vous prétendez, dit Jeanne, recevoir chaque nuit la visite de la Vierge Marie. Est-ce exact ?

– C'est la pure vérité.

– Alors, avec votre permission, nous coucherons ce soir dans la même chambre. Il me plairait d'assister à l'une de ces rencontres.

Elles veillèrent ensemble, mouchèrent la chandelle, attendirent. Passé minuit, accablée de fatigue et excédée par la volubilité extatique de sa compagne de lit, Jeanne s'endormit. Le matin venu, elle s'excusa de sa défaillance et demanda à Catherine si la visite attendue avait eu lieu. Bien sûr ! mais Catherine n'avait pas osé éveiller la dormeuse. La nuit suivante, Jeanne fit en sorte de se tenir aux aguets jusqu'à l'aube. Ni apparition ni voix ne se manifestèrent. Quant à Catherine, elle dormait comme une bienheureuse qu'elle n'était pas.

Jeanne lui dit en se levant :

– Ma conviction est faite ! Retournez dans votre famille et cessez de jouer les devineresses et les inspirées. Tandis que vous dormiez j'ai pris conseil de mes voix : elles m'ont assuré qu'il n'y avait en vous que folie et néant. Quant aux dix mille écus que vous m'avez promis, s'il ne s'agit pas d'un de vos mensonges, allez donc les offrir à Philippe. Il aura besoin d'argent pour célébrer son troisième mariage !

Catherine n'était pas rancunière. Avant de repartir pour Paris et de poursuivre son pèlerinage en faveur de la paix bourguignonne elle mit en garde la Pucelle contre les dangers de la campagne contre Perrinet Gressart que La Trémoille lui proposait.

– Et pourquoi devrais-je renoncer ? demanda Jeanne.

– Parce que vous auriez très froid ! répondit Catherine.

Jeanne ajouta après avoir pouffé de rire :

– Je suppose que vous allez tâcher de rencontrer le duc Philippe ? Alors dites-lui que je lui souhaite beaucoup de bonheur avec sa nouvelle épouse !

Campagne de Loire, octobre-décembre 1429

Type même du brigand devenu gentilhomme, Perrinet Gressart n'était pas du menu fretin.

Cet ancien apprenti maçon originaire de Picardie avait de bonne heure pris la mesure de ses compétences et de ses ambitions. Abandonnant la truelle et le fil à plomb pour la lance et l'épée, il s'était mêlé à une bande de routiers et d'écorcheurs à la solde du duc de Bourgogne, Jean sans Peur. De concert avec eux il avait dévasté les villages du Sancerrois et du Nivernais, avec une particularité : le rançonnement du moindre sergent. Cette pratique lui avait permis d'amasser un pécule confortable, de prendre du galon et de s'offrir la seigneurie de La Motte-Josserand, avec un blason en prime. Pour fonder une dynastie il avait épousé une demoiselle, mais pas n'importe quelle garce : Huguette de Corvol n'était pas une Vénus mais avait du bien au soleil. Devenu gentilhomme sans renoncer à être chef de bande, l'apprenti maçon avait la manière avec ses hommes; ses méthodes se résumaient en un mot : discipline. Un peu à l'étroit dans son domaine de La Motte-Josserand il s'était fait attribuer par son suzerain, le duc de Bourgogne, deux forteresses : Saint-Pierre-le-Moutier et La Charité-sur-Loire; il y avait installé sa cour, ses ministres et ses capitaines. C'étaient des positions idéales pour mettre au pillage les riches provinces d'alentour et rançonner les voyageurs. L'exploit le plus audacieux et le plus fructueux de sa carrière avait été la capture et la mise à rançon d'un favori du dauphin Charles : Georges de La Trémoille. Il riait encore en racontant à ses proches cette anecdote qui avait fait grand bruit.

Dans les derniers jours de septembre, Jeanne, entourée de Charles d'Albret, son mentor pour cette opération, de Louis de Bourbon, comte de Monpensier et du maréchal de Boussac, se présenta avec une petite armée devant Saint-Pierre-le-Moutier, localité située au milieu des terres, à environ quatre lieues de la Loire en tirant vers le levant. Elle constata que les eaux étaient fort hautes pour la saison, ce qui permettrait d'acheminer le matériel dans de meilleures conditions. En revanche, la position était plus solide qu'elle ne l'imaginait.

– Ce sera pour nous, dit-elle, l'occasion de mettre notre artillerie une nouvelle fois à l'épreuve.

Elle pensait à la *Bergère,* cette énorme bombarde envoyée par les Orléanais au siège de Jargeau, cinq mois auparavant. Expédiée par le fleuve de cette dernière ville, chargée sur deux chalands, un pour la volée et l'autre pour la chambre, elle arriva à Luthenay alors que Jeanne mettait pied à terre devant Saint-Pierre. Pour la conduire devant les remparts un attelage de trente chevaux fut nécessaire, de même qu'une équipe de manœuvres chargés de damer les chemins qu'emprunterait le cortège.

Le siège débuta dans un grand branle-bas d'artillerie mise en batterie et d'installation de postes. Ces opérations furent confiées à d'Albret car on redoutait l'inexpérience de la Pucelle et ses convictions saugrenues en la matière.

Au beau temps qui avait favorisé la progression de la colonne et du convoi de la *Bergère* avaient succédé les averses annonciatrices d'un automne précoce.

La première attaque se solda par une reculade effrénée des assaillants sous un déluge de mitraille, de flèches et de viretons. Jean d'Aulon, qui ne quittait pas la Pucelle d'une semelle, reçut un trait d'arbalète dans le pied et resta quelques jours invalide et marchant aux potences.

Jeanne fit observer à d'Albret que l'on avait mal situé les points d'attaque.

– Ces défenses, aussi impressionnantes soient-elles, doivent avoir leurs points faibles. À nous de les découvrir.

Tandis que l'on installait la *Bergère* face à la porte principale, Jeanne, vêtue d'un épais manteau de pluie et escortée d'une compagnie de cavalerie, fit le tour des remparts sous de violentes rafales de pluie. De retour au camp elle dit à d'Albret :

– Je crois avoir découvert l'endroit propice où faire porter la canonnade : près du châtelet oriental où j'ai observé la présence d'une forte lézarde. La *Bergère* devrait en venir à bout : il suffira de la déplacer de deux ou trois cents pas.

Il fallut trois jours pour démonter, transporter et remonter la pièce sur le terrain préparé à son intention. Le gros de la troupe fut placé derrière elle, au milieu des chariots transportant les échelles, tandis que des équipes renforcées de quelques paysans mis à la tâche s'activaient au comblement du fossé, sous les tirs nourris partant des créneaux.

Les premières décharges de la *Bergère* firent beaucoup de bruit et de fumée pour de piètres résultats : quelques merlons emportés, des ébréchures, des éraflures... Seul résultat positif, la panique occasionnée dans la place par ce feu d'artifice.

Charles d'Albret soupira :

– Jeanne, nous ne viendrons jamais à bout de cette ville et le temps presse. Le mieux serait de passer outre et d'aller planter notre camp devant La Charité. C'est là que nous trouverons Perrinet. Il doit nous y attendre, le bougre !

– Attendons demain, répondit Jeanne. Nous lancerons un assaut général. Nous avons vu pire à Jargeau...

Le jour, qui s'était éteint dans une cendre humide, s'éveilla dans la boue après les incessantes averses de la nuit. Les chefs s'interrogeaient sur l'efficacité de ce dernier assaut mais la troupe rongeait son frein. Jeanne en eut la conviction lors de son inspection matinale ; elle fut accueillie par des ovations :

– Nous sommes avec toi, Jeanne !

– Cette ville est à nous !

On eut, ce matin-là, quelque difficulté à mettre en service la *Bergère* et les autres pièces à feu, l'humidité ayant gâté la poudre. Jeanne prit la tête des assaillants lorsqu'ils se mirent en branle dans un concert de vociférations et d'encouragements. La première échelade se révéla désastreuse, le fossé ayant été comblé à la hâte, comme devant la porte Saint-Honoré, à Paris. Convaincue par ses capitaines d'ordonner la retraite, Jeanne demeura sur place avec un dernier carré.

– Suivez la consigne, lui dit Jean d'Aulon. Vous en avez assez fait. Souvenez-vous de ce qui s'est passé devant Paris. Si vous restez seule vous ne survivrez pas.

– Seule ? fit Jeanne d'un air rêveur. Qui vous dit que je le suis ? J'ai cinquante mille hommes de troupe autour de moi. Je ne partirai pas avant que la ville soit tombée. Regardez le clocher de cette église qui pointe au-dessus des remparts. J'y dirai mes prières avant la nuit.

Il se dit qu'elle avait perdu l'esprit lorsqu'il la vit se dresser et, de la voix mâle qu'elle prenait dans le commandement, s'écrier :

– Allons, réveillez-vous, mes amis ! Tous aux fagots et aux claies ! Nous en aurons besoin pour traverser ce maudit fossé !

Elle se mit elle-même à besogne stimulant l'ardeur de ses hommes, les encourageant en leur tapant sur l'épaule, se moquant des traînards. Sceptiques, Charles d'Albret et les autres capitaines se tenaient en selle, à l'écart, se demandant ce qu'allait entreprendre cette folle.

Le pont établi, ce fut chez les assiégeants une ruée générale. Ceux qui avaient commencé à démonter les tentes reprirent les armes. Une première vague d'assaut menée par la Pucelle prit la barbacane, se répandit avec des hurlements sur le boulevard, posa des dizaines d'échelles contre la muraille et entreprit l'escalade. Les premiers assaillants donnaient de l'épée et de la hache dans les groupes de défenseurs quand Charles d'Albret, éberlué, lança l'ordre d'avancer à ce qui restait d'hésitants. On entendait les *ahays* retentissants de Jeanne jaillir de la rumeur, quand le pont s'abattit, livrant passage aux premiers cavaliers de Boussac et de Bourbon.

Dans le crépuscule jaune succédant à la pluie, Jeanne, accompagnée par la foule des habitants heureux d'être débarrassés de la tutelle écrasante de Gressart, alla faire ses dévotions à l'abbatiale des bénédictins de Cluny.

Jeanne mit son armée au repos une quinzaine avant de pousser les premières reconnaissances vers La Charité. On avait subi de lourdes pertes ; les subsistances tiraient à leur fin et les soldes n'arrivaient pas. Jeanne se souvenait qu'au moment où elle mettait le pied à l'étrier, le roi lui avait dit :

– Cette campagne, ma fille, ne sera pas de tout repos. Ton premier adversaire sera cet hiver précoce qui risque d'être rude. Ton second, tu le connais : une armée peu nombreuse. Il faudrait dix mille hommes pour cette campagne, et nous sommes loin du compte. Ton troisième adversaire, et pas le moindre, sera la ténacité de Perrinet Gressart. Cet homme tient du diable.

– Dieu sera avec moi, avait répondu Jeanne. Je ne crains pas les pièges du malin.

La Trémoille, quant à lui, avait minimisé les risques :

– À vous seule, Jeanne, vous valez dix mille hommes. En cas de nécessité, faites appel à certaines villes comme Clermont ou Riom qui ont intérêt à ce que nous les débarrassions de ce brigand qui les ruine.

Jeanne fit écrire par Pasquerel aux échevins de Clermont pour demander du secours : on lui expédia du salpêtre, du soufre, des flèches et des viretons, ainsi qu'une épée, une dague et une hachette à l'intention de l'héroïne : c'était se moquer d'elle et de ses capitaines. Informés des besoins de l'armée, les bourgeois de Riom promirent soixante écus mais n'envoyèrent pas un denier !

Passant par Moulins avant de se rendre à La Charité, Jeanne décida de rencontrer l'abbesse du couvent de Sainte-Claire, réformatrice de cet ordre, dont on lui avait dit qu'elle réalisait des miracles.

Colette Boilet, que l'on appelait familièrement la Petite Ancelle, n'avait pas que des partisans. Elle menait tambour battant sa réforme, n'épargnant ni son temps ni sa peine, courant routes et chemins, ce qui lui attirait les railleries et l'acrimonie de ses adversaires partisans de l'ordre établi dont ils tiraient plus de profit que de foi.

La rencontre eut lieu un jour de neige dans le couvent des Clarisses. La Petite Ancelle revenait d'une campagne de collecte auprès des vignerons de Saint-Pourçain et réchauffait ses mains couvertes d'engelures à la flamme d'un brasero. Elle offrit à sa visiteuse une tisane et un quignon de pain rassis.

Cette nonne qui avait l'apparence d'une adolescente chlorotique au visage d'ascète s'exprimait par foucades, avec des laves dans la voix et un regard ardent aux paupières lisérées de rouge.

Jeanne ne tarda pas à comprendre qu'elle avait nourri des illusions. Celle qu'on appelait déjà une sainte avait deux préoccupations majeures : la réforme de son ordre et son soutien à Philippe le Bon ; elle exécrait toute forme de violence, même motivée par des intentions louables. Passé son mouvement de curiosité, la Pucelle se dit que leur entretien n'apportait rien à l'une et à l'autre. La conversation avait tourné court : rien de commun entre la petite nonne et la femme de guerre. Rien, sinon la foi.

À quelques jours de là, alors qu'elle se trouvait à une lieue environ de La Charité, l'armée royale reçut un secours inattendu qui releva le moral des hommes : les bourgeois d'Orléans envoyaient à la Pucelle quelques pièces d'artillerie et une centaine de volontaires de la milice urbaine portant sur leur pourpoint la croix blanche des Armagnacs. Une centaine d'hommes mal préparés à une guerre de siège et aux souffrances du froid et de la faim, c'était peu, mais Jeanne pleura de joie en songeant que le beau Dunois ne devait pas être étranger à ce secours.

Autre surprise inespérée : les gens de Bourges avaient collecté treize cents écus pour solder en partie l'armée en campagne. De cette somme importante, nul ne vit la couleur : La Trémoille, songea Jeanne, en avait fait son profit.

Les premiers préparatifs du siège étaient engagés lorsque Jeanne vit arriver quelques capitaines et des renforts : le sénéchal de Toulouse Jean de Bouray, le comte de Saint-Sévère et un seigneur dauphinois, Raymond de Montemur. De braves gentilshommes, mais qui ne se montraient guère : comme paralysés par le froid intense de novembre ils se cantonnaient dans leur tentes ou dans des abris de fortune et ne suivaient que d'un œil indifférent les préparatifs du siège.

On était devant la place depuis une quinzaine sans que les opérations fussent réellement engagées. Depuis l'affaire désastreuse de Saint-Pierre les gens de Perrinet Gressart avaient eu le temps de se pourvoir en subsistances et en munitions. Malgré les bombardements nourris de la *Bergère* et des autres pièces à feu, chaque tentative se soldait par un échec des assaillants qui, mal nourris, ankylosés par le froid, répugnaient à se colleter avec l'adversaire et se laissaient de plus en plus nombreux tenter par les sirènes de la désertion. Les miliciens d'Orléans furent les premiers à prendre congé de la Pucelle, sous prétexte qu'ils étaient venus pour se battre et non pour regarder tomber la neige sur le pont de la Loire.

Perrinet Gressart porta un coup fatal aux assiégeants le jour où il parvint à attirer sur la rive droite du fleuve un fort contingent de piétons, à fondre en force sur eux et, leur coupant la retraite, à les exterminer.

– C'en est trop ! s'écria Charles d'Albret. Nous devons en prendre notre parti : jamais nous n'entrerons dans cette ville ! Jeanne, il faut faire sonner la retraite.

Elle répondit qu'il fallait patienter, que le temps allait sûrement se radoucir et permettrait d'opérer dans de meilleures conditions. D'Albret haussa les épaules et répliqua :

– Les gens de Gressart sont deux fois plus nombreux que nous, ils ne manquent de rien et ont les pieds au chaud. Il faudrait un miracle pour les mettre à genoux. En êtes-vous capable ?

– Les miracles ne viennent pas de moi, répondit Jeanne d'un ton aigre-doux. Ils ne se produisent que par l'intercession du Seigneur Dieu.

– Il faut en convenir, ma fille : aujourd'hui Dieu n'est pas de notre bord.

– Peut-être attend-il son heure... Tout peut arriver. En douter, c'est perdre d'avance. Partez si telle est votre volonté, moi, je reste avec quelques braves qui me sont fidèles jusqu'à la mort, comme à Saint-Pierre.

– Non, Jeanne ! Si je décide de lever le camp vous partirez avec moi. N'oubliez pas que j'ai mission de vous ramener à Bourges, que cela vous plaise ou non.

La rage au cœur, impuissante, elle finit par accepter son échec et à reprendre le chemin de Bourges. Albret veilla à ce que la retraite ne prît pas l'allure d'une débandade. On laissait pourtant à l'ennemi la *Bergère,* une partie de l'artillerie, les tentes et le matériel de siège encore entassé dans les chariots : on avait dévoré tous les animaux de trait...

6

LA VIE DE CHÂTEAU

Jargeau, Orléans : hiver 29-30

Le frère Richard, dont la pugnacité se confirmait avec l'âge, avait eu cette idée singulière : réunir à Jargeau, autour de la Pucelle, Catherine de La Rochelle sa protégée, la Pierronne et sa petite sœur, ainsi que quelques pythonisses villageoises de moindre acabit qui faisaient figure de néophytes. Il avait choisi de fixer ce concile au temps de Noël, qui lui paraissait plus favorable à l'exaltation de la foi : il en attendait des bouquets de prédictions et peut-être, à défaut de miracles, des prodiges susceptibles d'illuminer le ciel morne de cet hiver rigoureux. Peut-être aussi une étincelle qui déclencherait, comme on met le feu aux poudres, l'apparition de l'Antéchrist annonciateur de la fin des temps.

Désœuvrée, ruminant son échec de La Charité, Jeanne tournait comme un fauve en cage dans les appartements de La Touroulde lorsque lui parvint l'invitation du frère Richard. Se souvenant de la promesse faite naguère aux habitants de Jargeau de revenir leur rendre visite, elle accepta d'autant plus volontiers que le mauvais temps marquait une trêve, que la neige était en train de fondre et de libérer les chemins, et que la distance entre Bourges et Jargeau pouvait être parcourue en deux jours. De plus, ce que Charles d'Albret appelait par dérision un *béguinage volant* attisait sa curiosité.

Amaigri, secoué plus que jamais de tics nerveux, le frère Richard paraissait avoir grandi de quelques pouces. En voyant Jeanne mettre pied à terre il s'agita comme une araignée devant un insecte pris dans sa toile. Elle avait effectué avec la petite escorte confiée à Jean d'Aulon une trentaine de lieues à travers bocages et marais pris par la glace, dans les solitudes solognotes, sans rencontrer âme qui vive.

Écartant ses longs bras maigres comme s'il venait de voir surgir le Messie, il s'écria :

– Jeanne, ta présence me met du baume au cœur ! Je n'osais trop espérer ta venue, avec toutes les préoccupations qui t'accablent. Nos compagnes t'attendent dans la salle haute du château où elles sont logées plus confortablement qu'en l'abbaye Saint-Étienne.

Il lui prit le bras, l'entraîna vers le châtelet, lui montra les traces du bombardement qui avait libéré la ville.

– Je n'ai pas oublié, soupira Jeanne. La *Bergère* a fait du bon travail. Aujourd'hui elle est aux mains de ce brigand de Perrinet Gressart, que le diable l'emporte !

Les devineresses attendaient Jeanne devant la cheminée où brûlait un feu d'enfer, occupées à jacasser en faisant des travaux d'aiguille. Ce n'était pas encore l'heure des conversations sérieuses, des révélations, des prophéties. De temps à autre, l'une d'elles se levait et, plantée devant la cheminée, jupes levées, laissait la chaleur caresser ses cuisses et son ventre.

Elles accueillirent Jeanne avec des cris de joie, l'entourèrent, l'embrassèrent, admirèrent son harnois, sa huque de soie brodée de vermeil, l'épée offerte par les bourgeois de Clermont. Elles lui proposèrent des pains mollets sortant du four et des massepains.

Le frère Richard lui dit en aparté :

– Si cela t'agrée tu coucheras dans la chambre voisine en compagnie de la Pierronne et de Catherine. Elles ont eu des mots pour obtenir ce privilège.

Jeanne déclina cette proposition : quitte à dormir aux écuries avec son escorte elle souhaitait échapper à cette promiscuité ; elle était lasse, voulait dormir et non entendre caqueter ces péronnelles ou attendre des apparitions hypothétiques.

– Je te dois un aveu, ma fille, dit-il. Pas plus que toi je ne suis dupe des dispositions surnaturelles de ces garces, sauf peut-être en ce qui concerne la Pierronne. Elle ne jure que par toi et sa foi est sincère. La plupart des autres sont inspirées par je ne sais quels démons. Si je pratiquais sur elles un exorcisme dans les règles j'en ferais sortir des couleuvres et des crapauds.

– Alors pourquoi ne pas vous en séparer ?

– Parce qu'elles peuvent m'être utiles. Ce sont les fantassins de la foi, même si la plupart n'en ont guère.

Il ajouta en l'entraînant vers l'embrasure d'une fenêtre aux bancs de pierre tapissés de coussins de cuir :

– J'ai fait recopier le texte d'un clerc de la Faculté des Décrets, en réponse à l'apologie que Gerson a faite de toi avant sa mort. Il y est écrit : *Il ne suffit pas que quelqu'un nous affirme bonnement qu'il est envoyé de Dieu. Il importe qu'il prouve cette mission invisible par une opération miraculeuse...* Pour ce qui te concerne, Jeanne, nul besoin de chercher les preuves de ta mission divine : les miracles que tu as semés sur ta route en témoignent éloquemment...

De dimensions modestes et dépourvue de riches ornements, l'église de Jargeau n'avait rien d'une basilique byzantine. Les messes célébrant la naissance du Sauveur attirèrent autour de Jeanne et de ses compagnes une affluence telle qu'une foule de fidèles dut écouter la messe depuis le parvis, à la lumière des lanternes de corne, prosternée dans la neige.

Au cours de la matinée précédant l'office nocturne, le frère Richard avait donné à trois reprises la communion à la Pucelle et à deux reprises à ses compagnes, ce qui était contraire à la coutume.

Jeanne n'eut avec Catherine de La Rochelle qu'un échange de propos brefs et biseautés : elles étaient de natures et d'ambitions trop différentes pour qu'il pût se dégager de leur entretien quelque lumière sur les problèmes de la foi et de la politique, Catherine persistant dans sa fidélité au duc de Bourgogne et donc aux Anglais. En revanche la Pucelle eût aimé s'entretenir longuement avec la Pierronne, mais cette fille ne parlait guère que la langue de sa province : la Bretagne.

Lorsque Jeanne lui offrit l'un de ses anneaux portant gravés le nom du Seigneur et trois étoiles, la petite Bretonne fondit en larmes, s'agenouilla, baisant les mains de la donatrice en articulant à travers ses sanglots quelques mots que le frère traduisit :

– La Pierronne te dit qu'elle croit en toi comme elle croit en Dieu, qu'elle et toi menez le bon combat et que les Anglais seront bientôt chassés hors de France...

Jeanne ne resta que trois jours à Jargeau. Elle avait refusé les honneurs et distribué les présents aux pauvres. Elle eût aimé pousser jusqu'à Orléans, distante d'à peine huit lieues, refaire le chemin de sa campagne de Loire, retrouver la petite Charlotte qui lui adressait de temps à autre des billets chargés de passion, mais un courrier du roi l'avertit qu'il l'attendait dans sa résidence de Mehun-sur-Yèvre. Elle reprit la route aussitôt.

Charles s'avança vers elle, la prit dans ses bras. Elle ne tarda pas à comprendre que cette effusion n'était pas seulement motivée par le plaisir de la revoir : il y avait de la solennité dans l'air.

Il la prit par la main pour la conduire jusqu'à sa table de travail derrière laquelle se tenaient, immobiles, pareils à un alignement de statues, trois favoris : La Trémoille, Regnault de Chartres et Raoul de Gaucourt. Ses mains tremblaient en déroulant un parchemin dont il donna lecture d'une voix enrouée d'émotion.

– Jeanne, mon enfant, il s'agit là des lettres de noblesse que nous te délivrons, ainsi qu'à ta famille...

Il s'éclaircit la voix, écarta du pied le petit chien qui jouait avec les pompons de sa houppelande, avant de commencer à lire le document dont Jeanne ne retint que quelques phrases :

– *... pour rendre gloire à la haute et divine sagesse des grâces nombreuses et éclatantes dont il lui a plu nous combler par le ministère de notre chère et bien-aimée Pucelle Jeanne d'Arc et de Domrémy... Que par le secours de divine clémence nous avons l'espérance de voir s'accroître encore pour publier les louanges de la Divinité, afin qu'ainsi illustrée par la Divine Splendeur, elle laisse à la postérité le monument d'une récompense émanée de notre libéralité royale, qui accroisse et perpétue dans tous les siècles la gloire divine et la célébrité de tant de grâces...*

Le roi éloigna d'un coup de pied le carlin qui revenait à la charge et roula le parchemin d'où s'échappaient, avec des liens de soie rouge et vert, le grand sceau royal de cire sur double queue.

Éberluée par ce pathos amphigourique auquel elle n'avait rien compris, Jeanne bredouilla :

– Sire... que signifie...

La Trémoille s'avança vers elle avec un sourire indulgent et lui dit d'un ton paterne :

– Ma fille, je conçois que la signification de ce document vous demeure obscure. Il signifie que désormais, en vertu des services que vous avez rendus à notre souverain et au pays, Sa Majesté vient de décider de vous anoblir, ainsi que votre famille. Vous pourrez désormais porter le nom de d'Arc.

Elle répéta comme en écho :

– M'anoblir... d'Arc... En nom Dieu, je ne suis pas certaine de mériter un tel honneur, et...

La Trémoille l'interrompit d'une voix plus ferme :

– Désormais, je le répète, Jeanne d'Arc sera votre nom. C'est, si nous ne faisons pas erreur, celui du village natal de votre père. Cet anoblissement ne vous concerne pas seule. Le grand registre stipule qu'il embrasse toute votre famille, ainsi que votre postérité.

– Ma postérité... soupira Jeanne.

La Trémoille lui montra un autre document où figurait l'image d'un blason colorié.

– Ce sont vos armoiries, dit-il. Elles sont d'azur à une épée d'argent à pal, croisée et pommetée d'or, férue en une couronne d'or et côtoyée de deux fleurs de lys du même. Ce langage est obscur. Je pourrai vous l'expliquer.

Elle eut un mouvement de recul lorsqu'il posa ses mains sur ses épaules pour l'embrasser. Toutes ces simagrées lui demeuraient non seulement obscures mais étrangères et importunes. Qu'est-ce que cet anoblissement pourrait bien changer de sa vie et de sa mission ? Peu de chose sans doute sinon, dans son entourage, des marques de respect plus ostensibles, ce dont elle se moquait par avance. Son premier mouvement avait été d'incompréhension, le second de stupeur. Vint ensuite un sentiment ambigu qui suscitait en elle des doutes sur le caractère divin de sa mission, ses apparitions, ses voix. Une reconnaissance officielle de ses soi-disant mérites risquait de leur ôter tout caractère sacré. Elle éprouvait un réflexe d'humilité en se souvenant que, moins d'un an auparavant elle n'était rien d'autre qu'une *garce élevée sur le fumier*, comme l'avait écrit le clerc Jacques Gélu. Les seuls à tirer quelque orgueil de cet honneur seraient les membres de sa famille, ses frères surtout, Pierre et Jean, qui allaient arborer ces armoiries sur leur pourpoint et se prévaloir de leur titre de noblesse. Ce qu'elle-même se garderait de faire.

Jeanne demanda l'autorisation de se rendre à Orléans ; on la lui accorda, à condition qu'elle acceptât de se faire escorter d'un détachement de cavaliers : un capitaine d'origine italienne, Barthélemy Baretta, hantait avec une bande de Piémontais les bords de la Loire.

Annoncée à son de trompes l'arrivée de la Pucelle à Orléans prit l'allure d'une festivité populaire qui lui rappela celle qui, huit mois auparavant, avait salué son entrée dans la ville assiégée. Jean d'Aulon et Louis de Coutes avaient pris à ses côtés la place du beau Dunois et ce n'est pas une armée qui se présentait aux portes de la ville, mais une simple escorte.

Lorsqu'elle put échapper à la foule qui chantait ses Noëls, sa première visite fut pour la famille de Jacques Boucher ; elle l'attendait sur le seuil avec des bouquets et des rameaux de houx. Surprise de Jeanne lorsque la petite Charlotte se précipita vers elle : elle était coiffée, tout comme Jeanne, très court, à la manière des soldats. Jeanne la pressa contre elle.

– Charlotte, ma chérie ! comme je suis heureuse de te revoir. Tu as grandi en quelques mois et je ne t'aurais pas reconnue.

– Chaque soir, dit Charlotte en essuyant ses larmes d'un revers de poignet, j'ai prié pour que tu nous reviennes saine et sauve. Dieu m'a entendue ! Dis, Jeanne, à présent que la guerre est finie et que tu as fait sacrer le roi, tu vas rester parmi nous, dans ta maison ?

– Ce n'est pas si simple, Charlotte. La guerre n'est pas finie. Nous en parlerons ce soir dans ta chambre, si tu veux toujours de moi.

Le lendemain, au cours du dîner en famille, Jeanne confirma à Jacques Boucher son intention d'acquérir une demeure à Orléans. Il l'y encouragea et son épouse s'en réjouit. Quant à Charlotte, elle délirait de bonheur en faisant des sauts de cabri. Le chapitre possédait quelques immeubles inoccupés ; il se ferait un plaisir de lui en céder un à bas prix.

Au retour de la campagne du sacre, après la dispersion de l'armée à Gien, Charles avait fait don à la Pucelle d'une somme qui lui avait permis de renouveler son harnois et ses armes, de s'acheter un bon cheval, de distribuer des aumônes. Il lui en restait suffisamment pour acquérir une modeste maison.

Elle porta son choix sur une demeure à colombages, avec avancée, rue des Petits-Souliers, près de la boutique d'un marchand d'huile. Du grenier la vue portait au-delà des remparts sur les ruines des bastilles anglaises et les chantiers de reconstruction des anciens faubourgs. Elle donna son accord pour le prix que le chapitre demandait.

– Quand comptez-vous vous installer ? demanda maître Boucher.

– Dès que ma mission sera terminée et si Dieu me prête vie, dit-elle, mais si j'en crois mes frères du Paradis, je ne durerai guère. J'ignore comment il faut prendre cette prophétie.

Elle versa un acompte, promit de s'acquitter du complément dès que possible. Puis elle se prépara à retourner à Mehun.

– Si je n'écoutais que mon agrément, dit-elle à Charlotte éplorée, je ne repartirais pas, mais mon doux sire, le roi Charles, pourrait bien devoir recourir à mes services. Je ne puis le laisser attendre plus longtemps. Il y a encore tant à faire... Tu demanderas à ton père les clés de ma maison. Tu t'y rendras quand tu voudras et tu prieras pour moi.

Elle ôta de son cou l'amulette à l'image de saint Michel, présent du novice de Neufchâteau, dont elle ne s'était jamais séparée, et l'offrit à Charlotte.

Le retour à Mehun-sur-Yèvre fut moins paisible que l'aller. Alors que le détachement de Jeanne se trouvait dans les parages d'Arlon, il trouva en travers de sa route une trentaine de brigands vêtus pour la plupart de fourrures, les armes au poing, encadrés par une dizaine de cavaliers aux mines patibulaires. L'un d'eux s'avança vers Jeanne, la main levée en signe de bonnes intentions.

– Qui es-tu et que veux-tu ? lança la Pucelle.

– Mon nom t'est peut-être connu, fit le brigand : Barthélemy Baretta pour te servir. Je ne te veux pas de mal. Au contraire. Toi, tu es Jeanne la Pucelle, si je ne me trompe ? Tu peux descendre de cheval. Je ne te mangerai pas !

Imitée par Jean d'Aulon et quelques autres cavaliers elle mit pied à terre. Baretta la prit par le bras pour la conduire à l'écart en lançant à Jean d'Aulon :

– Dis à ceux qui te suivent de ne pas bouger. J'ai à causer avec votre *capitaine*, et sans témoin.

Lorsqu'ils se furent éloignés de quelques pas il lui dit :

– Ça fait belle lurette que je souhaite te rencontrer. Depuis que je suis au courant de tes exploits. Il faudrait être sourd pour ne pas entendre parler de toi. Partout où je passe, et je voyage beaucoup, j'entends les mêmes chansons. Tu es plus connue que le pape de Rome et plus aimée.

– Peut-être... répondit Jeanne d'un air indifférent, mais ça ne me dit pas ce que tu veux.

Baretta était un bel homme aux cheveux longs, noués sur la nuque d'un lien de cuir, au visage tailladé de balafres, au regard limpide et franc. Il expliqua qu'il était originaire d'un village proche de Pinerolo, au pied des Alpes italiennes. Sa famille y vivait d'un champ d'oliviers et du fromage de ses chèvres. La misère. Lui, Barthélemy, avait eu d'autres ambitions. Son idée fixe : avoir pignon sur rue à Alessandria. Alors qu'il émergeait de l'adolescence il avait suivi une sorte de condotierre de Turin qui allait franchir les Alpes pour une belle aventure en France avec quelques compagnons. Ils avaient battu les alentours d'Avignon avant de se faire solder par un seigneur du Dauphiné rallié au dauphin Charles.

– Brigand j'étais, brigand je suis resté, dit-il avec un air fataliste, mais je suis devenu indépendant dans une partie où il est difficile de le rester. Le Dauphinois m'a proposé du galon et même une petite seigneurie pour mes vieux jours, mais j'ai ma fierté qui fait trop bon ménage avec mon goût de la liberté pour que je me résigne à les séparer. C'est là ma *petite gloire*.

Jeanne protesta avec vigueur :

– Tu oses parler de gloire alors que tes exploits consistent à piller les pauvres !

Il soupira, l'air penaud :

– Que veux-tu, Jeanne, il faut bien vivre. Détrompe-toi si tu me prends pour une canaille du genre de Perrinet Gressart – encore un qui aurait bien voulu m'avoir à son service pour un ou deux pouces de galon ! Même si tu as de la peine à l'admettre, je tiens à mon honneur. Mon épée est au service du roi de France que j'ai naguère aidé à se tirer quelques épines du pied, et je pisse sur Bedford et ses Godons, que le diable les emporte ! Mon grand regret, Jeanne, c'est de n'avoir pas été avec toi à Orléans...

– Tu aurais été le bienvenu, mais ça ne me dit toujours pas ce que tu attends de moi.

– Des oreilles qui sont à ma solde traînent un peu partout. J'ai appris que ce pauvre Charles se conduit mal avec toi, bien qu'il te doive tout. Il fallait vraiment qu'il veuille se débarrasser de toi pour t'envoyer assiéger en plein hiver La Charité avec deux mille pauvres bougres aux pieds gelés !

– Trois mille, rectifia Jeanne.

– C'est tout comme ! Ce que je voulais te dire, Jeanne, c'est que tu peux me considérer comme un des tiens, si tu ne m'en juges pas indigne. Ce que tu vois là derrière, ce n'est qu'une patrouille. Je dispose au total d'environ un millier d'hommes, et pas des enfants de chœur. En cas de besoin tu pourras faire appel à nous. Ne me remercie pas : de temps à autre j'aime m'offrir une bonne action, pour le plaisir et pour l'honneur.

– J'accepte, dit Jeanne. Pour l'heure j'ai l'arme au pied et cela risque de durer. Mais sait-on jamais ?

– Je le sais. Je sais même que tu supportes mal cette situation.

Tu es une femme de guerre et cette ambiance de paix pourrie t'est insupportable. Alors, le jour où tu décideras de bouger, fais-moi signe : je suis ton homme.

– À quelles conditions ?

– Bah ! nous nous arrangerons toujours...

Il précéda l'escorte de la Pucelle jusqu'au village d'Arlon. Il avait pris ses quartiers d'hiver dans une gentilhommière délabrée, en attendant de se remettre en campagne, en liaison avec Gilles de Rais, qui opérait dans les campagnes prospères d'entre Touraine et Vendée, où il y avait de beaux coups à faire. Comme Jeanne s'étonnait qu'il connût Gilles, il poursuivit :

– Il est même devenu pour moi un compagnon de route à l'occasion et j'ose dire un ami, bien qu'il soit maréchal de France et moi chef de bande. On peut dire qu'il n'est pas fier. Il n'y a qu'une distance entre nous : c'est celle qui sépare nos chevaux.

Les gens de la Pucelle n'eurent pas à se plaindre de cette halte imprévue : la bande de Baretta ne manquait de rien, pas même de belles garces, consentantes ou non à assumer ce service militaire.

Le lendemain, lorsque Jeanne remonta en selle, le Piémontais lui dit en embrassant son gant :

– Réfléchis à ma proposition et fais appel à moi quand l'occasion s'en présentera : tu n'auras pas à le regretter. Tu me trouveras facilement : entre Sologne et Berry je suis connu comme le loup blanc...

Mehun, Sully, février-mars 1430

Le roi Charles se plaisait à Mehun-sur-Yèvre au point d'en faire sa résidence favorite.

La forteresse dressait ses hautes tours au-dessus d'un vaste espace de jardins et de pelouses traversé par une rivière qui, disait-on, prenait sa source en paradis. On y voyait passer de temps à autre des pêcheurs à la ligne debout à l'avant de leur bachot, des ménagères venant laver leur linge, des enfants qui jouaient avec des cerfs, des chevreuils et des biches auxquels ils apportaient des croûtons.

Jeanne resta à Mehun une semaine. Elle partageait son temps entre le château où elle s'entretenait avec le roi et ses ministres, et une belle demeure située à une portée de flèche, de l'autre côté de la voyère. Elle préférait cette résidence à celle de Bourges, la présence de La Touroulde lui étant devenue insupportable ; elle ne regrettait la petite capitale que pour les heures passées aux étuves et le silence magique de Saint-Pierre-le-Guillard.

Elle se lassa vite de voir les pêcheurs pêcher, les lavandières laver, les enfants jouer, de répéter au roi la même litanie : qu'allait-il faire lorsque la trêve, prolongée jusqu'en avril, prendrait fin ? comprendrait-il enfin qu'il était le jouet d'un pervers, le duc Philippe ? Charles haussait les épaules, l'air maussade.

Jeanne prétendait aspirer à la paix ? Elle l'avait ! Que voulait-elle encore ?

Ce qu'elle voulait Charles le savait mieux que quiconque car elle le lui avait assez souvent répété : obtenir cette paix à la pointe de la lance. Il n'y avait pas d'autre moyen. Les trêves n'étaient qu'une duperie. Elle harcelait le roi, lui disait :

– Sire, je vous en conjure, mettez-moi à l'ouvrage. Le printemps venu, rassemblez une nouvelle armée et marchez sur Paris !

Il ne lui cachait pas que cette obstination l'indisposait.

– Je sens bien que tu t'ennuies à Mehun, disait-il. Alors pourquoi ne pas revenir à Bourges. Ton amie Marguerite La Touroulde réclame de tes nouvelles chaque semaine.

– Je ne retournerai pas à Bourges, répondait-elle d'un air buté.

– J'ai mon idée : un séjour à Sully-sur-Loire te serait salutaire. Le château est confortable, la ville plaisante et la Loire fort belle.

– Je donnerais Sully, Mehun et tous vos châteaux, sire, pour une simple tente, au milieu d'un camp, devant une ville à prendre d'assaut...

Ce n'est pas le roi qui revint à la charge au sujet d'un éventuel séjour de Jeanne à Sully-sur-Loire, mais La Trémoille, possesseur de ce domaine où il avait installé son épouse, Catherine de L'Isle-Bouchard. Il s'était efforcé de faire de cette place forte encerclée de douves larges et profondes un séjour agréable.

– J'ai reçu récemment, dit le Gros Georges, une réprimande de mon épouse : elle se plaint que vous ne lui ayez pas été présentée. Si cela vous agrée je vous ferai conduire jusqu'à Sully. Vous vous y plairez sûrement.

Jeanne y consentit. Se trouver là ou ailleurs...

Elle quitta Mehun quelques jours plus tard sans regret, lasse qu'elle était des entretiens stériles avec le roi et ses ministres. L'hiver faisait peser ses ombres et ses cendres sur une Sologne où alternaient pluies et neige. En dépit de ces mauvaises conditions de voyage on fut à Sully en deux jours. La Loire était prise sur ses bords par la glace et les douves gelées comme un miroir qui retenait prisonniers des cadavres de pigeons et de canards. Ni le roi ni son chambellan n'avaient exagéré : cette résidence avait du charme et de l'élégance ; sa position entre la ville et le fleuve, en marge d'un parc immense prolongé par une garenne giboyeuse, donnait des idées de liberté.

Jeanne passa des journées, comme à son habitude, à des opérations de reconnaissance à travers le pays figé dans l'hiver. Elle chevauchait le long des levées enneigées, poussait vers des villages perdus au milieu des forêts et des marécages, s'arrêtait pour prier dans des églises abandonnées et des chapelles rurales en ruine. Lorsqu'elle restait à demeure c'était pour s'exercer aux armes, jouter à la lance ou à l'épée avec Jean d'Aulon et ses compagnons, visiter la ville où, malgré la disette qui sévissait là comme partout, se tenaient des marchés animés.

Madame Catherine était aux petits soins pour la protégée de son époux : elle n'épargnait rien pour la distraire de ce que Jeanne tenait pour un exil doré, mais un exil.

– Un exil, Jeanne ! protestait la dame. Mais, mon enfant, vous êtes libre ! Si demain vous décidiez de quitter cette demeure, si ma compagnie vous devenait pesante ou importune, je regretterais votre décision mais ne vous en tiendrais pas rigueur.

L'épouse du Gros Georges, veuve de Pierre de Giac, l'ancien ministre du dauphin Charles, que La Trémoille avait fait assassiner pour prendre sa place, à la fois auprès de Charles et de son épouse, était une nature passionnée, dotée d'une stature imposante. Elle s'attacha très vite à la Pucelle, non, comme La Touroulde, pour pénétrer ses secrets, mais portée par un sentiment fait d'admiration respectueuse et d'un brin d'amitié. Elle se montrait avec Jeanne discrète et attentionnée, faisait en sorte de ne pas paraître s'accrocher à elle, de la laisser libre d'aller et venir à sa guise, sans contrainte d'aucune sorte. Son mari, pourtant, avait dû lui dicter certaines consignes car elle ne manquait aucune occasion de la faire renoncer à ses élans belliqueux, de lui donner à entendre qu'une bonne trêve valait mieux qu'une guerre incertaine.

Jeanne, ayant percé à jour cette manœuvre, finit par en prendre ombrage et par répondre :

– Sachez, madame, quel que soit votre avis sur ce sujet, que je me considère toujours comme mobilisée au service du roi et de la France. Quand on a reçu une mission du Seigneur, on ne la trahit pas, quoi qu'en pensent les hommes. Si vous vous obstinez à me convaincre, sachez que vous prêchez une sourde. À bon entendeur...

La dame encaissa ce blâme sans broncher et se le tint pour dit. Sans se départir de son amitié toute fraîche pour la Pucelle elle la surveillait, de crainte que, prise d'une inspiration subite, elle ne décidât de prendre le large.

Il vint, au début de février, un redoux sensible : la Loire retrouva son cours naturel, les douves leur eau profonde et sombre, mouchetée par des nuées de silures, sillonnée par des escadres de canards, le parc et la garenne leur première toilette de printemps.

Madame Catherine, informée par son époux des dernières nouvelles de Bourgogne, en fit part à sa protégée.

– Ma fille, dit-elle, grande nouvelle ! Le duc Philippe vient de convoler pour la troisième fois. Un mariage tel qu'on n'en vit jamais, avec trois semaines de réjouissances...

Philippe le Bon venait d'épouser à Bruges l'infante Isabelle de Portugal, anglaise par sa mère, proche parente de Jean de Lancastre, duc de Bedford.

– Peut-être, ajouta la dame, cette union mettra-t-elle un terme à la vie dissolue de Philippe. Savez-vous que ce satrape a eu, en plus de ses premières épouses, vingt-cinq maîtresses qui lui ont donné seize bâtards ? Il est vrai que c'est peu de chose comparé aux soixante bâtards du comte de Clèves et aux trente-six de l'évêque de Cambrai qui en a fait ses enfants de chœur !

Dans la lettre adressée à son épouse, le Gros Georges s'était étendu sur les détails concernant ces noces qui avaient ébloui toutes les cours d'Occident : les fêtes avaient tenu la ville en éveil durant près d'un mois, jour et nuit ; on banquetait dans les lieux publics, on dansait sur les places, le vin coulait à flots pour la populace, on distribuait de l'or à poignées...

Philippe présidait ces fêtes vêtu de noir comme à son ordinaire, en signe du deuil consécutif à l'assassinat de son père, Jean sans Peur, par les Armagnacs, sur le pont de Montereau, dix ans auparavant. Philippe avait souhaité, à l'occasion de son union avec Isabelle, créer une distinction réservée aux grands seigneurs d'Occident : la Toison d'or. Cette décision lui avait été inspirée par une de ses ardentes favorites, une Flamande rousse et frisée comme un mouton. Aux premiers récipiendaires il avait fait distribuer, outre l'insigne du nouvel ordre, des colliers de pierre à briquet comportant cette devise sibylline gravée sur une plaque de métal précieux : *Il frappe avant que la flamme ne brille. L'un et l'autre s'enflamment...*

Une nouvelle autrement importante parvint à Jeanne à la mi-février : Philippe venait d'obtenir de Bedford la cession des comtés de Brie et de Champagne, ce qui faisait de son duché un véritable royaume. Cadeau fastueux ! Encore fallait-il conquérir les armes à la main ces territoires demeurés fidèles au roi Charles. Qu'à cela ne tienne ! Philippe réunit une armée qu'il plaça sous la conduite de Jean de Luxembourg, son féal.

Lorsque La Trémoille et le roi arrivèrent à Sully, Jeanne laissa libre cours à sa colère :

– Philippe a laissé tomber le masque ! Sire, vous ai-je assez répété qu'il ne fallait rien attendre de bon de ce traître ! Convenez-en : vous avez été dupé. Il est temps d'ouvrir les yeux et de réagir, et vous savez comment...

Le roi parut soudain animé de frissons comme sous une averse glacée. Son visage veule parut se distendre, passant du rouge de la confusion au vert de la rage, son nez sembla s'allonger. Il protesta mollement :

– Je ne suis pas, Jeanne, aussi naïf que tu voudrais le faire croire. Pas un instant je n'ai été dupe des manœuvres du cousin Philippe ! Il croyait se jouer de moi en proposant de proroger nos trêves et en ajournant la conférence de paix que nous avons prévu de faire siéger à Auxerre. Il a cru me tenir ? C'est moi qui le tiens !

Encore fulminant de cette palinodie, il tourna le dos à la Pucelle et fit signe à La Trémoille de le suivre dans son cabinet, une pièce de dimensions modestes ouvrant sur les douves par une fenêtre à petits carreaux losangés de couleur verte. Demeurée seule, Jeanne s'approcha de la porte et, tendant l'oreille, perçut des éclats de voix véhéments : Charles s'expliquait avec son favori, lui reprochant ses attaches avec le duc Philippe par l'intermédiaire de son frère, Louis, un des proches du duc. Quelques minutes plus tard Jeanne vit ressortir La Trémoille qui, rouge comme une crête de coq, s'épongeait le front et les bajoues. En passant près de Jeanne il soupira :

– Décidément je n'arriverai jamais à comprendre ce pauvre Charles. Pour lui ce qui est blanc un jour est noir le lendemain. Comment se fier à lui ? Quel lièvre vous avez soulevé, ma fille, avec cette histoire de cession de territoires ! Vous l'avez mis en colère et tout est retombé sur moi, comme si j'étais responsable ! Attendez pour le rencontrer de nouveau qu'il ait fait le ménage dans sa tête. Pour le moment il n'est pas à toucher avec des pincettes. Mais... pourquoi ce sourire ?

– Parce que la colère du roi me ravit : cela prouve qu'il se réveille...

Arrivés au début de mars à Sully, le roi et son ministre n'allaient pas tarder à être rejoints par le reste de la Cour.

Du sommet du donjon, par les ouvertures de la galerie donnant sur le petit galetas, Jeanne a pu voir les convois s'étirer comme des filaments le long des chemins du sud. Le roi se déplace souvent, incapable qu'il est de rester plus d'un mois dans la même résidence, et c'est chaque fois le branle-bas général, comme s'il s'apprêtait pour un pèlerinage à Jérusalem : il lui faut son mobilier, ses tapisseries, ses livres, ses petites maîtresses et des chariots d'impedimenta.

Aujourd'hui, tout est en place dans le château et les communs. Les catins royales ont investi les petites barques avec lesquelles, à la saison chaude, on fait des courses sur les douves, et font les folles en essayant d'attraper les canards.

Ce matin le roi a convoqué Jeanne dans son cabinet. Elle s'y est rendue avec l'espoir qu'il allait lui annoncer que, las des tergiversations du cousin Philippe, il lui enverrait une semonce et, peut-être, se déciderait enfin à ouvrir les hostilités. Surprise de Jeanne quand il lui a dit :

– Ma fille, j'ai une question importante à te poser : accepterais-tu de renoncer à tes habits d'homme, le temps que moi et ma Cour allons séjourner dans ce château ? Madame Catherine est toute disposée à te fournir des vêtements convenables, en rapport avec ton sexe, de manière à ne pas détonner au milieu de mes gens. Je te rappelle que nous ne sommes pas en guerre... du moins pour le moment.

– Mais, sire, a balbutié Jeanne, interloquée, je...

Il lui a lancé d'un ton abrupt :

– Acceptes-tu, oui ou non ?

– Ma foi, sire, ce n'est pas de gaîté de cœur, mais j'accepte de me soumettre à votre volonté. Cependant...

– Quoi encore ?

– Ce n'est pas ce que j'espérais de cette convocation.

– Et qu'espérais-tu ?

– Que nous parlerions de la trahison de Philippe et de la riposte à lui donner.

Il a feint la surprise.

– Une trahison, dis-tu ? Je n'en vois pas dans l'attitude de Philippe. Il fait selon sa volonté et moi de même. S'il se risque à nous attaquer sur nos terres nous lui barrerons la route. Attendais-tu autre chose de moi ?

– Non, sire, rien d'autre, mais...

D'un geste sec de la main il lui a fait signe de se retirer.

Maître Clément s'incline devant Jeanne, ajuste ses bésicles sur ses yeux de grenouille, humides d'émotion et murmure :

– Oui... oui... bien... je vois... Nous allons procéder aux mesures. Veuillez vous défaire de ce... de cet accoutrement.

Maître Clément est le tailleur de la Cour : c'est à lui que le roi et la reine confient le soin de les vêtir, eux et leurs proches. Jeanne s'insurge :

– Vous me demandez de me dévêtir, là, devant vous ?

– Cela me semble indispensable. Vous pouvez le faire derrière cette tapisserie ou dans la pièce voisine, mais je dois vous dire que j'ai l'habitude de prendre les mensurations des dames et que cela ne me trouble en aucune manière. D'ailleurs, vous pourrez garder votre chemise qui, entre nous, aurait besoin d'un sérieux raccommodage.

Elle obtempère de mauvaise grâce sans qu'il ait un regard pour elle, se dépouille de son pourpoint et de ses chausses, ne garde que sa chemise courte et son caleçon de lin. Maître Clément s'approche avec autour du cou le ruban qui lui sert d'aune, se met en devoir de prendre la mesure du tour de poitrine. Elle le repousse violemment et l'envoie buter contre un coffre.

– Interdiction de me toucher ! s'écrie-t-elle. Aucun homme ne l'a fait à ce jour.

Il se redresse, penaud, rouge de confusion, promet de ne pas l'effleurer, ajoute qu'il fera au jugé mais qu'il ne promet rien quant à la qualité de son travail.

En reprenant son habit d'homme elle se souvient des propos du frère Richard, lors de leur première rencontre sous les murs de Troyes, l'été précédent. Il lui a dit, avec cette expression de colère froide qui rend son aspect redoutable :

– Si l'on en croit les arbitres de la mode il faut être tel jour vêtu de blanc, tel autre de noir ou d'une autre couleur. Si aujourd'hui la mode impose de porter la robe longue comme celle d'un clerc de l'Université, demain on conviendra de la raccourcir. C'est pour avoir dénoncé de tels abus que je fus chassé de Paris !

À Sully, chaque matin il faut choisir une toilette que l'on portera jusqu'à la mi-journée, en changer pour le dîner, puis de nouveau pour le bal dans la grande salle du premier étage où l'on tresse des rondes autour des piliers de bois. Avant le coucher il faut songer à la toilette que l'on arborera le lendemain, savoir si l'on se coiffera en bourrelets à pain fondu, avec le grand ou le petit hennin, à corne ou sans, et ainsi de suite jusqu'à l'épuisement de la garde-robe. Il en va de même pour les hommes : leurs costumes ruissellent de passementeries, de liens de soie, de glands d'or, de boucles de diamants. Et de faire des manières, de parler suave, de prendre au milieu des dindes des allures de dindons...

À la suite d'une prise de bec feutrée avec Madame Catherine qui lui reprochait sa négligence vestimentaire, Jeanne a failli reprendre ses habits masculins, les seuls dans lesquels elle se sente à l'aise. On sourit sur son passage, on pouffe de rire dans son dos, on se montre du doigt cette paysanne qui ne change de robe qu'une fois tous les deux jours ! Elle serre les dents et passe outre. On ne la prie pas à danser ? Elle fait tapisserie et ne s'en porte que mieux.

Toutes ces vanités, toutes ces futilités l'exaspèrent mais ne hantent pas ses nuits. Il y a plus important.

Chaque matin, au saut du lit, elle s'interroge : le roi va-t-il enfin se décider à riposter aux provocations de Philippe ? Attend-il que le duc soit aux portes de Bourges et les Anglais sous les murs d'Orléans ? Lorsqu'elle le croise dans les allées du parc, occupé à une partie de boules ou de quilles, elle peut lire dans son regard furtif de la rancune et de la tristesse, comme s'il craignait qu'elle ne l'aborde en lui disant : « Alors, sire, quand allons-nous passer à l'action ? » Elle poursuit son chemin sans un mot ; elle sait que Charles a plus de goût pour les boules que pour les boulets.

Chaque matin Jeanne se lève avec le jour, prend un léger matinel et, après sa toilette, franchit la tour carrée du châtelet donnant sur les douves et le parc. Un petit pont de bois à bascule donne accès aux premiers quartiers de la ville.

La petite église Saint-Ytier, dédiée par Maurice de Sully, il y a près de quatre siècles, à la cathédrale Notre-Dame de Paris, son œuvre, est à quelques pas du fossé. Elle vient là s'agenouiller, se confesser, demander la communion les jours de jeûne, attendre quelque signe de ses frères du Paradis.

Depuis des semaines, aucune manifestation de leur présence ! Tout juste si, parfois, elle voit se dessiner dans une brume légère qui se superpose à la lumière tombant des vitraux des formes floues, si elle perçoit un murmure confus, comme si ses voix se concertaient pour lui délivrer un message qui ne vient pas. Ses saints et ses saintes l'auraient-ils abandonnée ? Va-t-elle tomber dans la condition méprisable des fausses pythonisses que le frère Richard promène de ville en ville comme une troupe de baladins ?

Parfois, par un escalier en colimaçon taillé dans la chair de pierre du donjon, elle monte jusqu'aux galeries des grands et petits galetas, qui ouvrent d'une part sur l'étendue du parc et de l'autre sur d'immenses greniers aux charpentes en forme de carènes. Là, dans le silence de la pluie et le roucoulement des pigeons, elle savoure un moment d'éternité qui dissipe, comme une rafale de vent le fait de la brume, ses soucis, ses colères et jusqu'à ses espoirs.

C'est là, dans le petit galetas, qu'un matin de mars elle a retrouvé Barthélemy Baretta. Le Piémontais lui avait fixé ce rendez-vous par l'intermédiaire de Jean d'Aulon.

Il l'attendait, assis entre deux colonnettes, vêtu d'un sarrau de plâtrier, près d'une auge et d'une truelle. Il s'était glissé dans le château mêlé à une équipe de tâcherons convoqués pour quelques travaux de réfection. Ni vu ni connu. Installé à Sully depuis quelques jours, il avait pu observer les allées et venues de la Pucelle.

– Hier, dit-il, dans le village, tu es passée si près de moi que j'ai failli t'interpeller. Je ne l'ai pas fait de crainte d'éveiller la suspicion de tes valets. Tu avais belle allure dans ta robe de velours grenat, et...

– Que fais-tu ici et que me veux-tu ?

– Parler un peu, te donner quelques nouvelles que peut-être on te cache.

– Quelles nouvelles ?

– Par exemple : Philippe vient de se faire attribuer par les États de Dijon des subsides destinés à lever une armée, et tu sais pourquoi ? Il ne tardera pas à partir en campagne pour occuper les provinces de Brie et de Champagne que Bedford lui a offertes, peut-être en cadeau de mariage.

– D'où tiens-tu ces nouvelles ?

– Des grandes oreilles que je laisse traîner un peu partout. Je paie très cher quelques agents pour me renseigner, et ils le font aussi bien, sinon mieux que ceux de La Trémoille. Ce traître ! Je pourrais t'en raconter sur lui des vertes et des pas mûres. Il faut reconnaître qu'il manifeste un sacré talent pour endormir les gens, et le roi en particulier.

Il se leva, prit sous son bras l'auge qui attestait de ses fonctions et s'excusa de la brièveté de cet entretien.

– Je ne veux pas risquer de donner des soupçons par une trop longue absence. De plus j'ai deux mots à dire à quelques bourgeois des Bordes, de l'autre côté de la Loire. Ils ont pissé dans mes houseaux, ce qui ne me plaît guère. J'en aurai tout au plus pour deux ou trois jours. D'ici peu, si tu le permets, je t'apporterai des nouvelles fraîches. Es-tu toujours décidée à reprendre les armes ?

– Dès que je le jugerai nécessaire.

– Alors nous sommes faits pour nous entendre. Comme on dit chez moi : *Addio, bellissima...*

Charles ne pouvait rester dans l'ignorance des récentes menées du cousin Philippe. Il n'était bruit que de cette menace de guerre, des subsides accordés par les États de Dijon, de l'imminente entrée en campagne de Jean de Luxembourg.

Décision du Conseil royal en guise de riposte : l'envoi d'un émissaire au duc de Bourgogne pour lui rappeler que la trêve ne s'achevait qu'en avril et que, d'ici là, il eût à garder l'arme au pied.

L'envoyé du roi Charles revint avec des menaces à ses trousses : l'armée de Philippe était sur le pied de guerre. Sur la fin du mois de février, Jean de Luxembourg s'était mis en campagne avec quelques compagnies d'Anglais et de Bourguignons. Objectif prioritaire : Compiègne. Philippe supportait mal l'insubordination manifestée par cette ville et n'acceptait pas la semonce du cousin Charles. Eh quoi ! il opérait sur les territoires que lui avait cédés Bedford ; il était maître chez lui, et qu'on ne vienne pas lui chercher des poux dans la tête !

Au-delà de cette opération limitée et qui, somme toute, ne constituait pas un acte d'agression caractérisé se dessinait le grand dessein des Anglo-Bourguignons : dégager les environs de Paris à l'est, le long de l'Oise, de manière à faire obstacle à une autre tentative de siège dont ils devaient bien se douter que Jeanne mûrissait l'idée ; reprendre possession de la rive droite de la Loire et menacer ainsi le royaume de Charles si les renforts que l'on attendait d'Angleterre le permettaient...

Bedford avait soumis ce vaste programme au petit roi Henri : il n'avait que neuf ans, manifestait peu d'intérêt pour des problèmes qui dépassaient son intelligence et son expérience mais était entouré de ministres compétents, notamment de son mentor, le cardinal de Winchester, et de son gouverneur, le comte de Warwick.

Nouvelle entrevue entre Jeanne et le Piémontais, une dizaine de jours plus tard.

Cette fois-ci Baretta lui avait fixé rendez-vous sur le marché, déguisé, pour l'occasion, en maraîcher. Il entraîna Jeanne vers l'église Saint-Ytier. Il paraissait soucieux. Les dernières nouvelles n'avaient rien de réjouissant.

Jean de Luxembourg s'avançait en direction de l'Oise. Chaque jour, de gré ou de force, des villes tombaient à sa merci. Les habitants de Compiègne avaient beau proclamer *urbi et orbi* que, plutôt que de se rendre, ils préféraient disparaître, eux, leurs femmes et leurs enfants, ils s'attendaient dans l'angoisse à voir surgir les avant-gardes de l'ennemi.

Le Piémontais demanda à sa compagne comment, face à ces nouvelles alarmantes, se comportait le roi. Elle ne pouvait rien en dire, sinon qu'il paraissait apathique, indifférent, morose, endormi qu'il était par ses favoris et ses petites maîtresses.

– Il faut le secouer, Jeanne ! s'exclama Baretta, lui montrer le danger qu'il court s'il ne réagit pas. L'attitude qu'il adopte est la pire qui soit : c'est celle des autruches qui se cachent la tête dans le sable pour ne pas voir le danger !

– Secouer Charles... balbutia Jeanne. S'efforcer d'ébranler cette montagne de passivité... Une seule personne aurait pu le faire : Madame Yolande, sa belle-mère, mais elle n'est plus là pour le rappeler à ses devoirs. Peut-être se réveillera-t-il brusquement. Il est coutumier du fait.

– Peut-être. Lorsque Jean de Luxembourg aura pris Compiègne et menacera Reims !

– Jamais, moi vivante, dit Jeanne, les Bourguignons n'entreront dans Compiègne...

Compiègne... Reims... Anglais et Bourguignons pénétrant à cheval dans la cathédrale du Sacre... À cette seule perspective Jeanne sentait son sang s'échauffer. Elle avait confiance dans la garnison et les défenses de la première de ces deux villes, mais Reims était mal préparée à un siège. Elle prit une décision hardie : celle d'écrire aux bourgeois pour les rassurer, leur dire qu'elle ne les oubliait pas. Elle dicta à Pasquerel une lettre destinée à ses *très chers et bons amis, gens d'Église, bourgeois et autres habitants.* Pasquerel resta la plume en l'air.

– Vous savez le risque que vous encourez ? Si cette lettre ou sa copie tombe entre les mains du roi, vous pourriez payer très cher votre imprudence. Que diriez-vous s'il vous renvoyait à Domrémy ?

– Il ne le fera pas. Il peut avoir encore besoin de moi. Écrivez...

Elle recommandait aux Rémois de fermer leurs portes en cas de surprise, leur annonçant que, le cas échéant, elle accourrait et qu'elle *ferait chausser leurs éperons aux Anglais si vite qu'ils ne sau-*

raient plus où les prendre, et cela bientôt.. Elle leur demandait de rester bons et loyaux et priait Dieu qu'il les ait en sa sainte garde.

– Ajoutez, dit-elle : *Je vous annoncerais encore quelques nouvelles dont vous seriez bien joyeux, mais je crains que les lettres ne soient prises en chemin et que l'on vît lesdites nouvelles.*

– Tout cela est bien obscur, dit Pasquerel. Que vont bien pouvoir comprendre vos bons amis de Reims ?

– C'est un secret, rétorqua Jeanne, et je ne puis le révéler à personne, pas même à vous. Datez cette lettre du seizième jour de mars et veuillez me la relire...

Il ne s'était pas écoulé une semaine quand Jeanne, convoquée devant le Conseil royal, apprit d'emblée le motif de cette invitation et ce qu'elle devait en attendre : une semonce.

Monseigneur Regnault paraissait d'une humeur de chien, La Trémoille nerveux et agité, Charles écrasé de tristesse, nez long et bouche amère.

– Jeanne ! s'écria le chancelier Regnault, vous êtes décidément incorrigible ! Cette lettre aux bourgeois de Reims est d'une imprudence ! Quand cesserez-vous de vous mêler des affaires du royaume, de jouer les diplomates, alors que vous savez tout juste signer de votre nom et que vous êtes dépourvue d'expérience ? Faudra-t-il qu'on vous mette aux arrêts pour vous faire renoncer à de telles initiatives ?

Jeanne se rebiffa vertement :

– Ce que j'ai écrit aux gens de Reims, c'est ce que vous-même auriez dû écrire ! Et vous n'en avez rien fait !

– Voyez la donneuse de conseils... bougonna La Trémoille.

– Pour qui vous prenez-vous ? aboya le vieux Gaucourt.

– Et que signifie, ajouta Regnault, cette histoire de bonnes nouvelles que vous ménagez aux Rémois ? Nous vous sommons de nous l'expliquer !

– Je ne puis rien vous en dire, monseigneur : mes voix me l'ont interdit.

– Vos voix ! toujours vos voix ! En fait, ma fille, vous êtes *constituée en orgueil.* Vous vous prenez pour une nouvelle Judith.

Elle s'apprêtait à riposter quand elle l'entendit marmonner :

– Au diable cette garce ! Quel soulagement si elle disparaissait...

Une nouvelle rencontre avec Baretta apprit à Jeanne que l'armée de Jean de Luxembourg avait mis le cap sur Compiègne.

– Si tu es toujours décidée à te joindre à moi, dit le Piémontais, nous pouvons passer aux actes avec quelques centaines d'hommes. Le comte de Luxembourg dispose de quatre mille Anglais et Bourguignons. Il a de l'artillerie et du matériel de siège en suffisance pour assiéger n'importe quelle place forte. Il a même des équipes de mineurs. C'est dire que ni Compiègne ni Reims ne pourraient résister longtemps.

– Tu m'apportes des nouvelles, fit Jeanne ; je vais t'en confier une dont je ne sais trop que penser : le chancelier Regnault vient de prendre la route de Compiègne avec Clermont et Bourbon. Cela devrait me rassurer, mais j'ai des doutes, connaissant ses attaches avec Philippe. La garnison bourguignonne a été chassée au lendemain du sacre et remplacée par des gens du roi, mais le capitaine général, Guillaume de Flavy, ne me dit rien qui vaille. Que faire, Baretta ? que faire ?

– Quitter Sully, Jeanne, te joindre à moi et marcher sur Compiègne sans perdre de temps.

Charles prenait son matinel lorsque Jeanne, sans se faire annoncer, pénétra dans sa chambre.

– Sire, dit-elle, je vais quitter Sully, avec votre permission.

– Elle t'est accordée. Où souhaites-tu te rendre ? À Orléans pour t'installer dans ta demeure, à Bourges où Marguerite La Touroulde t'attend avec l'impatience que tu sais ? À Domrémy, peut-être ?

– Non, sire, je souhaite partir pour Compiègne.

Charles avala de travers son morceau de massepain, toussa, se leva lentement.

– Pour Compiègne, vraiment ? Quelle est cette nouvelle

lubie ? Où vas-tu trouver une troupe prête à te suivre ? Attends-tu une inspiration du Ciel ?

– Cette troupe, sire, est à ma disposition dès à présent. C'est celle de Barthélemy Baretta.

Charles suffoqua de nouveau ; son visage passa au rouge de la pivoine.

– Baretta, dis-tu ? Ce chef de bande, ce pendard, ce...

– J'irai le rejoindre dès demain. Il a mis quelques centaines d'hommes à ma disposition.

Charles agita ses bras comme pour chasser une guêpe, s'approcha de Jeanne et lui dit d'une voix geignarde :

– Jeanne, ma chère enfant, tu devrais comprendre que je suis un souverain malheureux. Tu connais les gens de mon Conseil : pour la plupart des traîtres ou des pleutres ou les deux à la fois. Tu sais aussi combien il m'est difficile de leur imposer mes volontés. Tu veux partir ? Mon Conseil te l'interdirait, quitte à te jeter en prison. Eh bien, moi, j'y consens ! Mais je t'en conjure, pas d'imprudences, pas de folies ! Fais en sorte que ce gredin de Baretta ne t'entraîne pas dans des aventures qui pourraient te coûter la vie.

Jeanne s'agenouilla, lui embrassa les genoux comme elle l'avait fait à Chinon. Il la fit se relever et s'asseoir près de lui sur un coffre.

– Sans doute ignores-tu qui est l'adversaire que tu risques d'avoir en face de toi : Jean de Luxembourg.

Il lui révéla que ce personnage avait une double nature : il était une créature du duc de Bourgogne en tant que suzerain de ce prince mais il était en même temps à la solde des Anglais qui lui versaient une rente confortable au titre de conseiller du jeune roi Henri. Son frère, le cardinal Louis, était entièrement dévoué à l'Angleterre et l'un des ministres du roi. Charles ajouta que la famille de Luxembourg avait, dans un lointain passé, donné quatre empereurs à l'Allemagne.

– Jean, ajouta-t-il, est un illustre personnage et un capitaine émérite. Il est laid à faire peur, son visage est monstrueux : une hache d'armes lui a tranché le nez, une flèche lui a crevé un œil et il porte des balafres sur tout le corps. C'est dire qu'il ne fait pas bon lui chanter pouilles.

– Il en faudrait bien davantage pour me faire peur, répliqua Jeanne.

Charles se leva, la prit dans ses bras, versa quelques larmes dans son épaule.

– Je t'aiderai dans la mesure où cela me sera possible, dit-il, en évitant d'éveiller la suspicion de mes ministres. Je vais regretter de te voir reprendre ta tenue guerrière : ces robes de femme t'allaient si bien...

7

LE PIÈGE DE COMPIÉGNE

Compiègne, mars-avril 1430

Elle savoure en silence ces moments de bonheur retrouvé : se faire revêtir de son harnois par Louis de Coutes, veiller elle-même à ce que son cheval soit correctement sellé, bridé et pansé, se hisser sur la selle d'un bel élan souple, assurer son assiette, prendre dans son poing la bannière au *Jhésus-Maria* que Jean d'Aulon lui tend, faire claquer la bride sur l'encolure du cheval et lancer un coup de sifflet pour donner le signal du départ...

Sa suite, c'est la compagnie de cavaliers que lui a confiée le roi : un capitaine, quelques hommes choisis parmi ses premiers compagnons de la campagne de Loire et qui l'ont suivie sur la route du sacre : des hommes au courage et à la fidélité éprouvés. Ses deux frères, Pierre et Jean, qui portent ses armoiries sur leur pourpoint, se sont joints à elle sur sa demande : ils l'encadrent et veillent jalousement sur elle.

La veille au soir, au cours d'une veillée devant la grande cheminée de sa chambre, Charles lui a dit :

– Il faudra quitter le château de très bonne heure pour ne pas éveiller la curiosité du Conseil et de la Cour. Je serai présent mais tu ne me verras pas. Je dois faire en sorte de laisser croire à une fugue de ta part ou à des affaires à régler dans les parages. De toute manière je ne veux rien savoir de ce que tu t'es mis en tête d'entreprendre, et qui est peut-être une folie. Je m'attends à un beau charivari dans mon Conseil mais j'en fais mon affaire. Je répondrai aux questions que l'on ne manquera pas de me poser que tu es partie secrètement et que les gens qui t'accompagnent sont des volontaires.

Charles assiste de sa fenêtre à cette *fugue,* emmitouflé dans sa houppelande mal fermée sur sa chemise, tête nue, presque chauve déjà. Derrière lui ondoie une chevelure blonde.

Il a plu toute la nuit. Le château s'est réveillé dans un cocon de brume flottant sur les douves où les canards commencent leur va-et-vient et leur vacarme. Un cerf a rassemblé ses biches au milieu du parc comme un potentat le cercle de ses favorites. De la ville montent les premières rumeurs du marché.

Barthélemy Baretta a déjà mis ses hommes sur le pied de guerre. Il a donné rendez-vous à la Pucelle dans les parages de Bonnée, à moins d'une lieue de la ville. Ils traverseront de conserve la forêt et feront étape à Lorris où le Piémontais a des intelligences et le logement assuré pour lui et ses hommes.

Plus ému qu'elle, il descend de cheval, l'aide à mettre pied à terre, la serre dans ses bras.

– Jeanne... murmure-t-il, j'attendais ce jour depuis longtemps sans trop y croire. Moi, le pauvre apprenti maçon de Pinerolo, devenu capitaine de Jeanne la Pucelle... *Madre mia,* je monte en grade ! Si quelqu'un m'avait prédit ce qui m'arrive aujourd'hui je lui aurais ri au nez.

Il se tourne vers ses hommes, leur lance :

– Les gars, je vous présente votre nouveau chef : Jeanne, dite la Pucelle. Vous avez tous entendu parler d'elle et quelques-uns l'ont vue à l'œuvre à Patay ou à Jargeau. Faudra lui obéir, éviter de jurer devant elle le saint nom de Dieu. Elle a horreur de ça. Faudra pas non plus lui manquer de respect. Le premier qui s'y risquera je lui botterai le cul, ou pire encore !

Une rumeur d'approbation monte de la multitude ; des bonnets et des casques s'agitent au bout des lances et des épées ; des vivats éclatent comme dans une fête. Baretta réclame le silence pour ajouter :

– Encore un mot ! Prenez garde, les gars : si je surprends l'un de vous à lui pincer les fesses, ce sera la corde !

Des rires lourds saluent cette dernière mise en garde. Il ajoute à l'intention de Jeanne :

– Tu excuseras la vulgarité de mes paroles, mais c'est le seul langage que comprennent ces sauvages.

– Ce langage, je le connais et il ne me choque pas. C'est celui que j'entends depuis que j'ai quitté Vaucouleurs.

– Eh bien, en route ! Nous avons du chemin à faire.

Alors que l'on s'engage sous les premiers couverts de la forêt, il expliqua à Jeanne qu'il lui a amené une troupe peu nombreuse : une centaine de cavaliers, soixante-dix archers et arbalétriers (mais des meilleurs), deux trompettes pour la fantaisie plus que pour l'utilité. D'autres contingents doivent les rejoindre en cours de route, ce qui fera finalement une *jolie petite armée.*

À Lorris on passa la soirée à établir un itinéraire susceptible d'être remanié au gré des circonstances. Jeanne tenant à se rapprocher le plus possible de Paris, on passerait par Melun, Lagny et Saint-Denis : trajet dangereux bien que l'armée de Philippe en fût assez éloignée : on risquait un affrontement avec les troupes anglo-bourguignonnes de la capitale.

– J'ai appris, dit Baretta, que l'armée de Philippe va recevoir du renfort : deux mille Anglais qui ont débarqué ces jours derniers à Calais. Ce n'est pas rien ! Pas question d'affronter une telle armée en rase campagne : nous serions balayés. Notre force, c'est le mordant et la mobilité. De plus c'est toi qui mènes la troupe, et ça non plus ce n'est pas rien...

Baretta n'avait pas tardé à constater que la présence de Jeanne agitait les populations. En s'enfonçant en Île-de-France, sa venue faisait l'effet d'un fer de lance porté au rouge et plongé dans l'eau : tout bouillonnait autour d'elle. Prévenues de son arrivée les autorités chassaient les garnisons anglo-bourguignonnes et bannissaient les tenants de Philippe. La petite armée trouvait en pénétrant dans ces villes des chemins tapissés de verdure, des groupes de femmes et d'enfants leur jetant des fleurs, des hommes agitant leurs bonnets. Sans se sentir *constituée en orgueil,* comme le lui avait reproché Regnault, elle ne pouvait bouder le sentiment de fierté et de satisfaction qui l'animait. Ses deux frères, quant à eux, buvaient jusqu'à l'ivresse ce vin de gloire.

Baretta s'étant informé auprès de sa compagne du sort de ses anciens compagnons, elle lui répondit que, depuis leur séparation, au pont de Gien, elle en avait peu de nouvelles. Ce n'étaient pas, pour la plupart, des gens susceptibles de s'accrocher à des souvenirs, des nostalgies ou des regrets. Terminée la belle aventure ils s'étaient dispersés comme un vol d'oiseaux de proie vers leur famille, leurs affaires, leurs amours.

Pour Jean d'Alençon la Normandie était un nouveau champ d'action riche en exploits. La Hire, revenu à sa vocation première de chef de bande, écumait la Basse-Normandie et enlevait Château-Gaillard aux Anglais pour délivrer l'un de ses compagnons. Gilles de Rais, le sombre et séduisant seigneur de Vendée, partageait son temps entre les fêtes où il achevait de dépenser sa fortune, et des opérations guerrières. On disait de Dunois qu'il s'était donné comme mission de poursuivre l'œuvre de Jeanne, mais c'est auprès d'elle qu'elle eût aimé le voir. Éteintes les grandes flammes de l'épopée, Arthur de Richemont, Xaintrailles, Boussac étaient retombés dans l'ombre.

Jean d'Aulon, gardant le contact avec la Cour de Charles, apprit que Regnault, à peine arrivé à Compiègne, avait adressé au roi un message empreint à la fois de déception et de crainte. Il avait gardé jusqu'au bout l'espoir que Philippe n'oserait pas porter les armes contre son cousin ; il avait dû déchanter : Philippe avait lancé son armée sur Péronne et s'apprêtait à prendre la route de Compiègne.

– Il faut bien en convenir, dit l'intentant, toi seule avait raison, contre tous ou presque.

La troupe parvint sous les murs de Melun la semaine de Pâques, par un beau temps clair. Jeanne y essuya son premier affront. La ville était en principe fidèle au roi Charles, mais Jeanne trouva porte close et aux remparts des gens fort hargneux qui l'interpellaient sans complaisance : quelle était cette bande de gueux qui l'accompagnait ? comment se nommaient ses capitaines et où étaient leurs enseignes ? que venait-on faire là ? Ils auraient volontiers ouvert leurs portes à une arme royale normalement constituée mais ils renâclaient à héberger cette bande de pouacres avec laquelle la Pucelle s'était acoquinée.

Pestant contre un accueil aussi humiliant, Jeanne fit camper sa troupe dans l'île qui précédait la ville vers le sud, dans l'attente d'un revirement consécutif à une négociation. Elle demanda le lendemain à être reçue par l'échevinage ; on ne daigna pas lui répondre. En revanche, elle vit se présenter au camp un vieux moine barbu comme un ermite, aux yeux chassieux sous la cuculle, qui tremblait à l'idée de se trouver en présence de la Pucelle. Il apprit à Jeanne que le chef de la communauté religieuse des Carmes, le père Pierre d'Allée, âme de la conjuration contre les Anglo-Bourguignons, avait été arrêté, supplicié et exécuté.

Sur ce qui s'était passé à Paris à la suite de la rafle qui avait suivi cette arrestation, le religieux n'avait que des renseignements succincts. Les autorités avaient emprisonné cent cinquante personnes, pour la plupart des notables. Les chefs de la conjuration avaient eu la tête tranchée et leur corps débité en quartiers.

Dix mois auparavant, alors qu'elle arrivait à Saint-Denis et préparait avec Jean d'Alençon le premier assaut contre la capitale, Jeanne avait reçu la visite de cet aubergiste de la rue Saint-Antoine qu'on appelait le Seigneur de l'Ours. Elle s'informa auprès du vieux carme du sort réservé à ce géant jovial qui l'avait confortée dans son projet.

– Je l'ignore, dit le moine. Peut-être était-il parmi les victimes des représailles, peut-être non. Je l'ai bien connu : c'est lui qui livrait le vin du prieuré. Il nous divertissait par ses plaisanteries, parfois un peu gaillardes, et nous fournissait des informations sur le complot. C'était un malin : il a fort bien pu échapper aux mailles du filet.

Baretta, soucieux, se demandait si l'on allait attendre longtemps une décision des bourgeois : allaient-ils enfin ouvrir leurs portes et accepter de leur vendre des vivres ?

– Si nous n'obtenons rien de ce que nous demandons, dit Jeanne, nous lèverons le camp demain. Nous ne pouvons entamer un siège qui nous retarderait et nous causerait trop de pertes, pas plus qu'attendre des secours qui ne viendront pas.

Au soir tombant elle escalada la levée du fossé surplombant la Seine du côté des remparts, s'assit dans l'herbe, le regard rivé sur les flèches de l'église Notre-Dame qui pointaient au-dessus des murailles et semblaient jouer avec un joli nuage de printemps. Des odeurs de soupe commençaient à se répandre dans l'air tiède.

Alors qu'elle se relevait elle sentit se creuser en elle une sorte de vertige qui la maintint clouée au sol. Elle se dit que ce malaise pouvait être dû à la fatigue d'une longue chevauchée et aux jeûnes qu'elle avait observés durant la vigile de Pâques. C'était tout autre chose. Elle ne sentait plus le sol sous son corps ni le poids de son corps lui-même ; elle ne percevait que des lignes floues, des couleurs estompées, des lumières dansantes. Soudain, alors qu'il lui semblait quitter terre, elle vit se dessiner des formes étranges, animées de mouvements souples. Dans un brouillon de voix elle reconnut celles de ses saintes.

– Jeanne, lui dit Marguerite, prends garde à toi. Une menace pèse sur ta tête.

– Mon enfant, ajouta Catherine, tu seras bientôt prise. Ce sera avant la Saint-Jean d'été.

– Si vous dites vrai murmura Jeanne, accordez-moi en grâce de me faire mourir plutôt que de subir de longues épreuves en prison.

Qui donc lui répondit et que lui dit-on ? Elle ne put le savoir car les deux voix s'enchevêtraient comme la laine d'un fuseau. Elle crut pourtant comprendre qu'on lui disait :

– Il fallait qu'il en soit ainsi... Ne prends pas peur... Dieu t'aidera...

Elle se disposait à réclamer de nouvelles prédictions – où cela se produirait-il ? qui devait-elle redouter ? – quand un écran noir lui voila la vue. Une voix lui parvint comme du creux d'une citerne :

– Eh bien, Jeanne, vous dormiez ? On vous attend pour la soupe.

Elle se releva en chancelant, tomba dans les bras de son intendant en gémissant :

– Oh, Jean ! mon ami... Si vous saviez... Elles sont revenues.

– Qui donc, Jeanne ?

– Mes voix... Elles m'ont dit que j'allais être prise avant la Saint-Jean. Elles ne se trompent jamais. Quel temps de liberté me reste-t-il ? Un mois à peine.

– Ne prenez pas ces révélations trop à cœur. Il peut, en un mois, se passer beaucoup d'événements capables de changer le cours des choses, que ni vos saintes ni Dieu ne pourraient prévoir.

Elle se laissa reconduire jusqu'au camp, prit place entre Pierre et Jean qui dévoraient goulûment le maigre brouet de la troupe. En dépit du jeûne dont elle venait tout juste d'émerger elle mangea sans appétit.

Elle passa une nuit agitée, en proie à des hallucinations, à des visions incohérentes qui lui mettaient le corps en sueur et la tête à l'envers. Jean d'Aulon, qui partageait la tente de la Pucelle avec Louis de Coutes, veilla sur elle toute la nuit. Elle s'endormit peu avant le jour, alla faire sa toilette à la Seine, but un bol de lait de chèvre qu'elle alla traire elle-même dans le pré voisin. Elle se sentait de nouveau dans des dispositions favorables, comme si le vent du matin venait de dissiper les orages de la nuit.

En rentrant sous sa tente elle réveilla son maître d'hôtel et son écuyer en leur criant :

– Debout, paresseux ! Passez-moi mon harnois et préparez mon cheval. Nous levons le camp !

Alors qu'on lui laçait ses plates elle chantonnait un air du Pays de Bar.

– Ce sera une belle journée, dit-elle à Baretta qui venait de la rejoindre sur le chemin de rive, mais nous avons de la route à faire avant d'atteindre Lagny où, je l'espère, nous serons mieux accueillis.

– Je croyais, dit-il... cette nuit j'ai cru que vous étiez malade, vous étiez si agitée, fiévreuse...

– Cette nuit ? que se serait-il passé cette nuit ? J'ai si bien dormi que je ne me suis rendu compte de rien...

La petite armée passa sans encombre la Seine à Corbeil avant d'obliquer vers le nord en direction de Lagny par Brie-Comte-Robert.

La guerre semblait avoir épargné ces contrées fertiles sur lesquelles rayonnait une lumière de paradis. Comme le soleil devenait ardent, Jeanne ne garda que sa chemise sous la huque et se coiffa d'un chapeau de paille aux bords effrangés qui laissait pleuvoir sur son visage de petites gouttes de lumière.

Passé Brie-Comte-Robert, Jeanne vit venir à elle un notable de Lésigny qui avait un message à lui communiquer de la part de la Pierronne. Il avait été témoin de son arrestation et de celle de sa sœur par une patrouille anglaise qui les avait menées en prison en les traitant de filles de joie et de sorcières.

– Cette pauvre fille m'a dit avant de disparaître, ajouta le bonhomme : « Si tu vois la Pucelle, dis-lui que nous venions vers elle pour la prévenir contre ses ennemis qui veulent la prendre. Tu ajouteras que nous l'aimons et que nous prions pour elle chaque jour. » Voilà ce qu'elle m'a dit, mot pour mot. Il est vrai que les Godons sont sur les dents depuis qu'ils ont appris votre venue et qu'ils ramassent sur les routes tout ce qui leur paraît suspect, même les pauvres capucins de retour de Vézelay. Révérence parler ils font dans leurs chausses...

La Pierronne captive des Anglais ! Au contraire de Catherine de La Rochelle qui avouait ses faveurs pour Philippe, cette pauvresse proclamait à tout vent la prochaine victoire du roi Charles et son entrée dans Paris en compagnie de Jeanne. Elle ne ferait pas long feu dans les geôles anglaises car elle avait des idées bien arrêtées et la langue bien pendue.

Dans la soirée, alors que la troupe, arrivée en vue de Lagny, s'apprêtait à franchir le pont sur la Marne, Jeanne demanda à Jean d'Aulon de lui lire les quelques lignes figurant sur un écriteau affiché contre une pile : il annonçait la perception d'un droit de péage pour *le Juif vif, la Juive grosse, le Juiveau, le Juif mort et la Juive morte.*

– Qui sont ces soi-disant chrétiens, s'exclama-t-elle, qui traitent les pauvres gens comme du bétail et les Juifs comme des pestiférés. Si je ne me trompe, le Christ était de race juive ! Voilà qui ne me donne guère envie de faire halte dans cette ville.

– C'est peut-être une humiliation à l'encontre des Juifs, dit Jean, mais sans doute un moyen de leur soutirer de l'argent. Aux bourgeois tous les moyens sont bons pour remplir leur bourse.

Il fallut, en dépit des préventions de Jeanne, faire halte à Lagny : hommes et chevaux avaient besoin de souffler. Jeanne pénétra, la rage au ventre, dans cette cité fidèle au roi Charles. Impassible devant les marques de respect et d'admiration qu'elle suscitait, elle montra un visage de bois aux notables et à Jean Foucault qui commandait la petite garnison pour Ambroise de Loré, le gouverneur, qui était absent. Au cours de la réception à la Maison de Ville elle apprit qu'un chef de bande qui répondait au nom de Franquet, se disant originaire d'Arras et partisan du roi Charles, écumait et terrorisait les parages. Les Anglais cherchaient à lui mettre la main au collet mais il leur échappait et les narguait. Les bourgeois et les paysans auraient payé cher pour le voir, lui et ses hommes, se balancer aux gibets.

– Votre Franquet, dit Jeanne, je me fais forte de vous le livrer pieds et poings liés. Il vous en coûtera quelques barriques de vin pour mes hommes.

Elle resta éveillée une partie de la nuit à ruminer les horreurs dont ledit Franquet s'était rendu coupable et à envisager un projet de campagne contre lui. Elle alla éveiller Baretta avant le jour pour lui confier son plan :

– Nous resterons à Lagny le temps qu'il faudra, mais je veux la peau de cette canaille. Tâche de savoir où l'on peut le rencontrer et le piéger.

Surpris de ce comportement excessif à l'égard d'un chef de bande somme toute pas plus dangereux qu'un autre, Baretta lui demanda où elle voulait en venir :

– Tu l'as entendu comme moi, dit-elle. Les Godons veulent ce brigand. Nous allons le leur donner en échange de la libération d'un vieil ami, un certain Jacques Guillaume, Seigneur de l'Ours, dont je t'ai parlé. S'il a été épargné par la hache du bourreau il doit être à la Bastille. J'ignore si les Anglais accepteront cet échange, mais je ferai tout pour secourir ce brave homme et, si possible, quelques-uns de ses complices.

– C'est comme si Franquet était déjà à tes pieds ! dit le Piémontais.

Jeanne était à peine installée à Lagny et Baretta parti en campagne quand un groupe de femmes éplorées vint frapper à sa porte.

– Nous aimerions que tu nous suives à l'église Saint-Pierre, dit une vieille. Ma petite-fille, encore un nourrisson, est morte sans le sacrement de baptême.

– J'en suis peinée, dit Jeanne, mais je ne puis ressusciter les morts. Vous vous trompez si vous me prêtez le don d'accomplir des miracles. À quand remonte la mort ?

– À ce matin, trois jours après la naissance. Nous croyons en toi, Jeanne. Il faut nous suivre.

L'enfant gisait, immobile, yeux mi-clos, sur la pierre tombale d'un ancien prêtre. Il était encore chaud mais, dit Jeanne, *noir comme ma cotte.* Consciente de se constituer en orgueil en espérant triompher de la mort et arracher à Dieu ce qu'il avait repris, elle saisit le petit corps dans ses bras, le caressa de son souffle et de sa main en murmurant une prière des enfants apprise jadis à Domrémy.

Soudain elle s'écria :

– Dieu soit loué ! Il reprend vie ! Il a bâillé trois fois et ouvert les yeux.

Criant au miracle les pleureuses allèrent prévenir le curé qui arriva avec les instruments du culte et procéda au baptême. S'il avait attendu quelques heures de plus il aurait pu lui donner l'extrême-onction : l'enfant ne put survivre.

Jeanne reçut le lendemain un message de Baretta : il venait de surprendre Franquet d'Arras en train de se goberger dans une auberge ; après avoir mis la contrée en coupe réglée, il remontait sur Paris avec des chariots de butin et un groupe de jeunes garces liées par les mains. Le Piémontais demandait du renfort pour attaquer le convoi, plus important qu'il ne l'avait prévu. Jean Foucault décida de s'y rendre en personne avec une vingtaine de cavaliers. Jeanne voulu le suivre ; il s'y opposa : c'était une simple opération de police sans gloire mais non sans danger.

Dans l'attente des nouvelles de l'expédition Jeanne passa quelques heures chaque jour en compagnie des moines du moutier Saint-Fursy, priant de conserve avec eux ou se faisant instruire des choses de la religion. Elle se montrait curieuse d'apprendre qui étaient ces hérétiques hussites contre lesquels l'Angleterre avait décrété une croisade qui avait été détournée de ce but initial pour aller renforcer les ennemis de la Pucelle. Sans bien saisir leurs motivations et leurs buts, elle leur avait fait adresser naguère par le frère Pasquerel une lettre leur enjoignant de déposer les armes et de retourner dans le sein de l'Église s'ils ne voulaient pas risquer de la voir surgir à la tête d'une croisade qui, elle, ne serait pas déviée vers d'autres causes.

Le prieur sourit dans sa barbe grise en prenant connaissance d'une copie de cette philippique.

– C'est, dit-il, une initiative fort maladroite de votre part. Vouloir reprendre à votre compte le projet du cardinal de Winchester, suppléer sa carence, assurer le succès de son projet est absurde ! Je réprouve cette hérésie qui menace tout l'Empire d'Allemagne, mais elle avait sa raison d'être au départ : les abus du clergé. Je souhaite pour vous, ma fille, que cette lettre ne soit pas parvenue à destination.

Un matin, au saut du lit, prise d'une inspiration subite motivée par son impatience de reprendre la route, Jeanne décida de pousser une opération de reconnaissance en direction de Paris. Le remplaçant de Foucault y mit le holà ! C'eût été se jeter dans la gueule du loup pour une simple promenade. Il était responsable de la sécurité de la Pucelle en attendant le retour de l'expédition.

Jeanne n'eut pas à attendre longtemps : quatre jours après leur départ, Foucault et Baretta étaient de retour à Lagny, précédant une troupe qui poussait des clameurs de triomphe.

– Nous avons surpris la bande à Franquet alors qu'elle cheminait vers Paris, dit le capitaine de la garnison. Nous lui sommes tombés dessus à la corne d'un bois et en avons fait de la chair à pâté, mais nous te ramenons Franquet sain et sauf, ainsi que quelques capitaines que nous allons envoyer au gibet pour distraire la population.

– Ils étaient plus nombreux que nous, ajouta Baretta, mais tellement encombrés de butin qu'ils pouvaient à grand-peine se défendre. Nous avons distribué les prises à nos hommes, gardé un peu de monnaie pour notre peine et libéré les pauvres garces entassées dans les chariots comme des brebis qu'on mène au boucher.

Jeanne ayant souhaité qu'on lui amenât Franquet, on le jeta à ses pieds, penaud et saigneux. Il protesta qu'on n'avait pas le droit de le retenir prisonnier : il s'était battu pour le roi de France et lui restait fidèle.

– C'est surtout pour toi que tu t'es battu ! riposta Jeanne. Je suis au courant de tes exploits : ils consistent surtout à martyriser et à tuer des pauvres gens et des clercs pour leur arracher leur bien.

– Et alors ? Comment veux-tu que je nourrisse et que je solde les gens du roi qui composent ma troupe ?

Jeanne en vint sans plus tarder à ce qui motivait cette prise :

– As-tu entendu parler d'un certain Jacques Guillaume, dit le Seigneur de l'Ours ? Il a été pris dans la rafle à la suite d'un complot. Sais-tu ce qu'il est devenu ?

– Si je le connaissais ? fit Franquet. Un brave type mais une tête folle. Il faisait partie des conjurés qui ont été décapités aux

Halles. Des témoins de l'exécution m'ont rapporté la nouvelle. C'est une bien triste affaire...

Jeanne blêmit, chancela, mais se reprit.

– Triste affaire pour toi aussi, Franquet. Tu viens de signer ton arrêt de mort. J'avais prévu de t'échanger contre lui, mais, comme il n'est plus de ce monde, tu vas aller lui tenir compagnie. Je vais te faire remettre au bailli de Senlis qui souhaite depuis belle lurette te rencontrer. Tu devines pourquoi ?

Franquet se démena comme un beau diable dans ses entraves, protestant que les lois de la guerre et de l'honneur voulaient qu'il fût mis à rançon. Jeanne eut un mince sourire et rétorqua :

– La guerre, dit-elle, tu la mènes à ta manière, qui n'est pas la bonne. Quant à l'honneur, tu as oublié ce dont il s'agit.

Informé le jour même de cette prise, le bailli de Senlis, Jean de Troissy, procéda à l'interrogatoire du chef de bande et décréta qu'il serait exécuté en place publique sans autre forme de procès.

– C'est un comportement, objecta Jean d'Aulon, que l'on pourrait vous reprocher. Logiquement, ce prisonnier devait être mis à rançon.

– J'ai fait selon ma conscience ! protesta-t-elle. Ce brigand s'était rendu coupable de trop de crimes pour prétendre à quelque forme de clémence que ce soit. Tout ce que je puis faire pour lui c'est prier pour le salut de son âme... si toutefois il en a une !

Jeanne devait apprendre que ce personnage avait double nature : fidèle à Charles ou à Philippe selon les circonstances et ses intérêts.

– Les Bourguignons, dit Jean Foucault, sont fous de rage : vous venez de les priver d'un chef prestigieux. De plus ce prisonnier aurait dû être envoyé au roi Charles, lequel...

Au diable ces arguties ! Jeanne n'avait d'autre juge que sa conscience, et elle ne lui reprochait rien.

– Philippe de Bourgogne, ajouta le capitaine, ne vous pardonnera pas ce qu'il doit considérer comme un crime et, ce qui est pis à ses yeux, une provocation. Vous venez de lui fournir un argument supplémentaire de souhaiter votre perte.

L'armée conduite par Jean de Luxembourg progressait lentement mais sûrement en direction de Compiègne et de Corbeil, deux villes commandant l'accès à Paris et dont l'occupation était devenue nécessaire pour protéger cette ville. Au début de mai il s'était emparé de Noyon et de Gournay. Le 16 mai, sans coup férir, il prenait position à Choisy-le-Bac. Deux jours plus tard, devant Soissons, il recevait la visite du gouverneur, Guillaume Bournel, qui lui proposait de ne lever le pont que moyennant finances ; une offre trop avantageuse pour que le comte Jean s'y dérobât.

Pour pousser plus hardiment son avance vers Compiègne il jugea bon d'attendre de Bedford les renforts qui tardaient à paraître, et pour cause : quand on leur annonçait qu'ils allaient se trouver en face de la Pucelle, les armes tombaient des mains des soldats et ils préféraient déserter : les *enchantements de la Pucelle,* comme disait le Régent, brouillaient le jeu.

Jean de Luxembourg, en revanche, apprit avec satisfaction qu'à Reims l'opinion commençait à tourner en faveur de Philippe : las d'attendre des secours du roi Charles, les bourgeois suscitaient des complots contre la garnison française. Le fruit mûrissait ; il suffisait d'attendre un peu pour le cueillir...

Alors qu'ils marchaient à petites journées vers Compiègne, les Anglo-Bourguignons reçurent les renforts tant attendus : quinze cents hommes qui, ajoutés aux quatre mille qui composaient l'armée, constituaient une force d'invasion devant laquelle, en cas de bataille en rase campagne, la troupe de brigands et les quelques cavaliers de l'armée régulière conduits par la Pucelle, eussent fondu comme neige au soleil.

En prévision du siège de Compiègne, qui ne serait pas de tout repos, on avait prévu quantité de pièces à feu de différents calibres, et notamment trois bombardes colossales : *Remeswalle, Rouge-Lombarde* et *Bourgogne,* ainsi qu'un engin volant d'un modèle récent capable d'arroser l'intérieur de la ville de feu grégeois. Philippe avait fait venir à grands frais de Prusse et de Géorgie des arcs et des arbalètes : les meilleurs au monde, disait-on. Une telle puissance de feu et de trait n'était pas excessive : Compiègne était l'une des villes les mieux défendues de tout le royaume de France et la garnison de Guillaume de Flavy comptait la bagatelle de cinq cents hommes !

Curieux personnage que ce Guillaume de Flavy, pupille et neveu de Regnault de Chartres... Un mauvais homme, disait-on, cruel avec le peuple, sujet à des coups de tête, mais tout dévoué au roi Charles. Philippe avait tenté de se concilier sa complicité ; il s'était heurté à un mur.

Au moment de quitter Lagny pour Senlis, Jeanne reçut un message de Charles demandant des nouvelles de la campagne. Elle dicta une lettre à Pasquerel et demanda à l'émissaire royal comment se portait Sa Majesté.

– Notre souverain est en piteux état, répondit le chevaucheur. Au cours d'une partie de chasse sous la pluie il a contracté un mal de poitrine qui l'a tenu une semaine à la chambre entre la vie et la mort. Lorsque j'ai quitté Sully il allait beaucoup mieux et a pu reprendre ses distractions favorites : les jeux de boules et de quilles, ainsi que d'autres menus plaisirs dont la décence m'interdit de parler...

Dans la lettre confiée à l'émissaire Jeanne priait son souverain seigneur de rassembler quelques centaines d'hommes qu'il pourrait sans trop de risques prélever dans les places fortes des bords de Loire. Un vœu pieux : elle n'attendait pas de réponse favorable et même pas de réponse du tout. Le roi avait d'autres soucis...

Un qui bougeait beaucoup, en revanche, c'était Regnault. Il courait d'une ville à l'autre, escorté de Clermont, de Vendôme et de Xaintrailles, comme s'il avait le diable à ses trousses, sans que l'on puisse savoir ce qui motivait cette bougeotte, s'il s'activait pour Charles ou pour Philippe. Signe d'affolement devant l'avancée des Anglo-Bourguignons ? Manigances pour préparer une reddition de la ville ?

Jeanne le retrouva devant Senlis où elle avait eu du mal à faire pénétrer une quarantaine d'hommes, les bourgeois s'opposant à héberger toute la troupe qu'on envoya camper au bord de la Nonette. Le prélat guerrier l'attendait dans la Maison de Ville proche de la cathédrale Notre-Dame. Il semblait de joyeuse humeur, ce que Jeanne prit pour une parade. Il s'extasia sur la bonne mine et la belle allure de la Pucelle puis soupira :

– Que de foi, que d'ardeur pour une cause perdue...

Fronçant les sourcils, Jeanne lui demanda ce qu'il entendait par cette réflexion. Il ajouta en se renfrognant :

– Je veux dire, ma fille, que vous allez devoir ranger votre panoplie et retourner auprès du roi.

Suffoquée, Jeanne répliqua sèchement :

– Si Sa Majesté m'en donne l'ordre par écrit, je m'y conformerai. Cet ordre, je dénie à quiconque le droit de me le donner. Le roi...

– Le roi... bougonna Regnault. Ce pauvre Charles... Prend-il seulement la peine de lire vos messages et les miens ? Cet ordre, mon enfant, c'est moi qui vous en informe en tant que représentant de Sa Majesté. Et je vous répète, le cœur serré, qu'il faut cesser le combat !

Jeanne sursauta :

– Le combat, dites-vous, monseigneur ? Quel combat ? Aurait-on déjà livré bataille sans que j'en sois avertie ?

– Il est vrai que vous n'avez pas encore rencontré l'ennemi. Croyez-moi, Jeanne, si je vous dis que vous courez au désastre et que vous risquez de ridiculiser Charles. Il se passerait bien de ce nouvel affront.

Jeanne fit quelques pas autour de la cathèdre sur laquelle Regnault avait pris place, éraflant les meubles de ses éperons. Bras croisés sur sa huque, elle lui fit face.

– Le roi, dit-elle, était d'accord pour me laisser la bride sur le cou. Je n'en attendais pas plus ! N'espérez pas que je renoncerai à ma mission qui est de porter secours à Compiègne.

Elle ajouta avec un sourire provocant :

– Je sais ce qui motive votre comportement à mon égard : vos bons rapports avec le duc de Bourgogne ! Vous souhaitez lui laisser le champ libre ? Eh bien ! il me trouvera sur son chemin...

Elle lui tourna le dos, se dirigea vers la porte. Il s'écria :

– Jeanne, ne partez pas ! Attendez !

Elle avait déjà disparu.

Compiègne, avril 1430

Le comportement réservé des bourgeois de Senlis n'avait pas incité Jeanne à les ménager : elle exigea des vivres et de l'argent, s'assura de la fidélité de la garnison, avant de prendre la route de Crépy-en-Valois. Il fallait maintenant brûler les étapes : elle venait d'apprendre que les Anglo-Bourguignons avaient pris position à Coudun, à moins d'une lieue de Compiègne. Mais d'abord, s'assurer de Soissons :

– Si l'armée de Philippe y arrivait avant nous elle nous priverait d'une position forte.

– Il faudra au moins deux jours de route, objecta Baretta.

– Ça ne sera pas du temps perdu. L'étape suivante nous mènera directement à Compiègne. Philippe et Luxembourg y auront peut-être pris déjà les dispositions du siège, mais nous trouverons bien un moyen d'y faire entrer notre monde, comme nous l'avons fait à Orléans, en trompant la vigilance des bastilles anglaises.

Soissons était tenue par le gouverneur Guillaume Bournel, un écuyer de Picardie, d'une fidélité envers les Français sujette à caution. Ce personnage n'était pas un inconnu pour la Pucelle. Alors qu'elle était blessée sous les murs de Paris, il l'avait aidée à se remettre en selle et l'avait réconfortée. Il l'accueillit avec chaleur mais refusa l'accès de la ville au gros de la troupe qui alla camper au bord de l'Aisne, dans le faubourg de Saint-Wast, sous la pluie battante.

En quittant la ville le matin suivant, Jeanne était d'une humeur de chien. Baretta lui avait révélé que Bournel ne lui inspirait guère confiance.

– À moi de même ! dit-elle, mais que faire ? J'ai peine à croire à ses promesses de fidélité.

Leurs doutes devaient se confirmer quelques jours plus tard : Bournel venait de vendre la place à Philippe pour quelques sacs d'or...

Comme Jeanne l'avait prévu, les Anglo-Bourguignons avaient investi Compiègne. L'armée ayant pris position à Choisy-le-Bac, Baretta partit avec une compagnie pour une opération de reconnaissance. Parvenu en vue des remparts il se frotta les yeux pour se convaincre qu'il ne rêvait pas : les environs de la cité grouillaient de soldats qui menaient grand tapage, installaient leurs pièces à poudre, creusaient mines et tranchées.

Un paysan de Choisy qui faisait partie de ses *grandes oreilles*, comme il disait, le rassura : il connaissait un coin des remparts où, de nuit, il était possible de s'infiltrer sans trop de risques dans la ville, près de la porte de Pierrefonds.

Baretta attendit la nuit, fit camper ses hommes dans un taillis et, accompagné de son cicérone, parvint à franchir le fossé sur une barque, et à se glisser par une poterne non gardée au cœur de la ville. Il trouva Guillaume de Flavy installé avec quelques compagnons autour d'une table de jeux et lui annonça la prochaine venue de la Pucelle. Le capitaine n'en crut pas ses oreilles. Jeanne devant Compiègne ! Jeanne...

Le lendemain, en fin de soirée, la troupe conduite par la Pucelle se mit en branle sous une queue d'averse tiède, Jeanne avait refusé, comme on le lui avait imposé en d'autres lieux, de laisser ses compagnies aux champs car l'ennemi eût vite fait de repérer sa présence. Alors que tout dormait dans le camp adverse, une armée d'ombres s'insinua dans la ville par la poterne que Guillaume de Flavy avait laissée ouverte.

La ville était pour les Français une place sûre et une base d'opérations fiable. Jeanne comprit le double avantage que l'on pouvait tirer de cette situation : la défense et l'attaque.

Guillaume de Flavy lui avait réservé un logement dans l'énorme donjon proche de l'abbaye de Sainte-Corneille, au cœur de la cité. Elle y installa son quartier général réduit à la portion congrue : Baretta, Clermont et Vendôme.

Elle ne savait que penser du chef de la garnison, ce jeune et beau capitaine que Regnault couvrait de sa protection et de son affection. Il semblait avoir de l'énergie à revendre et une fidélité inébranlable pour son roi dont l'inertie lui semblait incompréhensible. Lorsqu'il s'ouvrit à Jeanne de ses doutes, elle tenta de le rassurer : Charles était un homme de cabinet plus qu'un chef de guerre ; il préférait négocier que se battre, mais il était capable de sursauts inattendus.

– Dites-vous bien, ajouta Flavy, que, moi vivant, jamais Philippe n'entrera dans ma ville. J'ai fait de ma fidélité à la France une sorte de religion et rien ne m'y fera renoncer !

– Je suis heureux de vous l'entendre dire, Guillaume. Cependant... pardonnez à ma franchise... Je n'éprouve pas la même certitude quant au comportement de votre tuteur, monseigneur Regnault. Je l'ai rencontré récemment. Il tenait à ce que je mette l'arme au pied !

Flavy soupira, s'essuya le visage d'un revers de main comme s'il venait de recevoir un jet de vinaigre. Il regrettait les tergiversations de son oncle, nature inquiète, sujette à des scrupules et à des retournements inattendus. Quant à prétendre, comme certains osaient l'avancer, qu'il était la créature de Philippe, c'était pure médisance !

Guillaume échappa à son trouble en rappelant à Jeanne que l'échevinage l'attendait pour une cérémonie à la Maison de Ville. Elle s'y rendit sans empressement, écouta avec une indifférence polie les compliments sirupeux qu'on lui adressait, accepta avec un sourire pincé les quelques bouteilles de vin qu'on lui offrit en précisant que c'était le présent traditionnel que l'on réservait aux hôtes de marque. On la régala d'un bon repas auquel elle fit honneur car elle avait jeûné la veille.

À première vue les défenses de Compiègne étaient d'une extrême complexité qui les rendait pour ainsi dire inviolables. Guillaume de Flavy invita Jeanne et ses proches à en faire le tour.

L'Oise bordait la ville au nord. Des fossés larges et profonds épousaient la ceinture des remparts avec, de place en place, des tours fièrement campées. Des dispositifs avancés protégeaient la grande porte et se prolongeaient sur la rive opposée par des fossés, des barbacanes, un boulevard, des contrescarpes protégées par des palissades. C'était comme si la ville elle-même avait sécrété, telle un escargot sa coquille, ce système défensif en prévision d'une grand chambardement universel occasionné par une ruée barbare venue des grandes steppes d'Orient ou par la venue d'un Antéchrist aux mains chargées d'orages. Sans la complicité d'un homme du pays, jamais Baretta n'aurait pu pénétrer dans cette ville. Quant aux Anglo-Bourguignons, eussent-ils été trois fois plus nombreux et dotés d'une artillerie dix fois plus puissante, ils auraient pu attendre longtemps avant de s'en rendre maîtres.

– La preuve qu'ils prévoient un siège de longue durée, dit Guillaume de Flavy : ils construisent des bastilles.

– Des bastilles... fit rêveusement Jeanne. Comme à Orléans. Il faut contrarier leur projet, saboter leur ouvrage.

– C'est bien mon idée, mais la moindre sortie risquerait pour nous de tourner au massacre, et je tiens à ménager mes hommes.

Il la précéda jusqu'au sommet du donjon où elle s'était installée, d'où la vue plongeait loin et profond dans les plaines et les collines de Picardie. À l'extrémité d'une vaste prairie aux abords inondés par les crues récentes, le terrain s'élevait en pente douce vers un horizon de buttes boisées semées de quelques villages.

– Margny, dit Guillaume, où les Anglo-Bourguignons construisent leur première bastille, se trouve au flanc de cette colline abrupte. On distingue les premières structures de la bastille, près du castelet où Baudot de Noyelles a installé ses Bourguignons. À droite, au bord de cette petite rivière, l'Aronde, au bas de la montagnette de Ganelon, c'est le village de Clairvoix où Jean de Luxembourg a installé une garnison de Picards. De l'autre côté, à gauche, on peut voir les premières masures de Venette occupées par un poste anglais de cinq cents hommes.

– Et le duc Philippe, demanda Jeanne, où se trouve-t-il ?

– Il s'est installé à Coudun avec de forts contingents prêts à intervenir. De temps en temps il vient faire le bravache sous nos murs avec tambours et trompettes.

Guillaume ajouta :

– Leur dispositif a été conçu de main de maître. L'erreur eût été de concentrer le gros de leurs forces en un seul point. Si nous enlevions Margny leurs autres postes pourraient intervenir rapidement et nous prendre à revers.

– Tout cela est bon à savoir, dit Jeanne, mais la partie sera difficile. Si j'écoutais votre tuteur j'attendrais patiemment le premier assaut. C'est aussi l'avis des capitaines Vendôme et Clermont. Ce n'est pas le mien. Je sais depuis Orléans qu'il faut battre le fer tant qu'il est chaud. Mes hommes et ceux de Baretta n'attendent que mon ordre pour effectuer une première sortie. Je compte leur donner ce plaisir dès demain.

Elle ajouta d'un air sombre :

– J'ai prêté une oreille attentive aux propos que tenaient au réfectoire les religieux de Sainte-Corneille que j'ai rencontrés dans la salle capitulaire : ils réprouvaient la démarche de votre tuteur demandant aux bourgeois de livrer la ville aux Bourguignons s'ils ne voulaient pas qu'elle fût saccagée ou brûlée. Cette attitude porte un nom : trahison.

Alors que Jeanne faisait ses dévotions en l'église Saint-Jacques, proche de Sainte-Corneille, elle vit surgir dans la nef un groupe d'enfants qu'un vieux prêtre conduisait à la sacristie pour les aider à préparer leur communion. Ils s'arrêtèrent en la voyant agenouillée dans la chapelle de la Vierge. Elle se releva, vint vers eux et, adossée à un pilier, leur dit :

– À vous tous qui m'écoutez et qui peut-être m'aimez, je puis révéler ce que m'ont annoncé récemment mes frères du Paradis : je viens d'être trahie, vendue, et bientôt vous apprendrez la mort. L'heure ne tardera guère où je ne pourrai plus servir le royaume et mon roi...

Un concert de lamentations et de sanglots monta vers elle. Écartant les enfants et les fidèles qui s'étaient joints à eux, elle eut tôt fait de regretter ces propos qui s'étaient échappés de ses lèvres à l'issue d'une longue et profonde méditation : dans moins d'une heure toute la ville serait au courant.

Ses voix lui avaient répété qu'elle serait prise avant la Saint-Jean d'été, soit dans un mois environ. Elle se dit qu'il lui restait encore du temps pour se battre et faire verser à Philippe et à ses capitaines des larmes de sang.

Compiègne, fin mai 1430

Comme à son ordinaire, Jeanne se fit revêtir de son harnois par Louis de Coutes ; il noua sur les côtés la huque ornée de lys d'or, lui coiffa son heaume et assura l'épée à la ceinture.

– Vous paraissez soucieuse, lui dit Jean d'Aulon en lui portant sa soupe au vin. Auriez-vous reçu quelque avis qui vous déconseille cette décision d'effectuer une sortie ?

– Ces avis, dit-elle, j'en ai plein la tête mais ils ne me feront pas renoncer.

Elle fit appeler son frère Pierre, lui demanda de l'accompagner en lui faisant observer que ce ne serait pas une partie de plaisir. Il promit de la suivre et de ne pas la quitter d'un pouce.

Il était cinq heures de relevée lorsque la troupe de deux cents Piémontais conduits par Baretta franchit les défenses qui formaient barrage sur l'Oise. L'air était encore chaud, traversé de lourdes bouffées de printemps montant des prairies gorgées d'eau.

Pour assurer la retraite éventuelle de la troupe, Guillaume de Flavy avait pris la précaution de faire ranger devant la barbacane qui commandait l'entrée du pont un fort contingent d'archers, d'arbalétriers et d'artilliers, avec un pont de bateau destiné à faciliter le retour dans la place.

À peine avait-elle franchi, bannière au vent, la porte de la dernière barbacane, Jeanne éclata de rire : les soldats postés le long du fleuve se débandaient en criant :

– La sorcière ! Elle arrive !

– Sauve qui peut !

Les uns fuyaient vers Venette, d'autres en direction de Clairvoix, dans une cavalcade de chevaux emballés.

– L'affaire s'annonce à merveille ! dit Jean d'Aulon. La terreur que vous inspirez à ces soldats est votre meilleure alliée.

La voie étant libre il ne fallut pas une demi-heure à la troupe de Jeanne et à celle de Baretta pour se trouver devant le chantier de la bastille de Marny. Les travaux venaient juste de débuter : les Bourguignons de Baudot de Noyelles n'avaient eu que le temps de creuser les fossés et d'attaquer les fondations. Pas un soldat ennemi en vue, les équipes de terrassiers et les sentinelles ayant pris la sage précaution de se replier sur leur cantonnement, dans quelques chaumières du village.

– Allons les déloger ! s'écria Jeanne. *Ahay !*

Elle fut déçue de ne trouver devant elle qu'une poignée de pauvres diables armés de pelles et de pioches que la Pucelle épargna. Le gros des défenseurs s'était replié à quelque distance, en direction de Coudun. Une reconnaissance vint lui annoncer que Jean de Luxembourg, parti de cette localité, faisait route vers Margny, peut-être dans l'intention de procéder à une inspection des travaux. Elle sursauta : Jean de Luxembourg était une proie à sa convenance : le meilleur capitaine de Philippe ! Elle se dit que, si l'on parvenait à le capturer, les gens de Compiègne pourraient dormir sur leurs deux oreilles : ce n'est pas Philippe qui viendrait les réveiller.

Lorsqu'elle se retourna pour donner le signal d'avancer elle constata que la troupe de Baretta s'était singulièrement éclaircie.

– Que font tes hommes ? dit-elle. Où sont-ils passés ?

– Ce qu'ils font d'habitude, répondit le Piémontais : leur petite récolte personnelle. Ce que vous appelez en France la *picorée*.

– Tu vas les rassembler tout de suite, sinon j'irai les chercher moi-même ! Ils ont mieux à faire.

Le temps pour Baretta d'arracher ses Piémontais à leur plaisir favori en leur bottant les fesses, les gens de Baudot avaient repris confiance et, sortant en rangs serrés d'une bicoque, tentèrent de réoccuper la position que Jeanne leur avait arrachée. En voyant surgir la Pucelle à la tête de ses cavaliers ils rebroussèrent chemin pour se disperser dans le bois voisin.

Selon Jean d'Aulon on en avait assez fait pour la journée, d'autant que la nuit n'allait pas tarder à tomber.

– Il faut nous replier, dit-il. Je crains que les soldats qui occupent Venette et Clairvoix ne se ressaisissent et passent à la riposte avec l'intention de nous prendre de flanc et de nous couper le chemin du retour. Nous risquons, si nous nous obstinons, de tomber dans un piège.

Jeanne dut convenir que son intendant avait raison. Elle envoya Pierre et Baretta rameuter les Piémontais qui, chargés de butin, redescendaient la pente raide menant au pont. Il était temps de rétrograder.

Alors que Jeanne arrivait aux abords des prairies de l'Oise, elle vit surgir sur sa droite un fort détachement d'Anglais qui avançaient au pas de charge sous la bannière d'un chevalier normand, Jean de Montgomery. Elle lança l'ordre de faire front à cette attaque imprévue lorsqu'elle constata avec fureur que la plupart de ses hommes et de ceux de Baretta prenaient la fuite, les uns vers la barbacane, les autres vers le pont de bateaux, pressés par un groupe de cavaliers anglais qui massacraient sans pitié les traînards, et notamment les Piémontais encombrés de leurs prises.

Comme Jeanne se montrait surprise que Guillaume de Flavy n'eût pas déclenché un tir de couleuvrines, Baretta lui répondit qu'une telle canonnade aurait fait autant de victimes dans un camp que dans l'autre, la mêlée étant devenue inextricable.

Un cavalier piémontais passa près d'eux en hurlant :

– Pressez-vous de passer le fleuve, sinon vous êtes foutus !

– Ils ne pensent tous qu'à fuir, ces poltrons ! s'écria Jeanne. Nous sommes assez nombreux pour repousser ces maudits Godons. En avant !

Elle se disait qu'en la voyant paraître les Anglais se disperseraient avec des cris d'épouvante. Elle se trompait : on avait dû faire la leçon à ceux qui s'avançaient vers elle au coude à coude, les dents serrées et, semblait-il, la rage au ventre, comme si quelque boisson magique leur avait fait oublier leurs peur superstitieuse.

Elle poussa hardiment vers eux en criant avec sa voix d'homme :

– Sus aux Godons ! Ils sont à nous ! En avant !

Elle protesta quand Jean d'Aulon, ayant mis pied à terre, prit d'autorité le mors de son cheval pour, accompagné de Pierre, l'entraîner vers le pont. On l'entendit crier qu'il fallait protéger les arrières, éviter à ses hommes la capture ou la mort, et autres propos désordonnés et absurdes. Elle arrivait à son corps défendant sur le boulevard après avoir franchi le pont sans encombre quand elle entendit Pierre crier :

– Nous sommes perdus ! Nous ne pouvons plus rentrer !

Elle jeta un regard en direction du châtelet : on avait baissé la herse et le pont se relevait lentement. Elle se demanda de qui venait cet ordre qui la condamnait : de Flavy ? de Regnault ?

Toujours suivie d'un groupe de cavaliers mêlés à des Piémontais qui opposaient une farouche résistance à une compagnie de Picards de Jean de Luxembourg mêlés aux Anglais, elle parvint à s'adosser à la muraille, dans l'angle formé par la coutine et une tour d'angle, quand un archer bourguignon qui venait, suivi de quelques compagnons, de franchir la dernière ligne de défense avant le boulevard, s'accrocha à elle et, tirant sur sa huque, l'arracha à sa selle. Elle se débattit avec des grondements de fauve prisonnier et ne se tint immobile et silencieuse que lorsqu'il lui eut mis le poignard sur la gorge en lui criant de se rendre, qu'il ne lui serait fait aucun mal, ajoutant qu'il était au service du bâtard de Wandronne et se nommait Lionel. Tout fiérot de son exploit, cet adolescent ajouta d'une voix radoucie :

– Jeanne, donne-moi ta foi, je te prie. Promets que tu ne chercheras pas à m'échapper.

– Le serment que tu attends de moi, dit-elle, tu ne l'auras

pas. J'ai donné ma foi à d'autres, plus puissants que toi et qui me protègent.

– Il faudra bien t'y résoudre pourtant car ce sont les lois de la guerre. Je vais te conduire à mon maître, le sire de Wandronne, homme de noble lignée. Tu pourras sans déchoir lui donner ta foi.

Ayant enlevé à la Pucelle son épée et son poignard il l'aida à se relever. Elle constata, le cœur serré, que Jean d'Aulon, Pierre et quelques autres de ses compagnons avaient subi le même sort. Aidé de quelques archers de sa compagnie, Lionel la conduisit au bâtard de Wandronne. Cette brute mal rasée, au visage marqué par un coup de hache ou d'épée qui lui avait arraché la joue droite, laissa s'épanouir un sourire sur son visage hideux en la voyant paraître et marquer un recul.

– Approche ! dit-il. Je ne vais pas te bouffer toute crue. Je devrais même te remercier, malgré tout le mal que tu nous as donné, petite garce ! C'est le plus beau présent que j'aie reçu de toute ma vie, et j'en remercie Dieu ou le diable. Quant à toi, Lionel, tu vas prendre du galon, mon gars !

– Que comptez-vous faire de moi ? demanda Jeanne.

– À ton idée ? Te découper en petits morceaux et te faire frire à la broche ? Ah ! ah ! Je te rassure : tu seras traitée selon ton rang. Mais, dis-moi : tes voix... elles ne t'avaient pas prévenue ? Serais-tu tombée en disgrâce ?

Devant le regard furibond de Jeanne il toussota et reprit son sérieux pour déclarer :

– Je sais quelqu'un qui sera aussi ravi que moi de te rencontrer : messire Jean de Luxembourg. Il est à Margny. Je viens de l'informer de notre prise. Il doit danser de joie.

On hissa la prisonnière sur son cheval en lui liant les mains dans le dos, pour remonter la pente raide menant au village. Le duc Jean l'attendait dans une cour de ferme, au milieu de la volaille et des pourceaux. Il donna des ordres pour qu'on la libérât de ses entraves et qu'on lui servît du vin. Comme pour le bâtard elle fit un pas en arrière. Prévenue de la monstruosité du personnage, elle n'aurait pu malgré tout l'imaginer tel qu'il venait de lui apparaître : un visage grêlé, couturé de plaies, avec, à l'emplacement du nez, un double orifice montrant l'os ; il était borgne mais son œil valide pétillait de plaisir. Il dit d'une étrange voix sifflante :

– Jeanne, je rends hommage à ta hardiesse mais je déplore qu'elle te conduise à commettre des imprudences et des folies. Oser nous attaquer avec quelque deux cents hommes, pour la plupart des bandits, cela n'a pas le sens commun ! Tout devait finir ainsi. À trop braver le sort...

– Vous ne m'auriez pas à votre merci, messire, répondit-elle avec aplomb, si la retraite ne m'avait pas été coupée. Je ne sais par qui mais je le saurai !

– Par Guillaume de Flavy, sans aucun doute. En bonne logique, s'il n'avait pas fermé la porte nos hommes auraient pu entrer en force dans la ville. Il a ainsi évité le pire.

– Flavy... fit Jeanne, songeuse. Je ne suis pas certaine qu'il ait agi de son propre chef. Je crois plutôt à une manœuvre de Regnault pour se débarrasser de moi.

– Fort possible... Nous le saurons peut-être lorsque nous aurons pris la ville, ce qui ne saurait tarder.

Elle répéta la question qu'elle avait posée au bâtard : qu'allait-on faire d'elle ?

– Je vais être franc avec toi, dit le comte. J'ai des ennuis d'argent qui m'empêchent de dormir. Je vais donc passer un marché avec le duc Philippe ou avec nos amis anglais. Peut-être même avec ton roi, s'il se montre généreux, ce dont je doute. En un mot je vais tenter de tirer de ta capture une honnête rançon.

– Je vous en prie, dit-elle, ne me vendez pas aux Anglais. Je préférerais mourir.

Elle porta d'une main tremblante le gobelet à ses lèvres et, brisée d'émotion et de fatigue, s'effondra.

Ce visage qui se penche sur elle, Jeanne ne le connaît pas. Elle ouvre les yeux, les referme. Et si c'était...

– Jeanne, mon enfant, murmure le duc Philippe, comment te

sens-tu ? Tu nous as fait peur. Un moment nous avons craint que tu n'aies rejoint tes saints et tes saintes. Ne crains rien, tu aurais pu tomber plus mal ! Imagine que tu sois restée aux mains des Anglais de Montgomery. Ils auraient eu moins d'égards pour toi...

Elle rouvre les yeux en se demandant qui peut bien être ce personnage en tenue martiale, au visage long et glabre, lisse comme un parchemin, aux lèvres délicatement ourlées, au regard aigu sous les hauts sourcils réguliers. Le comte de Luxembourg l'en informe :

– Tu as devant toi monseigneur le duc Philippe le Bon. Il a tenu à te voir...

– ... et à te faire ses compliments, ajoute Philippe. Aucun de mes capitaines ne se serait défendu aussi vaillamment que toi et avec une telle abnégation : on m'a annoncé que tu t'es battue jusqu'au bout en voulant protéger tes arrières et que, si la porte ne s'était pas fermée devant toi, tu nous aurais échappé !

– J'aurais eu honte de faire autrement, messire. Que sont devenus mon frère Pierre, mon intendant Jean d'Aulon et les autres compagnons qui m'assistaient ?

– Rassure-toi. Si ton frère Pierre et ton intendant sont entre nos mains, Baretta et les autres nous ont échappé.

Le duc Philippe donne des ordres pour qu'on lui serve une soupe au vin, avant d'ajouter :

– Nous allons te laisser en paix, mon enfant. Repose-toi. Dis-toi que, si tu as perdu ta dernière bataille, et avec honneur, il te reste beaucoup d'épreuves d'un autre genre à affronter.

Il se retourne, se dirige vers une jeune femme qu'il prend par la main pour la conduire jusqu'au grabat de Jeanne.

– Je te présente ma jeune épouse, dit-il. Isabelle souhaitait te saluer. Elle t'admire et ne jure que par toi. Si je l'écoutais elle ferait de toi l'une de ses demoiselles d'honneur !

Il éclate d'un rire grinçant comme un trait de diamant sur du verre, en se trémoussant. Isabelle s'agenouille au chevet de la Pucelle, lui prend la main, la porte à ses lèvres.

– Jeanne, dit-elle, j'ai appris que dans toutes les églises

d'Espagne et du Portugal tu passes pour une sainte, et je sais qu'on fera dire des messes pour ta sauvegarde. Je prierai moi-même pour toi, chaque soir, et je veillerai à ce qu'il ne te soit fait aucun mal...

– Cela suffit ! bougonne Philippe. J'y veillerai moi-même !

Scène de théâtre

Cette forêt n'est pas une vraie forêt : on n'y entend pas un chant d'oiseaux, pas un murmure de vent. Ce château n'est pas un véritable château mais un décor de mystère sans couleurs et sans relief. L'horizon ne se trahit que par un trait de pastel bleuâtre. Les personnages assis autour de la table ronde ne sont pas des êtres de chair et de sang mais des fantoches d'où sortent des paroles confuses. Tout est faux. Tout est vrai.

On a vu s'avancer, l'air timide, son bonnet à la main, le petit archer Lionel. Il a lâché quelques mots d'une voix hésitante :

– C'est à moi, messeigneurs, que vous devez la capture de la Pucelle. J'ai donc droit à une bonne récompense.

Le duc Philippe hausse les épaules, fouille dans sa bourse, jette quelques pièces aux pieds de l'importun qui s'accroupit, les picore avec avidité et constate que le compte est maigre.

– Le reliquat sera pour plus tard, lui lance le duc. Ta conduite n'avait rien d'héroïque ! N'importe lequel de mes piétons en aurait fait autant. File, garnement, avant que je te botte les fesses !

Le bâtard de Wandronne surgit à son tour de derrière un arbre en carton, l'air de ne pas vouloir s'en laisser conter.

– L'archer Lionel, dit-il, était l'un de mes hommes. Il n'a fait que son devoir en me remettant la Pucelle. Elle est donc mon bien, mais j'accepte de vous la céder. À combien l'estimez-vous ?

Philippe fait mine de calculer mentalement :

– Une rente de trois cents écus par an, cela te conviendra-t-il ?

– Ce n'est pas cher payé pour une telle prise, maugrée le bâtard, mais s'il faut que je m'en contente, je m'en contenterai...

Jean de Luxembourg se dresse lentement et lance de sa voix nasillarde et sifflante :

– Les lois de la guerre font de la Pucelle ma captive. Je vous rappelle, messires, que ce sont mes hommes qui l'ont prise. Elle me revient donc d'office et personne ne pourra prétendre me la racheter pour une poignée d'écus ou une rente dérisoire ! Je compte en tirer une rançon suffisante pour honorer mes dettes et faire restaurer mes vieilles bicoques.

Philippe se dit qu'il serait indigne de traiter comme un soudard cette relique démantibulée mais vivante de ses propres guerres, cet héritier d'une famille qui a compté des rois, des reines, des empereurs, d'autant que les lois de la guerre dont il se prévaut lui donnent tous les droits sur sa prisonnière.

– Si je vous comprends bien, ajoute Philippe, vous comptez mettre cette garce aux enchères ?

– C'est mon droit, messire, et je le défendrai !

L'évêque de Beauvais, Pierre Cauchon, profite du silence gêné qui succède à ces échanges de propos mouchetés pour demander d'une voix ferme :

– À qui allez-vous proposer votre prisonnière ? La logique voudrait que ce fût à son suzerain, Charles, qui se dit roi de France.

Jean de Luxembourg regarde fixement, de son œil unique, ce gros prélat aux manières onctueuses et fermes à la fois, avant de répondre avec un soupçon de gêne :

– En effet... bien entendu... Charles sera sollicité...

Philippe ne peut retenir le rire aigrelet qui lui monte aux lèvres.

– Charles... soupire-t-il d'un air faussement apitoyé. Ce pauvre Charles... Si j'en crois mon ami le Gros Georges, il n'a pas un sou vaillant. D'ailleurs, son souhait était de se débarrasser de cette fille qui était devenue encombrante et compromettante. Alors ne comptez pas qu'il vous la rachète. Il paierait plutôt, s'il en avait les moyens, pour que vous la gardiez ! Pensez plutôt à nos alliés anglais. Ils seraient fort intéressés, eux, à en faire l'acquisition. Qu'en dites-vous, Bedford ?

Jean de Lancastre, duc de Bedford et régent de France, répond d'une voix lasse :

– Nous sommes en guerre contre Charles. Jeanne est un de ses capitaines. C'est donc une prise de guerre et nous la revendiquons. Mais notre souverain, Henri, et le cardinal de Winchester, régent pour l'Angleterre, ne sont guère fortunés. Ils seront d'accord pour une rançon, à condition qu'elle soit d'un montant raisonnable.

L'évêque Cauchon tousse gras, expectore dans l'herbe et s'éclaircit la voix.

– Je me permets de vous rappeler, mes amis, ainsi qu'à vous, Bedford, que Jeanne a été prise dans le périmètre de mon diocèse de Beauvais et qu'elle doit nous être remise pour le procès que nous allons devoir lui intenter. Avez-vous assez proclamé, Bedford, que cette garce est une sorcière, une prophèteresse, une devineresse, une abuseresse, qu'elle usait contre vous d'enchantements – c'est votre mot ! Donc c'est à notre Mère l'Église et à la Sainte Inquisition de lui faire un procès en hérésie ! Qu'en dit notre Inquisiteur général ?

Le Grand Maître de l'Inquisition en France, le révérend Jean Graverend, laissait percer son embarras en jouant avec les pompons de sa cuculle. Il hausse les épaules, promène un regard divergent sur l'assistance avant de lâcher à l'intention de Bedford :

– Monsieur le Régent, vous savez que nous sommes acquis à votre cause et que nous ne dérogerons pas à ce choix. Pourtant, notre avis est que ladite Pucelle soit remise à l'Église et que nous ayions à la juger conjointement avec un tribunal ecclésiastique.

Messire Philippe a d'ailleurs reçu un message de l'Université de Paris demandant que ladite Pucelle nous soit abandonnée.

Jean de Luxembourg se lève, blême d'indignation, agitant ses bras grêles comme des pattes de crabe et s'écriant :

– Mais alors, ma rançon, qui la paiera ?

L'archer Lionel et le bâtard de Wandronne surgissent de derrière un faux buisson de roses pour scander à l'appui de leur maître :

– La rançon... qui... la paiera ?

Le duc Philippe donne l'ordre aux gardes de chasser ces intrus. Jean de Luxembourg poursuit d'une voix sifflante :

– A-t-on jamais vu cela ? une prisonnière de guerre jugée par un tribunal d'Église. Quel est cet embrouillamini qu'on nous prépare ? Quoi qu'il en soit, j'exige ma rançon !

– Et moi, mes amis, dit Bedford en se levant, je vous affirme que, quoi que vous décidiez, nous finirons pour avoir cette garce.

Il dit à voix basse à Jean de Luxembourg :

– À combien estimez-vous le prix de cette sorcière ?

– Disons... euh... vingt mille écus. Cette somme peut vous sembler exagérée mais la Pucelle n'est pas n'importe qui. Le Grand Turc nous la paierait le double. Songez-y : vendue à son souverain cette fille reprendrait les armes et les cauchemars, monsieur le Régent, reviendraient vous obséder !

– Vous voulez achever la ruine du trésor d'Angleterre ! s'écrie Bedford.

– Je consens à descendre à quinze mille écus.

– Soyez raisonnable, intervient l'évêque. Dix mille écus, qu'en dites-vous, monsieur le comte ?

– Même dix mille écus... se lamente le Régent. Où voulez-vous que nous trouvions une telle somme ?

– Allons... allons... fait Pierre Cauchon d'une voix mielleuse, vous le savez bien : en Normandie. C'est une province pleine de ressources. Quand vous lui aurez imposé quelques tours de vis supplémentaires il en coulera suffisamment de liquide pour satisfaire aux exigences de notre ami le comte Jean.

– Ainsi, dit Philippe en se grattant le menton, ce sont les propres compatriotes de Jeanne qui la rachèteront pour nous en faire cadeau ! Joli tour de passe-passe, monseigneur...

8

LES PRISONS VERTES

Beaulieu, mai 1430

Le duc Philippe passa une journée entière à dicter, à l'intention de ses bonnes villes, des courriers annonçant la capture de la Pucelle. Nouvelle diversement accueillie : tantôt par des acclamations, tantôt par des lamentations ; partout par la surprise. Tous avaient acquis la quasi-certitude qu'une telle créature, qui entendait des voix venues du Ciel, qui avait accompli des prodiges et des miracles, qui était capable par sa seule présence de faire fuir une armée, ne pouvait d'une manière aussi banale tomber entre les mains de ses ennemis.

Tenue captive durant quelques jours à Clairvoix, au bord de l'Oise, en face de Compiègne, Jeanne resta constamment en présence de Jean d'Aulon et de Pierre. On les avait installés dans une bicoque de pêcheur, avec la permission, une heure ou deux par jour, de vaquer dans le potager, sous la surveillance d'une dizaine d'archers. On leur distribuait en suffisance de la nourriture et de la boisson. On venait les regarder par des interstices entre les pieux qui formaient palissade, comme des bêtes curieuses, sans leur manifester la moindre animosité.

Pierre se montrait exigeant quant à la boisson : il se faisait livrer du vin et du cidre qu'il payait de ses deniers. Il semblait rechercher dans l'ivresse l'oubli de sa condition. Son frère Jean lui manquait : ils ne s'étaient jamais séparés depuis qu'ils avaient rejoint leur sœur devant Orléans ; ils avaient bataillé côte à côte, s'étaient enivrés dans les mêmes auberges, avaient couché avec les mêmes garces. Pour son frère comme pour lui cette séparation constituait un déchirement. Il en voulait à sa sœur. Un jour qu'il était ivre, il lui fit grief de leur situation :

– Nous n'en serions pas là si tu daignais écouter les conseils ! Tu n'en fais qu'à ta tête ! T'a-t-on assez prévenue que tu risquais de tomber dans un traquenard ? Mais il fallait que tu te distingues par un coup d'éclat : Baretta a été plus malin : il a les pieds au chaud à Compiègne, lui ! Tête-Dieu ! je me demande ce qui me retient de...

Il leva sur elle sa grosse main de paysan. Jean d'Aulon arrêta son geste.

– Oserais-tu frapper ta sœur ? Tu es ivre et cela te rend à la fois grossier et méchant. Tu devrais cesser de boire.

– Pierrelot, ajouta Jeanne, je t'aurais pardonné de me frapper mais pas de jurer le saint nom du Seigneur. Tu t'en repentiras en confession dès que l'on nous donnera un prêtre.

Jean d'Aulon avait envers sa maîtresse d'autres griefs, de nature différente. Il les exposa sans animosité :

– Vous avez beaucoup changé, Jeanne, depuis notre départ de Sully. Pardonnez-moi, mais vous êtes devenue à la fois incohérente et intransigeante dans vos décisions. Pierre a raison : vous auriez dû attendre dans Compiègne que les Anglais et les Bourguignons passent à l'attaque. Vous auriez pu être plus utile à la défense de la ville qu'en effectuant cette sortie de la dernière imprudence !

– C'est dans ma nature, Jean : je préfère attaquer que me défendre.

– Autre chose m'intrigue, et plus encore : vous semblez acquise depuis quelques semaines à l'idée que vous serez prise, jugée, peut-être exécutée. Il semble même qu'au cours de l'attaque sur Margny vous n'ayez rien fait pour vous protéger, comme si vous couriez au-devant du danger.

Jeanne parut troublée : ainsi, ce qu'elle croyait n'être qu'un débat intérieur, d'autres l'auraient surpris !

– Il se peut... dit-elle. Il se peut... Depuis notre départ de Sully mes voix m'ont avertie à plusieurs reprises de ma capture avant la Saint-Jean d'été, sans m'informer du jour et de l'heure. Elles m'ont demandé de prendre cet événement de bon gré, comme s'il faisait partie de ma mission. Ce qui devait se produire s'est produit. De toute manière je ne pouvais continuer à mener une vie de cour, à Sully, à Chinon ou à Bourges, vêtue en comtesse et inactive...

Lorsqu'elle interrogeait les sergents chargés de leur garde sur le sort qu'on leur réservait, ils restaient bouche close ou répondaient par de méchants propos, disant qu'on allait pendre ses deux compagnons et lui trancher le cou à elle, la sorcière, à moins qu'on ne la fasse brûler vive.

Jean d'Aulon s'efforçait de la rassurer : à eux trois ils représentaient une forte rançon.

– ... mais qui, ajoutait-il, consentira à la payer ?

Trois jours après l'affaire de Margny, les trois prisonniers furent conduits sous bonne escorte, en longeant l'Oise, vers ils ne savaient où. Tout le long du chemin ils restèrent sur le qui-vive, dans l'espoir que les gens de Compiègne viendraient les délivrer, mais l'espoir se dissipait lieue après lieue, jour après jour.

Jeanne les rassurait :

– Je suis persuadée que les nôtres mettront tout en œuvre pour nous délivrer. Notre départ n'a pas pu leur échapper.

– J'en doute, répondait l'intendant. Le mieux est de ne compter que sur nous-mêmes et d'attendre une occasion de tirer au large.

– Si tu t'imagines, bougonnait Pierre, que Flavy, Regnault ou même ton ami Baretta ont prévu de voler à ton secours, tu te fais des illusions ! Tes Piémontais te demeuraient fidèles dans la mesure où tu pouvais les solder sur tes propres deniers. Ta bourse vide, toi disparue, ils t'oublieront vite !

Jean se dit qu'il y avait de l'incohérence dans le comportement de sa maîtresse : elle avait accepté sa capture comme un décret du Ciel et elle ferait tout pour se libérer...

Un soir, sous un dernier orage de printemps qui les mouilla jusqu'aux os, ils parvinrent dans un petit village de masures sordides tassées au pied d'une butte surmontée d'un château. Le capitaine qui conduisait la caravane leur annonça qu'ils se trouvaient à Beaulieu-en-Vermandois [1]. Pour combien de temps ? Il n'en savait rien.

De la forteresse couronnant la butte seul émergeait un donjon à huit pans. Située entre les voyères d'Avricourt et d'Ognolles, les localités les plus proches, elle était entourée d'un fossé que l'on franchissait par un pont-levis défendu par une redoute triangulaire armée de couleuvrines. Elle avait été jusqu'à l'année passée la propriété de Jean de Saint-Maure qui l'avait défendue au nom du roi Charles contre Jean de Luxembourg, lequel l'avait enlevée et en avait chassé les occupants.

Pour les trois prisonniers les conditions de captivité auraient pu être pires.

Ils avaient, dans l'enceinte de la forteresse, pleine liberté de mouvement et faisaient bon ménage avec les serviteurs de l'ancien propriétaire. Les derniers jours de mai accablaient le pays d'une chaleur oppressante mais, au soir tombant, il montait de la forêt une fraîcheur salutaire.

Jeanne passait des heures dans la chapelle castrale située à la base du donjon, en tête à tête avec une statue de facture grossière, taillée à la serpe dans du bois de charme, représentant la patronne du moutier voisin : sainte Catherine. Elle recevait là le même message à chacune de ses génuflexions : prendre tout en gré, autrement dit attendre les événements en évitant de se faire des idées noires. Ce n'est pas la réponse qu'elle eût aimé entendre de sa sainte favorite, mais plutôt l'annonce de sa libération. Elle se dit que Charles devait avoir engagé des pourparlers pour régler sa rançon et celle de ses deux compagnons, qu'il ne pouvait en être autrement, qu'il lui devait bien ce sacrifice. Quant à espérer une délivrance par une attaque des gens de Compiègne, elle jugeait la chose improbable : la forteresse était trop bien gardée.

1. Aujourd'hui Beaulieu-les-Fontaines (Oise), entre Noyon et Nesle.

De même elle savait qu'elle ne pourrait attendre le moindre secours du curé ou des religieux de Sainte-Catherine qui venaient parfois lui rendre visite : ils faisaient mine de compatir à ses épreuves, écoutaient ses confessions d'une oreille distraite, lui donnaient la communion comme s'ils lui consentaient une faveur. Leur demandait-elle des nouvelles de Compiègne, elle se heurtait à des silences gênés.

Chaque matin elle montait jusqu'à la terrasse du donjon d'où elle avait sur la forêt et les campagnes environnantes délicatement vallonnées une vue profonde. Elle s'était fait indiquer par un gardien la direction approximative de Compiègne : plein sud, avec un léger décrochement vers le couchant. Elle s'asseyait entre deux merlons, les jambes dans le vide, regardant vers la direction indiquée jusqu'à ce que son regard se brouillât, comme dans l'attente d'un signe qui l'eût rassurée sur l'événement qu'elle espérait : la levée du siège et la retraite des troupes de Philippe.

Elle confia à Jean d'Aulon qu'elle supportait de plus en plus mal cette captivité et que, si elle se prolongeait, elle tomberait malade. Elle lui demanda s'il consentirait à l'aider si elle entreprenait de s'évader.

– Cela me paraît impossible ! dit-il, mais c'est un mot qui perd son sens appliqué à vos décisions. Nos gardiens sont vigilants. Ils savent qu'ils risquent leur vie au cas où vous parviendriez à vous évader. Pour franchir ces remparts il faudrait avoir des ailes. Néanmoins, si vous avez une idée je vous aiderai.

Il proposa de mettre Pierre dans la confidence ; Jeanne s'y opposa : elle n'avait en son frère qu'une confiance limitée ; ivre, il aurait pu révéler le pot aux roses.

– À supposer que vous trouviez un moyen de quitter cette place, dit l'intendant, je ne vous suivrai pas. J'attends de ma famille qu'elle rassemble les fonds nécessaires au paiement de ma rançon, et je sais qu'elle s'en préoccupe. Il n'en va pas de même pour vous : votre condition de chef de guerre vous autorise une évasion. C'est même d'une certaine façon un devoir pour vous.

– Rien ne me l'interdit, en effet, puisque je n'ai pas donné ma foi. Je comprends vos réticences. Le cas échéant j'agirai seule. D'ailleurs j'ai déjà mon idée...

Un matin, alors que l'équipe des gardiens achevait sa nuit dans la salle d'armes en jouant aux cartes et que trois ou quatre autres somnolaient sur le chemin de ronde dans la fraîcheur du matin, Jeanne se saisit de deux planches trouvées dans une resserre, les posa sur ses épaules et traversa la cour sans se faire remarquer. Elle passa près du puits où une servante remontait de l'eau, sans éveiller son attention. Pour accéder au chemin de ronde elle choisit un endroit qui lui paraissait désert, avec l'idée de sauter dans les buissons qui bordaient le fossé et d'aller se cacher dans la forêt.

En débouchant sur le chemin de ronde elle eut un recul : un garde en train de chauffer ses jambes au soleil se leva et s'avança vers elle en lui demandant où elle se rendait et ce qu'elle comptait faire de ces planches. Elle bondit dans un créneau et s'apprêta à sauter dans le vide quand le garde la rattrapa par la ceinture et l'obligea à descendre de son perchoir.

– Eh là ! mon bel oiseau, dit-il en la maintenant sous lui, tu t'apprêtais à prendre ton vol ?

Elle se débattit, tenta de lui arracher son poignard, le mordit au poignet. Il dut la rouer de coups pour la maîtriser et la reconduire à demi inconsciente dans sa cellule.

– Si tu avais dessein de nous échapper, ironisa le capitaine, tu te faisais des illusions. Tu aurais pu sauter dans le fossé, chercher refuge dans la forêt, nous t'aurions retrouvée. Mes hommes connaissent la contrée comme leur poche.

Elle répliqua avec un air de provocation :

– Ce n'est que partie remise ! Ce que je décide, je le fais toujours.

– Renouveler ton exploit tant que je serai là ? N'y compte pas, ma belle ! Tu connais le souterrain situé sous la chapelle ? C'est là que tu seras enfermée et, à moins de provoquer un miracle comme de faire tomber les grilles et s'écarter les murs, tu n'en sortiras pas !

Le capitaine lui avait annoncé un traitement rigoureux : il le fut au-delà de ce qu'elle redoutait.

Le souterrain dans lequel on l'enferma, derrière une forte grille, était en fait une ancienne crypte dont subsistait seul un autel de pierre et qui prenait jour par un soupirail. Sur le sol dallé de briques on avait posé sa paillasse et une couverture. On lui apportait sa nourriture deux fois par jour et on ne la faisait sortir que pour ses besoins encadrée de deux soldats armés. De ses deux compagnons, pas de nouvelles. Solitude et silence ; interdiction faite aux gardiens de lui adresser la parole. Chaque soir elle gravait un trait sur le mur. Les jours se succédaient sans que rien survînt de ce qu'inconsciemment elle espérait encore.

Elle se sentait mourir à petit feu.

Bourges, début juin 1430

La nouvelle parvint à Charles alors qu'il assistait à une fête dans un quartier populaire de Bourges. C'est le Gros Georges qui la lui souffla à l'oreille, mais assez fort pour dominer le tumulte des tambours, des fifres et des musettes qui s'en donnaient à cœur joie autour d'une ourse enchaînée par les narines et qui refusait de danser malgré les coups.

– Que me dites-vous là, Georges ? Jeanne... captive ?

– Prise devant Compiègne, sire, par les hommes de Jean de Luxembourg.

Charles attendit la fin du spectacle pour quitter la tribune, chancelant au point qu'un écuyer dut l'aider à monter en selle. Tout tanguait autour de lui ; il ressentait la même émotion que huit ans auparavant, lorsque le parquet de l'évêché, à La Rochelle, s'était effondré.

Il avait donné à la Pucelle l'autorisation de s'engager dans cette expédition en direction de Compiègne pour deux raisons : elle saurait soutenir l'ardeur des défenseurs, ce qu'il ne pouvait faire lui-même, cette ville étant comprise dans le traité signé avec Philippe ; d'autre part il voyait partir avec soulagement cette grande fille qui ne cessait de le harceler pour qu'il prît lui-même la route vers la ville assiégée avant de se porter sur Paris. Autant de projets qui le dépassaient.

Il demanda qu'on le laissât seul dans son cabinet et que personne, à aucun prix, ne vînt l'importuner. Ni sa famille, ni ses conseillers. Personne.

Seul, il ne l'était jamais lorsque Jeanne vivait sous son toit. S'absentait-elle, pour quelque raison que ce fût, elle ne manquait pas de donner de ses nouvelles par des billets que Pasquerel griffonnait sur sa selle, à la mine, si bien qu'il avait l'impression qu'elle était toujours près de lui, qu'elle pouvait surgir à tout moment, s'agenouiller pour lui embrasser les mains ou les genoux, le complimenter sur sa bonne mine, se fâcher en lui reprochant de s'intéresser trop à ses plaisirs et pas assez aux affaires du royaume, éclater de rire en lui contant une savoureuse histoire ou en lui chantant un des nouveaux chants de route qu'elle venait d'apprendre...

Il lui disait :

– Décidément, Jeanne, je crois que tu as le diable au corps. Ne peux-tu rester un seul jour en place, te reposer ?

Elle se tapait sur les cuisses en riant :

– Le diable, sire ? demandez donc au frère Richard ce qu'il en pense, s'il croit que je suis habitée par le diable ou par Dieu ! Je suis pucelle, vous le savez depuis que vous m'avez fait examiner par les matrones de Poitiers. Et le démon ne peut pénétrer le corps d'une pucelle...

Il ne se remémorait pas sans émotion la visite qu'ils avaient faite à Saint-Benoît, non loin de Sully, un matin de mai. Ils avaient tourné en rond à s'en étourdir autour des piliers supportant des chapiteaux richement sculptés que commentait le père abbé. Ils s'étaient tenus par la main, agenouillés, pour prier devant la petite Vierge d'albâtre placée sur l'autel. Ils avaient, en plongeant dans les profondeurs mystérieuses de la crypte aux massifs piliers ronds, ressenti la même émotion : celle qui fait peser sur le cœur le poids des siècles de foi qui ont précédé cette époque vouée à la démence.

Jeanne... Jeanne prisonnière des Bourguignons... Il se répétait cette litanie sans parvenir à lui donner un semblant de réalité. Jeanne était l'image même de la liberté. Chacun de ses pas semblait la propulser vers une conquête et son cheval semblait porté par des ailes, comme ceux des saints. Jeanne... comment l'imaginer enfermée dans une cellule, derrière des grilles, sous la garde de soudards ironiques, les fers aux pieds peut-être ?

Il apprit peu de temps après que Jean de Luxembourg, comme s'il craignait une évasion ou une délivrance par les armes, avait emporté sa proie à Beaulieu. Depuis, pas de nouvelles...

Une dizaine de jours s'étaient écoulés depuis l'annonce de la capture de Jeanne quand il avait reçu la visite de La Hire : l'ancien chef de bande venait lui proposer de mettre sur pied une expédition destinée à la délivrer. Il jugea cette idée prématurée, jugeant qu'il fallait attendre que Jean de Luxembourg ou Philippe présentent une demande de rançon.

– Je serais fort surpris, lui répondit La Hire, que les Anglais laissent Jean de Luxembourg disposer à sa guise d'une prisonnière de si grand prix pour eux. Leurs desseins avoués sont de la juger et de la faire mourir, non comme prise de guerre mais comme sorcière. Jean ne tardera pas à leur vendre sa prisonnière : il est en permanence à court d'argent.

Entreprendre de délivrer Jeanne par les armes ? Le roi promit d'y songer, mais en dernier recours seulement.

D'autres seigneurs et capitaines firent auprès du roi Charles la même démarche et reçurent la même réponse. Les anciens compagnons de Jeanne se présentaient chacun avec son plan et son enthousiasme. Charles leur recommandait la patience : les jours de la Pucelle n'étaient pas en danger ; son procès pourrait durer des mois, des années même, si Jeanne exigeait que l'on fît appel à Rome.

Sous la confiance qu'il affichait en présence de ces têtes folles, Charles se sentait repris par ses velléités, ses hésitations, ses doutes. Lorsque ces obsessions devenaient pressantes, il faisait seller son cheval et allait galoper par les champs comme s'il cherchait à échapper à un personnage qui lui devenait insupportable : lui-même.

Un jour, il décida de quitter Bourges pour se rendre à Gien, base précédente de ses campagnes. On se dit dans son entourage qu'il allait convoquer le ban et l'arrière-ban de ses sujets, foncer vers Compiègne, battre les Anglo-Bourguignons, exiger la restitution de la Pucelle.

Il resta quelques jours dans la ville, sans but exprimé qui eût justifié ce déplacement. Il poussa jusqu'à Sens, hésita encore, renonça à se rendre à Reims qui réclamait sa présence à grands cris : cette ville était trop éloignée de ses résidences favorites, située dans une zone dangereuse de surcroît.

Frileusement, il reprit la direction de la Loire.

Jeanne captive, d'autres qu'elle poursuivaient sa mission.

Sur la fin du mois de juin, Charles apprit avec surprise que les troupes du prince d'Orange, affilié au duc de Bourgogne, avaient subi une lourde défaite en Dauphiné : elles avaient été attaquées, à Anthon, par les routiers d'un célèbre chef de bande espagnol, Rodrigue de Villendrando, qui les avaient écrasées. En quelques heures ce brigand de haute volée avait sauvé deux provinces demeurées fidèles au roi de France : le Dauphiné et le Languedoc.

À Compiègne, la garnison de Guillaume de Flavy, renforcée par les contingents de soldats et de routiers qui avaient suivi la Pucelle, résistait avec acharnement aux assauts, si bien que Jean de Luxembourg songeait à lever le siège.

Alors qu'il se reposait de ses fatigues et de ses émotions à Mehun-sur-Yèvre, Charles reçut un courrier de Jacques Gelu, évêque d'Embrun, un de ses compagnons de jeunesse avec lequel il avait gardé des rapports distants mais courtois. Le prélat était de ceux qui avaient mal toléré les prétentions de Jeanne à opérer des miracles et mis le dauphin en garde contre, disait-il, cette sibylle de village *élevée sur le fumier.* Depuis le siège d'Orléans il avait changé d'avis et tenait Jeanne pour une envoyée du Seigneur.

Il écrivait à son ancien compagnon : *Je vous conseille que, pour recouvrer cette fille et racheter sa vie, vous n'épargniez ni moyens ni argent, à quelque prix que ce soit, sinon vous risqueriez d'encourir le blâme indélébile d'une coupable ingratitude...*

Le prélat demandait en outre à son souverain de faire ordonner dans tout le royaume des prières publiques et des processions pour la délivrance de la Pucelle.

Dans le Conseil royal on faisait grise mine en s'efforçant d'éviter quelque allusion que ce fut à l'événement auquel chacun pensait. On n'avait que de rares nouvelles de Regnault, mais La Trémoille, Gaucourt et les autres conseillers faisaient leur examen de conscience avec le sentiment que, s'ils n'avaient pas manigancé, comme certains le leur reprochaient à mots couverts, la capture de Jeanne, ils n'avaient pas estimé cette fille à sa juste valeur ni soutenue comme elle l'eût mérité. Ils s'efforçaient de brider le sentiment de culpabilité qui les effleurait parfois en se disant que la Pucelle n'en avait jamais fait qu'à sa tête et ne devait qu'à elle-même ce qui lui arrivait. Ce en quoi ils n'avaient pas tout à fait tort.

De bonnes âmes prièrent le souverain d'intercéder auprès du Saint-Siège pour que la pape Martin intervînt auprès de Jean de Luxembourg et de Philippe de Bourgogne. Excellente idée ! se dit Charles. Et qui ne coûtait rien. Il passa quelques jours à remuer dans sa tête les termes qu'il pourrait employer pour émouvoir le Saint-Père, se demanda si Martin avait un cœur assez charitable pour daigner accueillir avec faveur une telle requête. Comme il trouvait beaucoup de doutes dans cette démarche il y renonça.

À la mi-juillet, alors qu'il se reposait à Chinon des ardeurs de l'été, il apprit que Jeanne, après une tentative d'évasion de la forteresse de Beaulieu, avait été transférée avec ses deux compagnons dans celle de Beaurevoir, non loin de Cambrai.

Peu de temps après cette nouvelle qui avait suscité en lui de nouveaux remords, d'ailleurs sans conséquence, le Gros Georges lui dit :

– Sire, nous allons vous présenter un personnage singulier, une sorte de thaumaturge champêtre, un berger des environs de Mende, dans le Gévaudan, au pied des monts Lozère. Il se prénomme Guillaume. Nous pensons avoir découvert en lui un substitut de la Pucelle, mais, lui, nous pourrons le manier à notre guise...

9

LE SAUT DE L'ANGE

Beaurevoir, juillet 1430

En éloignant la Pucelle du lieu de sa capture, l'idée de Jean de Luxembourg était de lui ôter toute tentation de s'enfuir. Il décida de la faire conduire à Beaurevoir, un de ses domaines situé dans le nord du royaume, au centre approximatif d'un triangle formé par Saint-Quentin, Cambrai et Péronne. Il avait hérité cette place d'un parent, Walleran II de Luxembourg, et, dans les premières années du siècle, s'était attaché à lui donner une allure martiale sans renoncer à en faire une résidence agréable.

Il y fit conduire Jeanne à la fin du mois de juillet.

Elle s'était insurgée lorsqu'on avait voulu la séparer de son intendant et avait obtenu satisfaction. Quant à Pierre, qui n'envisageait pas avec plaisir cette nouvelle équipée, il demanda et obtint de rester à Beaulieu, où la vie lui était agréable et où il s'était fait des relations amicales avec ses gardiens et sentimentales avec une servante. Jeanne ne fit rien pour l'en dissuader.

À Beaurevoir elle eut la surprise d'être accueillie non comme une prisonnière, mais comme une visiteuse attendue avec impatience.

Deux dames régnaient sur ce château qui dominait un paysage aimable, où alternaient d'opulentes cultures et des forêts giboyeuses.

Jeanne de Béthune, une demoiselle presque septuagénaire, tante du comte Jean, lui dit à son arrivée :

– Nous n'avons rien des geôliers que tu t'attendais peut-être à trouver ici. Nous allons veiller à te rendre la vie agréable en attendant de connaître la décision qui sera prise à ton sujet.

La dame Jeanne de Luxembourg, épouse du comte Jean, ajouta :

– Tu auras tout loisir de vaquer dans l'enceinte du château et de faire tout ce que bon te semblera. Tu pourras même effectuer quelques promenades dans les environs. Sous bonne escorte, cela va de soi...

Elles tenaient ces consignes du maître des lieux qui les leur avait exposées par écrit. Jeanne se dit que ces propos avaient de quoi la rassurer quant aux conditions de sa captivité. Elle confia à Jean d'Aulon :

– Cette demoiselle et cette dame sont de charmantes personnes, mais à la première occasion favorable, je prendrai la clé des champs sans le moindre scrupule. Aussi bien traités que nous puissions l'être, je préfère ma liberté.

Jeanne se montra sensible à l'affection que la vieille demoiselle lui témoignait. Grisâtre, d'une santé précaire mais vive de nature, elle confia à la prisonnière qu'elle s'ennuyait un peu dans cette forteresse, malgré la présence de sa parente. Par les soirs chauds de juillet, sous le tilleul de la cour, elle se laissait volontiers aller à des confidences.

Marraine du roi Charles et jadis dame d'honneur de la reine Isabeau, elle avait connu tous les grands personnages du royaume. Elle n'aimait guère Madame Yolande en raison de sa propension à tout ramener à ses intérêts ou à ceux de sa famille ; son comportement ingrat envers la Pucelle l'avait choquée. Elle n'avait que mépris pour la tourbe de favoris qui, profitant de la faiblesse du *pauvre Charles* mettaient les finances du royaume en coupe réglée. Elle ne cacha pas à la prisonnière que l'abandon apparent dans lequel on la laissait lui paraissait le comble de l'ingratitude.

– Je fais confiance au Seigneur et à mes voix, répondait

Jeanne. Elles me répètent de tout prendre en gré, me reprochent même ma tentative de m'évader de Beaulieu en me disant que je n'en avais pas licence de leur part. Déjà, à Domrémy, mes parents me jugeaient remuante et rebelle...

La vieille demoiselle vouait un culte à la mémoire de son frère, le cardinal Pierre de Luxembourg, mort en Avignon à moins de vingt ans, en odeur de sainteté. Des pèlerins se rendaient en foule sur son tombeau, en l'église des Célestins, à Villeneuve-lès-Avignon, où, disait-on, on avait assisté à des miracles. Elle avait obtenu sa canonisation. Chaque année, pour l'anniversaire de la mort du frère chéri, elle se rendait sur le lieu de sa sépulture, en dépit des fatigues et des dangers de ce long voyage.

Elle nourrissait une autre passion pour son neveu Jean, sans être payée de retour. Ce *godelureau,* comme elle l'appelait par plaisanterie, n'avait qu'un souci en tête : l'argent. Petite fortune mais grandes dépenses, principalement pour le prestige.

– Comment, disait-elle à Jeanne, ne pas aimer et plaindre ce pauvre garçon qui s'est conduit en héros sur les champs de bataille et y a laissé beaucoup de sa chair et de son sang ? Il suffit de le voir pour se convaincre qu'il n'a jamais gardé l'épée au fourreau quand il s'agissait de se battre au service de Philippe, en Flandres ou en France. C'est un miracle qu'il soit encore en vie !

Elle ajoutait à voix basse, une main sur le genou de Jeanne :

– Si j'ai le plus profond respect pour le soldat, en revanche je regrette qu'il ait donné sa foi et mis son épée au service de cet affreux Philippe, dit le Bon, qui est trop *anglais* à mon goût. Moi je suis fidèle au roi de France depuis toujours et personne ne m'en fera démordre ! Si je te racontais mes démêlés avec Jean sur ce sujet, il nous faudrait des heures.

Sur les problèmes d'argent de son neveu, Mademoiselle de Béthune était infatigable : il émargeait pour la capitainerie générale de Picardie, recevait des subsides de ses domaines de Ligny et autres lieux, bénéficiait des largesses des Bourguignons et des Anglais sans cesser de tirer le diable par la queue.

– Je sais, disait-elle, ce que mon cher neveu attend pour éponger ses dettes et mener la grande vie : mon héritage ! Il n'est pas près de l'avoir car, grâce à Dieu, je jouis malgré mon âge avancé d'une santé florissante. J'ai pris soin de le prévenir : il n'aura cet héritage qu'à une condition : que tu ne sois pas vendue aux Anglais. C'est dire que vous pourriez rester longtemps parmi nous... si le Seigneur me prête vie.

Les dames de Beaurevoir avaient demandé à Jeanne de renoncer, par décence, à ses habits masculins. Elles lui firent visiter leur garde-robe, lui proposèrent quelques vêtements de femme, Jeanne refusa poliment de s'en vêtir.

– Comprenez-moi, dit-elle. L'habit que je porte me convient car je n'ai pas renoncé à me battre.

Avec l'épouse du comte elle n'avait que des rapports froids et distants. Aucun différend ne les opposait, mais aucune sympathie ne les liait. La dame passait tout son temps aux soins de la maison, et elle avait de quoi faire : domestiques à surveiller, comptes à tenir, fournisseurs à recevoir. Elle avait aussi à surveiller sa fille, une autre Jeanne qu'on appelait pour la facilité Jeanneton.

Cette petite diablesse s'était prise pour la prisonnière et son intendant d'une sympathie équivoque. Elle jouait avec eux dans la cour à la balle, à cache-tampon, à saute-mouton ou aux quilles, trichait, leur jouait des tours pendables dont ils étaient les premiers à rire. Elle ne perdait rien de leur comportement et de leurs propos qu'elle rapportait fidèlement à sa mère. Cette fillasse rougeaude, aux lourdes nattes, aux yeux pétillants d'une malice mâtinée de fourberie, se livrait à des jeux qui indignaient sa compagne : elle se plaisait à torturer et à tuer les animaux domestiques.

La Pucelle revenait, en compagnie de Jean, de la tour de guet située à peu de distance du château, sur une levée de terrain dominant les horizons paisibles de la Picardie, quand elle trouva dans la cour, appuyé à la margelle du puits, son chapeau sur les yeux, un jeune gentilhomme en tenue de voyage, au visage agréable malgré la barbe courte et hirsute qui lui donnait l'air d'un sauvageon à peine apprivoisé. Il s'avança vers elle, un sourire aux lèvres, porta son chapeau à son cœur et s'inclina.

Aimond de Macy, gentilhomme du voisinage, ne cacha pas à la captive qu'il était attaché au parti anglo-bourguignon et avait combattu pour le duc de Bourgogne. Blessé à l'épaule lors de l'engagement entre sa compagnie et les Piémontais de Baretta, devant Compiègne, il avait observé une longue convalescence.

– On ne m'a pas trompé, dit-il. Alors que je t'imaginais sous les traits d'une grosse soldate au visage rubicond, des gens sont venus me dire que tu étais au contraire fort agréable à regarder.

– Bref ! fit-elle, agacée. Qu'attendez-vous de moi ? Vous souhaitiez voir à quoi je ressemble ? Eh bien, c'est fait. Je vous souhaite le bonsoir !

Il éclata de rire, la retint par le poignet.

– Tu es bien celle dont on m'a parlé, dit-il : vive, spontanée, volontiers agressive, adversaire des conventions mondaines... Je sais aussi que tu es ardente dans ta foi et fidèle dans tes sentiments.

– J'accepte le portrait, mais pardonnez-moi, c'est l'heure du souper et je meurs de faim.

Elle lui tourna le dos. Il lui lança :

– Je reviendrai, Jeanne. Avec votre permission.

Cette permission, elle ne la lui accorda pas parce qu'il n'en fit pas la demande. Il revint à plusieurs reprises et même ne tarda pas à montrer une certaine assiduité. Dans cette forteresse qui aurait pu être le *Château des Quatre-Jeanne*, comme il disait, il apportait une présence dont Jeanne ne tarda pas à convenir qu'elle n'était pas dépourvue d'agrément, contrairement à Jean d'Aulon qui se méfiait de ce beau parleur.

Il arrivait en général en début d'après-midi, après la sieste que Jeanne observait rigoureusement. Il s'efforçait de rendre sa présence légère ; au moindre signe de lassitude ou d'ennui de la part de Jeanne il prenait congé.

La demoiselle, discrètement, mit Jeanne en garde contre son visiteur.

– Méfie-toi, mon enfant ! Ce damoiseau passe pour un bourreau des cœurs. On dit que certaines de ses maîtresses ont sombré dans le chagrin à la suite de l'inconstance de ses sentiments. S'il te fait des avances, n'hésite pas à le rabrouer. Il n'en prendra pas ombrage car, au fond, c'est une bonne nature.

Une nature, au demeurant, entreprenante ! Un jour qu'ils jouaient innocemment à se poursuivre dans le jardin, il parvint à la rattraper par le fond de son pourpoint et à la faire rouler dans l'herbe. En la maîtrisant d'une main il tenta avec l'autre de lui dénuder la poitrine en lui soufflant au visage :

– Jeanne, ma chérie... J'ai tant envie de toi...

Elle parvint à le repousser en criant :

– Bas les pattes, maraud ! Vous n'aurez rien de moi, pas même un baiser ! Je ne veux plus vous voir. Partez !

Il se releva penaud, tête basse, se retira et ne revint plus. Jeanne le regretta quelque temps puis l'effaça de sa mémoire.

Jeanne avait été transférée fin juillet à Beaurevoir. L'automne venu, la demoiselle de Béthune lui dit :

– Ma fille, je dois te quitter. Comme chaque année à la même date, je dois me rendre en Avignon pour un pèlerinage sur la tombe de mon frère chéri. Je resterai absente un mois environ car c'est un long voyage. Il y a quelques années, comme je ne pouvais plus me risquer à cheval, j'ai fait fabriquer le char à quatre roues que vous avez pu voir dans l'écurie. Il n'est pas très confortable mais le train de mon escorte est lent et mes vieux os ne souffrent pas trop de cette équipée.

Elle ajouta en prenant les mains de Jeanne :

– Tu n'as rien à craindre durant mon absence. Je te rappelle que, moi vivante, les Anglais ne t'auront pas. Je suis persuadée que le roi Charles paiera ta rançon et que tu seras bientôt libérée.

Jeanne la regarda s'éloigner sous une lourde pluie d'octobre en direction des sources de l'Escaut avant de prendre la route de Saint-Quentin.

Sans la présence à la fois constante et légère de la vieille demoiselle, la vie à Beaurevoir devint vite insipide. Le caractère de Jeanne s'aigrit au point qu'elle en venait à regretter les facéties d'Aimond de Macy, les jeux qu'il inventait et auxquels ils se livraient sous les regards suspicieux de Jean d'Aulon. Une existence sédentaire, l'absence d'exercice, la bonne chère menaçaient de lui donner rapidement une tournure de matrone.

Une angoisse l'obsédait : celle d'être vendue aux Anglais par son geôlier, malgré le contrat tacite passé avec la tante à héritage. Chaque matin elle se disait que la journée ne finirait pas sans que l'événement redouté ne se produisît. Durant la nuit elle interrogeait ses voix et n'en obtenait que des réponses peu rassurantes ou pas de réponse du tout.

L'idée d'être livrée aux Godons et de n'avoir plus pour longtemps à vivre la harcelait. Elle ne pouvait oublier l'avertissement qu'elle avait reçu de ses voix à plusieurs reprises, précisant qu'elle ne *durerait guère : un an ou deux tout au plus*. Ce n'était point tant l'idée de sa mort qui l'angoissait que la crainte d'une longue captivité dans une geôle d'Angleterre, entre les mains de ces barbares qui l'eussent brutalisée, violée peut-être...

Ses craintes se révélèrent fondées quelques semaines après le départ de Mademoiselle de Béthune, lorsque la corne du guetteur sonna l'alarme dans la forteresse : une troupe était signalée, venant du Catelet, à moins d'une lieue de Beaurevoir. Jeanne se dit que ce pouvait être l'un de ses compagnons venu la délivrer.

C'était Jean de Luxembourg. Il avançait sous la protection de deux lances seulement car il chevauchait sur ses domaines. À peine avait-il mis pied à terre qu'il demanda à voir la Pucelle. Son épouse l'avait en hâte fait enfermer dans la salle basse du donjon, avec deux gardes devant la grille, afin de montrer au comte que ses consignes étaient respectées.

Tandis que son écuyer lui ôtait ses houseaux et son harnois humide de pluie, il fit venir Jeanne et lui dit :

– Eh bien, ma fille, il semble que le régime de la prison te réussisse ! Tu as une mine superbe et tu sembles avoir pris du poids. L'auberge est bonne. Pourtant je regrette de te dire que tu vas devoir en changer.

Il lui annonça une nouvelle qui à Jeanne fit l'effet d'un trait de foudre : sa tante était morte en Provence. Morte de quoi ? Est-ce qu'il pouvait savoir ? De fatigue, peut-être, d'un mal de poitrine, de son grand âge... Le cercueil, arrimé à un chaland, remontait le Rhône.

– Il arrivera à Beaurevoir dans une quinzaine de jours environ, mais tu ne seras pas là pour faire tes adieux à ta vieille amie, cette folle qui t'aimait tant.

– Je vous interdis de parler d'elle en mauvais termes !

Il haussa les épaules. Que pouvait-elle bien lui interdire ?

– Je connais l'affection qu'elle avait pour toi alors que celle qu'elle me témoignait était à éclipse : tantôt j'étais le vaillant guerrier au cœur généreux, tantôt le grippe-sou qui n'en voulait qu'à son héritage. Je persiste à croire qu'elle avait un grain de folie. Entreprendre un tel voyage, à son âge... Et tu sais sa dernière lubie ? te rendre à ton roi ! Je n'ai pu lui faire comprendre que Charles se moque bien de ton sort. Il n'a même pas daigné s'informer de la somme que j'exigeais pour la rançon ! C'est dire...

– La mort de votre tante arrange bien vos affaires, mais vous êtes tenu à d'honorer votre serment de ne pas me livrer aux Anglais.

Il torcha d'un revers de poignet son orifice nasal d'où suintait un mucus grisâtre.

– Ce serment, dit-il, je le tiendrai. Ce n'est pas aux Anglais que je vais te livrer, bien qu'ils aient payé ta rançon. Alors à qui ? À l'Université, à l'Église, au duc Philippe ou au pape ? Je ne sais encore, mais garde-toi de nourrir des illusions : les Anglais ont promis de t'avoir, et ils sont têtus ! Quoi qu'il en soit, nous allons devoir nous séparer.

Elle lui demanda des nouvelles du siège de Compiègne. Il s'écria avec une fureur mal contenue, balayant la morve qui lui coulait dans la barbe :

– Au diable cette sacrée nom de Dieu de ville ! Je ne sais par où et comment la prendre. Ce siège me fait perdre de l'argent et des hommes, chaque jour, en quantité ! Ces deux salauds, Falvy et Regnault, ont chié dans mes chausses et je le leur ferai payer. Je croyais pouvoir compter sur leur parole et ils me ferment leur porte !

– Leur parole, dit Jeanne, ils n'en ont qu'une : celle qu'ils ont donnée à leur roi.

Le comte Jean ne resta à Beaurevoir que le temps d'organiser les funérailles de sa tante, de régler quelques affaires de famille et de donner à ses débiteurs et usuriers des apaisements quant à ses dettes. Il ne pouvait rester longtemps loin de Compiègne où le siège traînait en longueur.

À peine avait-il tourné les talons qu'un cortège de bourgeois de Tournai, retour d'une visite au roi Charles qui séjournait sur les bords de la Loire, demanda l'asile au château. De même que le Pays de Bar dont Jeanne était native, cette cité avait réussi, en dépit des pressions et des menaces, à préserver son indépendance et sa fidélité au roi Charles.

La dame de Beaurevoir ne pouvait déroger aux lois de l'hospitalité en refusant de les héberger. Elle abrita donc le doyen Carlier et le conseiller Romain dans ses appartements, le reste de leur escorte dans les communs et aux écuries.

Faisant mine d'apprendre que Jeanne était prisonnière de ces lieux, ils demandèrent à la voir et à lui parler. Délégués par les autorités du Tournaisis aux cérémonies du sacre, ils avaient gardé l'image d'une sainte de vitrail assistant le souverain. Ce qu'ils lui dirent du roi ne la surprit guère : la capture de la Pucelle l'avait chagriné – du moins le disait-il ; il souhaitait pouvoir la délivrer mais n'en avait pas les moyens. En revanche les anciens compagnons de Jeanne avaient envisagé son enlèvement, ce qui n'était pas une entreprise facile.

– Votre visite, dit-elle, m'honore et me rassure. Cependant vous pourriez faire davantage pour moi.

– Et quoi donc, ma fille ? demanda Carlier.

– J'ai besoin d'argent.

– Auriez-vous, murmura Romain, l'intention d'acheter la complicité de vos gardiens pour vous évader ?

– Cela se pourrait. Je ne puis vous en dire plus. Il vous sera facile de me faire parvenir cet argent. Vous saurez où me trouver car mes déplacements ne passent pas inaperçus.

Carlier se gratta le menton d'un air perplexe.

– Notre ville n'est pas très riche, dit-il, mais nous ferons notre possible pour vous satisfaire.

– Je ne demande pas des cents et des mille. Une cinquantaine d'écus seraient les bienvenus, mais faites vite car j'ignore de quoi demain sera fait. Mon intendant va rédiger une lettre confirmant ma requête afin que vous la remettiez à qui de droit, avec mes remerciements, bien entendu...

À quelques jours de là, alors que, pour s'occuper et prendre quelque exercice, Jeanne aidait à la lessive dans la cour, la dame s'approcha d'elle pour lui dire sans la moindre émotion dans la voix :

– Il semble, ma fille, que la loterie ait tourné en faveur des Anglais dans le jeu qui concerne votre sort. Ils ont enfin obtenu que vous leur soyez remise et que l'on vous transfère dans un autre lieu, j'ignore lequel. C'est ce dont vient de m'informer une lettre de mon époux.

Prise d'un tremblement, Jeanne laissa tomber à terre le linge qu'elle était en train d'essorer et s'enfuit en courant dans sa cellule en dissimulant ses larmes dans un pli de son tablier. Elle tomba dans les bras de son intendant en gémissant :

– Jean... oh Jean... voilà qui est fait : je viens d'être vendue aux Anglais...

– Maudits soient Bourgogne, Luxembourg, Bedford et les Godons ! s'écria-t-il en serrant les poings. Vous vendre, Jeanne, comme du vulgaire bétail... Et Charles qui ne fait rien pour vous ! Charles qui vous doit tout !

Jeanne passa le restant de sa journée sur son grabat en laissant tourner dans sa tête des idées noires comme des vols de corbeaux. Alors que la nuit tombait dans une brouillasse de pluie, elle annonça à Jean et à ses gardiens qu'elle allait respirer la fraîcheur du soir au sommet du donjon ; ils la laissèrent aller.

À chaque marche qu'elle escaladait une voix connue lui martelait le crâne : « Patience, Jeanne, il faut tout prendre en gré... patience... patience... » Cette voix, elle aurait aimé lui imposer silence, mais elle revenait obstinément la harceler.

Lorsqu'elle émergea sur le terre-plein la pluie lui fouetta le visage, lourde d'odeurs d'eau morte et de forêt. Les premières ombres de la nuit se mêlaient aux nappes de brouillard grisâtre qui matelassaient les fonds.

Sans prendre un moment de réflexion, sans une dernière prière, sans plus prêter la moindre attention aux voix qui bourdonnaient en elle, elle se hissa dans un créneau, écarta les bras comme pour plonger dans une rivière et sauta.

Devant Compiègne, mai 1430

L'Université de Paris n'avait guère attendu pour réclamer la Pucelle, mais les Anglais étaient bien décidés à ne pas lâcher prise.

Plutôt que de parlementer ouvertement avec Jean de Luxembourg ou le duc de Bourgogne, ils confièrent la négociation à l'une de leurs créatures d'Église, monseigneur Pierre Cauchon, évêque de Beauvais. Ce gros prélat d'une soixantaine d'années, fils d'une famille de vignerons champenois, ancien recteur de l'Université, tenait sa mitre du roi défunt, Henri V d'Angleterre. Durant un séjour auprès du cardinal de Winchester il avait appris la langue et les coutumes du pays au point d'oublier ses origines. Winchester avait attisé en lui une ambition : occuper le siège archiépiscopal de Rouen qui demeurait vacant, avant de porter son ambition sur la pourpre cardinalice.

Ce serviteur zélé de la monarchie anglaise était présent à Calais lorsque le jeune roi Henri VI y avait débarqué avec deux mille hommes destinés à une nouvelle campagne.

Prélat politique, il avait de bonnes raisons d'en vouloir aux ennemis de son nouveau souverain : ces Armagnacs fidèles au dauphin Charles l'avaient chassé de Paris à la suite des grands massacres cabochiens qu'il appuyait de son autorité.

De plus, la campagne de Jeanne pour mener le dauphin à Reims avait incité les habitants de Beauvais à l'expulser.

Promoteur et spectateur des grands massacres de Paris, Cauchon apprit à haranguer la plèbe, à manipuler l'opinion, à s'imposer aux notables. Les bouchers Caboche et Capeluche avaient été ses hommes de main ; il avait respiré en leur compagnie l'odeur du sang et connu l'ivresse du meurtre en série. Il aurait pourtant, taraudé par sa conscience ou la crainte d'un retour de flamme, aimé oublier ce carnaval monstrueux, mais ces souvenirs l'obsédaient.

Il conçut un jour qu'il y avait davantage de profit et d'honneur à gagner dans le cadre de l'Université que dans les activités annexes de la Grande Boucherie. En quelques années, grâce à son entregent, à son intelligence et à son absence de scrupules, il parvint à accumuler bénéfices et prébendes. Rien de ce qui pouvait accroître sa notoriété et sa fortune n'échappait à cette pieuvre qui avait noué des complicités jusque dans les cabinets des cardinaux et du Saint-Père.

Et voilà, alors que la route du cardinalat s'ouvrait devant lui, que cette fille de ferme, cette sorcière, cette créature qui se disait pucelle et Fille Dieu, lui barrait la route !

Pierre Cauchon se présenta à Jean de Luxembourg devant Compiègne, porteur d'une lettre de l'Université réclamant la Pucelle afin de procéder à son jugement. Les clercs de cette vénérable institution, soutien inconditionnel de la chrétienté, demandaient que *cette fille communément nommée Jeanne la Pucelle*, soit envoyée au roi Henri pour être remise à l'Église en vue de son procès, soupçonnée qu'elle était *d'avoir commis plusieurs crimes, sortilèges, idolâtrie, invocation des démons et autres cas touchant la foi et contre cette foi...*

Le comte Jean faillit éclater de rire en lisant ce courrier : c'était tirer à boulets rouges sur un pinson !

– J'ajoute, dit Cauchon sans se démonter, que nous nous montrerons généreux. Le roi Henri est tout disposé à offrir six mille francs à ceux de vos hommes qui ont procédé à la capture et une rente de trois cents livres au bâtard de Wandronne à qui cette fille fut remise pour vous être ensuite confiée. Comme nous en étions convenus, la rançon destinée au rachat de la prisonnière sera de dix mille écus, en vertu des droits et coutumes de France.

Le comte fit grise mine, convertit dans sa tête les francs en écus, les écus en livres et marmonna :

– Ce n'est pas cher payé, monseigneur ! Nous risquons gros en vous livrant la Pucelle. Le roi Charles vient d'écrire à Philippe de Bourgogne qu'il tirerait vengeance d'un tel acte sur les prisonniers qu'il détient, et notamment l'un des meilleurs capitaines anglais : sir John Talbot, que Jeanne a pris à Patay. De plus je le sais fort capable, sur un coup de sang, de lever une nouvelle armée.

Un sourire dubitatif s'esquissa sur les lèvres charnues de l'évêque.

– Rassurez-vous ! dit-il. Nous n'avons rien à craindre de ce pauvre Charles : il crache des menaces et se rendort. C'est dans ses habitudes. Il ne fera rien pour tenter de sauver celle à laquelle il doit tout. Il est d'ailleurs fort bien conseillé par ses proches, et notamment le Gros Georges, qui déteste la Pucelle.

Le comte Jean suivait son idée.

– J'attendais, soupira-t-il, plus de générosité de la part de nos amis anglais. Enfin, je me contenterai de cette somme. Mais... où vont-ils la trouver ?

– Comme nous l'avons prévu, mon cher : en Normandie ! Voyez l'astuce : nous allons faire payer à des Français la rançon d'une fille de France qui sera remise aux Anglais !

Jeanne toujours à Beaurevoir, la tante de Béthune dans son cercueil plombé, plus rien ne s'opposait à ce que l'on mît un terme à la transaction. Jeanne serait livrée aux Anglais à Arras où le comte Jean la ferait conduire, puis dirigée vers une direction encore inconnue.

– Nous la ferons juger par un tribunal ecclésiastique, dit l'évêque, et par un représentant de la Sainte Inquisition. Pas à Paris où les Armagnacs ont encore des partisans qui pourraient profiter de cette circonstance pour susciter des troubles, mais à Rouen. Je me porte garant de la fidélité de cette ville au roi Henri...

Charles ne dormait que d'un œil.

Au jour le jour, pour ainsi dire, il se tenait au courant du siège de Compiègne. Les Anglo-Bourguignons avaient enlevé au début de l'opération quelques ouvrages défensifs, de part et d'autre du fleuve, mais leurs assauts contre les remparts échouaient piteusement devant une résistance opiniâtre contre laquelle leurs fameuses bombardes ne pouvaient rien ou peu de chose. Jean de Luxembourg et l'Anglais Montgomery voyaient venir l'hiver avec un sentiment d'amertume et d'angoisse : les vivres manquaient alors que les bourgeois de la ville parvenaient à se procurer les subsistances nécessaires à la population et à la garnison.

Un matin, dans le camp de Luxembourg, un guetteur sonna l'alerte : une troupe était en vue, sortant de la grande forêt bordant la ville vers le levant. Comble de malchance pour le duc Jean, c'étaient des Français : une troupe conduite par le vieux maréchal de Boussac. Les Anglo-Bourguignons firent front mais avec des forces décimées à tel point par les assauts infructueux, les désertions et la famine qu'ils durent abandonner la place, laissant la troupe ennemie entrer triomphalement dans la ville.

Peu de temps après, Charles confiait au bâtard d'Orléans, Dunois, une mission hardie : s'emparer de Louviers. Elle se trouvait au sud de Rouen. Cette ville n'aspirait qu'à se rendre.

Le roi avait reçu de Jean de Luxembourg une demande de rançon tellement exorbitante qu'il avait pensé que l'on se moquait de lui ou que l'on faisait en sorte qu'il ne pût jamais l'honorer : les Anglais ne laisseraient à aucun prix la Pucelle leur échapper.

Beaurevoir, mai 1430

La dame de Beaurevoir déposa l'écuelle de soupe et la cruche de vin au chevet de Jeanne, lui posa la main sur le front et constata que la fièvre était tombée.

– Vous devez faire un effort pour manger, dit-elle. Cela fait trois jours que vous jeûnez ! Avez-vous décidé, après avoir manqué votre suicide, de vous laisser mourir de faim ?

– Je n'ai pas tenté de me *suicider*, répondit Jeanne, mais de *m'évader*. J'en avais le droit.

– À d'autres, ma petite ! Vous avez eu beaucoup de chance. Sans ces buissons qui ont amorti votre chute vous vous seriez rompu les os et seriez morte à l'heure qu'il est. Allons, essayez au moins de boire un peu de cette soupe !

Elle lui souleva la tête. Jeanne avala quelques gorgées, fit la grimace. Au moindre mouvement des douleurs se réveillaient en elle et la torturaient. Aucun de ses membres n'était brisé, mais elle avait des contusions par tout le corps.

– À la bonne heure ! s'exclama la dame, vous voilà devenue raisonnable. Ce soir je vous porterai du blanc de poulet. D'ici une semaine vous pourrez vous déplacer normalement.

Jeanne demanda où se trouvait Jean d'Aulon.

– Vous ne le verrez pas, du moins pour le moment. Le capitaine l'a jugé coupable de complicité et l'a mis aux arrêts. Une fois guérie vous irez le rejoindre. N'en soyez pas surprise : le capitaine a reçu des consignes strictes de mon époux : à la moindre incartade, tentative de suicide ou d'évasion, c'est le cachot !

Jeanne demanda à se confesser. On fit venir le prêtre du Catelet avec lequel, depuis son arrivée à Beaurevoir, elle avait eu des rapports distants mais courtois : il l'écoutait en confession, lui donnait la communion mais refusait de se charger d'acheminer les messages qu'elle voulait lui confier à destination de Compiègne.

Ce religieux grave et sévère tenait à son idée : Jeanne avait commis un péché mortel en tentant de mettre fin à ses jours. Il ne lui donna l'absolution que du bout des lèvres, à contrecœur, et lui refusa l'hostie : il ne tenait pas à se déclarer complice d'un acte aussi grave.

En sortant de sa cellule Jeanne passa quelques jours à se servir de ses potences pour marcher, sous la surveillance d'un gros archer picard qui avait reçu consigne de ne pas la quitter d'un pouce. Elle lui jetait :

– Cesse de me surveiller comme si j'allais m'envoler ! Bientôt tu recevras les buffes et les torchons que tu mérites !

– Chante, bel oiseau ! ripostait-il. Quand tu seras au fond du trou tu chanteras moins !

Le *trou*, c'était le souterrain qui s'ouvrait au milieu de la cour, près du potager. On y descendait par des marches de bois moisies et glissantes de glaise humide. C'était un de ces souterrains-refuges qui, disait-on, servaient d'abris ou d'issues vers l'extérieur en période d'insécurité. On y conservait d'ordinaire le vin et les vivres. Jeanneton s'y était aventurée par jeu avec Jeanne lors de parties de cachette et le jeune Aimond de Macy l'y avait un jour serrée de si près qu'elle avait eu du mal à lui échapper. Dans ce boyau froid et sombre, qui rappelait à Jeanne ceux du château de l'Île, on avait aménagé une cellule fermée par une grille, dans laquelle se morfondait pour l'heure Jean d'Aulon.

10

DÉLIVRER JEANNE ?

Chinon, octobre 1430

Il a tourné un long moment au-dessus du jardin et de la grosse tour du Coudray puis a plané, presque immobile, comme porté par un souffle d'air, avant de se laisser tomber comme une pierre au milieu d'un groupe de colverts somnolant au soleil, près du bassin. Saisissant l'un d'eux dans ses serres, il l'a emporté, pantelant et se débattant, dans les hautes ramures d'un arbre dépouillé de ses feuilles.

« Un faucon, songe Charles. Peut-être un milan ou un épervier... »

Le festin sanglant a débuté. Alors que le rapace a commencé à le disséquer, le canard continue à battre des ailes et à pousser des cris déchirants. Bientôt, dans le silence du jardin désert il ne reste de perceptibles que les protestations des autres volatiles qui se sont réfugiés sous un buisson de lauriers.

Fin du drame.

Charles se retourne vers le visiteur que La Trémoille et l'évêque Regnault poussent devant lui.

– Ton nom ? dit le roi. Je ne m'en souviens plus.

– Guillaume, messire.

– Guillaume... comment ?

– Guillaume, messire.

Le jeune visiteur, maigre, noiraud, mal attifé, lance un regard suppliant vers le chambellan qui répond à sa place :

– Guillaume, sire, comprend mal ce que vous lui dites. Il ne parle guère que le patois de son pays, le Gévaudan. C'est une âme simple, un cœur pur, un élu sous ses apparences de rustre. Il est sale et il pue, mais lorsque nous l'aurons fait passer aux étuves et parfumé, que nous lui aurons donné des vêtements décents, il sera fort présentable.

Le chancelier lui lance d'une voix rude :

– Avance tes mains, enlève ces sabots et montre tes pieds !

Le petit berger replace son bonnet de laine sur sa tignasse hirsute, ouvre ses mains calleuses, grises de crasse : la paume porte deux cicatrices. Il ôte de ses socques ses pieds nus couleur de terre : ils portent les mêmes blessures cicatrisées. Le roi marque un recul, se frotte le menton d'un air perplexe. On dirait...

– ... des stigmates, sire, dit Regnault.

– ... comparables à ceux que portait Notre-Seigneur sur la croix, ajoute La Trémoille, sauf qu'il ne devait pas puer le bouc comme ce sauvage. Ces stigmates saignent chaque année au temps de la Passion. Guillaume les portait à sa naissance, n'est-ce pas, mon enfant ?

Le berger opine du chef sans avoir rien compris au discours de cet imposant personnage. L'air soudain semble traversé d'un souffle d'Évangile ; un orgue bourdonne sous le haut plafond armorié ; la colombe qui roucoule sur la bordure de la fenêtre vient peut-être du paradis.

Charles s'ébroue comme au sortir d'un bain, chasse ces drôles d'idées qui tournaient dans sa tête.

– Eh bien, dit-il, que sais-tu faire à part garder ton troupeau ? Fais-nous un tour de ta façon...

La Trémoille fait s'avancer le prêtre qui a escorté son jeune paroissien jusqu'à Chinon et qui sert d'interprète. Il est maigre, brun de peau comme un Sarrasin, aussi sale que son protégé, mais il parle, outre un peu de latin, un français convenable.

– Votre Majesté, marmotte-t-il d'une voix tremblante, Guillaume est un brave petit mais un innocent, un *fadart*, comme on dit chez nous de ceux qui ont vu les fées et en ont gardé l'esprit dérangé. Lui, ce n'est pas les fées qu'il a vues, comme la bergère de Domrémy, mais la Vierge Marie. Elle vient le visiter souvent pendant qu'il garde son troupeau, et elle lui parle, à ce qu'il dit, sans qu'il comprenne, forcément, puisque la Vierge ne doit pas s'exprimer dans le patois du Gévaudan... Il a pourtant cru comprendre qu'il était marqué du sceau divin, appelé à une grande destinée, et qu'il peut vous aider à sauver votre royaume...

– J'ai déjà entendu cette chanson de quelqu'un d'autre... fit rêveusement le roi. Votre protégé s'est-il signalé par des actes hors de la commune nature, par des prodiges, des miracles ?

– Pas encore, sire. Il n'en a pas eu le temps, jeune comme il est, mais je l'en crois capable, sur une inspiration divine, cela va de soi.

– Peut-être pourrions-nous le mettre à l'épreuve, lui demander par exemple de changer l'eau de cette carafe en vin, de multiplier ces pains mollets...

Sourire du prêtre : les miracles ne se produisent pas à la demande, mais ces stigmates ne sont-ils pas le signe d'un élu ? « Jeanne, songe le roi, n'avait pas besoin de signes pour témoigner du caractère divin de sa mission. » Dès qu'elle lui est apparue, qu'elle lui a parlé, il a compris qu'elle était la Fille Dieu qu'il attendait inconsciemment ; sans examen probatoire elle a accompli plusieurs miracles coup sur coup ; elle n'avait pas besoin d'un curé de campagne pour démontrer sa nature sacrée car elle portait dans son regard la lumière du ciel et sa seule présence constituait un prodige vivant. Le roi sent un éclair lui traverser le corps. Jeanne... oh ! Jeanne...

Charles fait signe à La Trémoille de le suivre. Il l'entraîne dans le jardin inondé d'un brumeux soleil d'automne, lui dit :

– Georges, me voilà dans l'embarras. Qu'allons-nous faire de ce pauvre garçon ? Croyez-vous sincèrement qu'il soit autre chose qu'un innocent berger un peu simplet ? N'y aurait-il pas là-dessous quelque imposture qu'on voudrait nous faire avaler ?

– J'en suis au même point que vous, sire, mais je crois que ce benêt peut nous être utile. Il pourrait, avec quelque apprêt, remplacer Jeanne.

– Vous vous moquez ! Remplacer Jeanne, quelle idée saugrenue ! Vous voyez Guillaume sous le harnois, à cheval, commandant une troupe, se portant bannière au vent au-devant des Godons ? Allons... allons...

– Nous pourrions en faire un personnage d'une autre nature, sire, une sorte de symbole, une image sainte, un palladium. Les Anglais sont superstitieux au point de prendre Jeanne pour une sorcière. Ce petit berger qui semble sortir tout droit des Évangiles pourrait produire le même effet. Il suffirait de lui faire porter une bannière aux armes du Sauveur, de lui mettre une épée symbolique au côté et de le faire chevaucher à la tête d'une armée...

– Très simple, en effet, Georges. Trop simple. Pour tout dire je ne crois pas en votre protégé. Nous pourrions le mettre à l'épreuve, mais cela risquerait de tourner au ridicule.

– Certes, sire, mais, s'il se révèle inapte aux miracles, nous pourrons le remplacer facilement. Les créatures inspirées ne manquent pas : la Gasque d'Avignon, Catherine de La Rochelle, la Pierronne et sa sœur...

Le rapace, son festin achevé, bat des ailes au sommet de l'arbre, laisse tomber ce qui reste de la dépouille du canard et s'envole dans un long cri rauque.

– Soit... soupire le roi. Mettons-le à l'épreuve et, si la Vierge Marie lui apparaît, venez me prévenir.

La visite du berger du Gévaudan a ranimé en Charles, avec quelques remords, le souvenir de Jeanne.

Il a eu de ses nouvelles, fort vagues à vrai dire et sujettes à caution, d'émissaires de Dunois installé à Louviers, et par des agents postés dans les parages de Compiègne. Il a appris son transfert de Beaulieu à Beaurevoir, ses tentatives d'évasion manquées. Il souffre de l'imaginer enfermée dans une cage comme un fauve dangereux, malmenée, torturée, violée peut-être par la soldatesque. La nuit il lui arrive de s'éveiller en sursaut, la sueur aux tempes, le cœur battant lourdement, haletant : il l'a vue dans son rêve affamée, blessée, mourante entre les pattes de cette grosse araignée, Jean de Luxembourg, comme un insecte pris au piège dans la toile.

Certitude absolue : Jeanne sera vendue aux Anglais, si ce n'est déjà fait. Ils mettront le prix qu'il faudra pour l'avoir, et ils l'auront. Le négociateur dans ce marché odieux, l'évêque Cauchon, est suffisamment roublard et fourbe pour mener les tractations à bien au profit de ses maîtres, les Anglais, sans oublier d'en tirer un bon parti car ce prélat vise, en plus de quelque pot-de-vin, la mitre pour Rouen et le chapeau de cardinal pour Rome. Des titres qui ne s'achètent pas avec quelques poignées de fèves.

Sauver Jeanne ? Cette idée l'obsède. Mais que faire ? Proposer de l'échanger contre John Talbot ? Les Anglais lui riraient au nez. Lever une armée et en prendre le commandement ? Il ne s'en sent ni le courage ni le goût car, Jeanne absente, le ressort est brisé, comme il le fut pour elle, naguère, devant Paris. Présente, elle l'aurait subjugué, entraîné comme dans un tourbillon, lui aurait ouvert la voie d'une victoire définitive.

Jeanne avait échoué devant Paris, La Charité, Compiègne ? Elle n'était pas responsable de ses revers : on lui avait confié ou permis des opérations impossibles en lui mesurant les forces nécessaires. On avait brisé son élan. On ? qui on ? Les conseillers de Charles, ces parasites, ces hypocrites qui n'avaient jamais voulu croire en elle, pas plus qu'en lui. Ils ne croyaient qu'à leur carrière et à leur fortune. Se débarrasser d'eux ? Il lui arrive d'y penser, mais il ne le veut ni ne le peut vraiment, leur astuce étant de s'être rendus indispensables. Rappeler son connétable, Richemont, le seul capable de nettoyer les écuries d'Augias ? Il y songe aussi, parfois, puis y renonce dans la crainte que ce butor ne substitue son autorité à la sienne.

Certain matin il se réveille en se disant que la journée ne finira pas sans qu'il ait décidé d'un coup d'éclat pour tenter de délivrer Jeanne, son bras armé, son âme flamboyante. Et la journée s'achève sans qu'il ait rien décidé.

Il a pensé alerter Madame Yolande ; il lui a rappelé que ses bonnes relations avec Philippe, la nuée d'agents qu'elle entretient entre Anjou et Lorraine, une province dont son fils, René, a hérité, pourraient lui permettre d'agir utilement. Devenue une montagne d'indifférence, elle n'a pas daigné répondre à ses courriers.

Qui d'autre aurait pu intervenir en faveur de Jeanne ? La demoiselle de Béthune, tante de Jean de Luxembourg ? Elle était morte en Avignon. L'évêque Regnault qui, depuis des lustres, nourrit d'excellents rapports avec Pierre Cauchon ? Il a marqué tant de réticences que le roi n'a pas insisté. Les anciens compagnons de la Pucelle ? Ils sont prêts à entrer en action, à lancer une ou plusieurs expéditions pour délivrer Jeanne ; Charles ne les a ni encouragés ni découragés, persuadé que ce n'est pas un coup de main organisé par ces chefs de bande qui pourrait obtenir le résultat souhaité. Lever une armée, aller assiéger Paris ou Rouen, mettre le couteau sur la gorge à Bedford et à Cauchon ? Certes, ce serait la solution la plus efficace, mais on ne lève pas une armée de dix mille hommes en frappant la terre du talon, comme César. Il a parlé de cette éventualité à son Conseil : ses ministres ont poussé de hauts cris et lui ont fait comprendre que c'était une folie et que, si la Pucelle en était là, c'est qu'elle l'avait bien cherché.

Il sait désormais qu'il ne pourra rien pour Jeanne : elle est perdue.

Beaurevoir, mi-novembre 1430

Personne n'avait daigné prévenir Jeanne du départ de Jean d'Aulon. Lorsqu'elle en demanda la raison, la dame de Beaurevoir lui répondit :

– C'est tout simple, ma fille : les proches de votre intendant ayant réglé sa rançon, il est libre. Il doit être à l'heure qu'il est auprès de Charles. Il aura beaucoup à lui raconter...

Comme Jeanne se déclarait surprise qu'on ne l'ait pas prévenue, la châtelaine ajouta :

– Le capitaine venu lui annoncer sa libération s'y est opposé, sans donner de raison. Peut-être voulait-il vous éviter à l'un comme à l'autre une de ces scènes déchirantes dignes des romans de chevalerie. Quant à vous, ma fille, votre propre départ ne tardera guère. J'ignore où l'on va vous transférer : à Paris, à Rouen ? Je pencherais plutôt pour l'Angleterre...

Jeanne blêmit et sentit son cœur battre la chamade. C'était le pire qu'elle pût redouter ! Elle se voyait promenée en triomphe dans une cage, au milieu d'une foule haineuse, à travers cette ville de Londres qu'elle imaginait dans ses cauchemars comme une métropole monstrueuse. On allait la transporter dans la sinistre Tour de Londres dont Dunois lui avait parlé naguère en évoquant la longue captivité de son demi-frère, Charles d'Orléans.

– L'Angleterre... Londres... dit-elle d'une voix blanche. Plutôt mourir tout de suite.

– On ne vous demandera pas votre avis, ma fille ! répliqua la dame avec un sourire aigre. Vous mourrez peut-être sans tarder, mais pas avant d'avoir été jugée. Je ne vous cache pas que l'intention de vos juges sera de démontrer que le soi-disant roi Charles a été victime d'une sorcière et que son sacre n'est pas valable. Ce pauvre Charles, comme vous l'avez berné ! Il doit se reprocher de vous avoir fait confiance.

– Vous êtes une mauvaise femme ! protesta Jeanne. Dieu vous punira pour vos mensonges.

– C'est vous d'abord qu'il punira, insolente que vous êtes ! Sorcière.

Jeanneton lui fit écho en chantonnant :

– Oh ! la sorcière ! la sorcière !

La solitude pour Jeanne se fit plus pesante. Son intendant l'avait aidée à supporter sa captivité par sa présence constante, ses soins, ses attentions et sa bonne humeur. Lui parti, les murs du souterrain où on l'avait enfermée lui parurent plus épais, le froid et l'humidité de novembre plus pénibles à supporter. Elle en venait à souhaiter que son transfert se fît rapidement, sans de sa part l'ombre d'une illusion : elle ne retrouverait jamais sa chère liberté.

On ne la fit pas attendre longtemps.

Un matin, une semaine environ après le départ de l'intendant, trois gardiens pénétrèrent dans sa cellule pour l'emmener, en lui liant les mains. Que lui voulait-on ? Qu'allait-on faire d'elle ? Elle n'obtint pas de réponse. On la hissa sur une mule et on lui attacha les pieds par une courroie passant sous le ventre de sa monture.

Flanquée de Jeanneton, la dame assista sans un mot aux préparatifs du transfert. Au moment où l'escorte s'ébranlait, elle fit à la prisonnière un signe de la main et, avec un sourire narquois, lui lança :

– Bon voyage, la sorcière ! Que le diable t'emporte !

Jeanneton ramassa une pierre et l'envoya vers Jeanne ; elle heurta la croupe de la mule qui fit un écart, au risque de désarçonner la Pucelle. Le capitaine anglais qui commandait l'escorte le prit très mal.

– Toi, petite, estime-toi heureuse que je ne vienne pas te tirer les oreilles. Quant à vous, madame, votre conduite est indigne. Un mot de plus et je lâche mes hommes dans votre bicoque.

Il prit la tête du cortège et leva un bras pour donner le signal du départ.

Tout laissait à penser que l'on avait pris la route de l'Angleterre.

L'escorte avançait plein ouest, une direction que Jeanne pouvait repérer en se fiant au soleil. Elle avait espéré qu'on la conduirait à Paris où sa présence aurait pu susciter un mouvement de population capable d'infléchir le jugement de son tribunal. Elle avait appris de son intendant, lequel tenait cette nouvelle d'un gardien accommodant, que le tribunal serait présidé par l'évêque de Beauvais, Pierre Cauchon. Cauchon... Cochon... Elle imaginait ce juge sous l'apparence d'un gros verrat châtré fouillant du groin dans la gadoue et le fumier.

La mi-novembre déployait sur l'espace infini des plaines sa cavalcade de nuages gorgés de pluie et de neige qui croulaient parfois en rafales, rendant la marche pénible et difficile.

On trouva à se loger à Bapeaume dans la demeure d'un négociant en lainages des Flandres. Les soldats se partagèrent les places disponibles ; Jeanne coucha à la paillade avec deux gardiens, enchaînée à une poutre.

L'étape suivante était Arras. Prévenue de son arrivée, la foule attendait la Pucelle devant le châtelet proche de l'église Saint-Jean-Baptiste, sous la pluie battante ; malgré l'encouragement des soldats de la garnison à la huer et à la lapider, elle ne lui témoigna qu'une curiosité dépourvue d'hostilité.

Jeanne eut, ce soir-là, un bon lit et un repas copieux. Le lendemain, avant le départ, elle demanda à se rendre à la cathédrale et à s'entretenir avec les moines de Saint-Wast. Faveur refusée : on n'avait pas de temps à perdre.

On quitta Arras sous la pluie, par un chemin transformé en bourbier par le récent passage d'une troupe de Bourguignons traînant un convoi de chariots et de bœufs. En cours de route, une tempête de neige força le capitaine à faire étape plus tôt que prévu dans la petite cité de Lucheux, endormie sous le brouillard et la fumée. On quitta la bourgade dans un matin de fin de monde, figé dans un froid et un silence de banquise, en direction de Drugy où l'escorte trouva à se loger dans une demeure ouverte à tous les vents, proche de l'abbaye de Saint-Riquier. Les religieux, apprenant la présence de Jeanne, demandèrent à lui être présentés, ce qui leur fut refusé. Un raid récent de routiers n'avait laissé de vivant qu'une ou deux familles terrées en leur taudis dans la terreur d'une nouvelle surprise. Des cadavres de chiens jetés sur des tas de fumier empuantissaient l'air. Il fallut tirer l'épée pour obtenir des paysans quelques subsistances soigneusement cachées.

Le capitaine alla frapper à la porte d'un château délabré dans l'espoir d'y trouver une pitance plus consistante. Le châtelain, un vieil homme perclus de rhumatismes, lui fit grise mine mais consentit à lui vendre du pain, un jambon et un tonnelet de vin.

Désormais, plus de doute : on prenait la route de la côte normande pour embarquer en direction de l'Angleterre. Aux questions qu'elle posait au capitaine il répondait par un silence méprisant. Autant que l'Angleterre, la mer lui faisait peur. Gilles lui en avait parlé un soir, sur la plaine de Patay ; il lui avait promis qu'il la mènerait un jour, cette guerre terminée, jusqu'aux grèves de Vendée. Il lui avait dit : « Ma mer à moi s'appelle océan. Un jour, peut-être, j'affréterai un bateau et je quitterai cette France pourrie par la misère et la guerre pour aller chercher fortune en Chine, comme Marco Polo. » Elle se dit qu'il était peut-être en train de réaliser son rêve.

Un soleil trouble balayait d'une lumière rasante les plaines précédant le rivage de la Manche. Des vols d'oiseaux blancs planaient au-dessus des marécages gelés. Le vent âpre apportait avec lui une odeur nouvelle, singulière, qui montait à la fois des immensités liquides et des espaces de terre nue. Pauvre terre torturée par les tempêtes, sans arbres, recouverte de joncailles et de roselières au-dessus desquelles planaient des nuées d'oiseaux de mer.

Le capitaine anglais semblait de bonne humeur en mettant pied à terre dans la cour d'un château aux formes lourdes, tassé sur une avancée de la côte, à l'extrémité d'un village de pêcheurs constitué de masures basses couvertes de chaume, le long d'une grève bordée de guirlandes d'algues brunes et semée d'un alignement de barques et d'épaves.

Le capitaine aida Jeanne à descendre de sa mule et, pour la première fois depuis le départ de Beaurevoir, lui adressa la parole.

– Mon nom est John Berwoit. Si tu n'as pas plus tôt entendu ma voix, c'est que nous avions, mes hommes et moi, interdiction de te parler de tout ce voyage, afin de ne pas te donner la moindre indication sur le trajet.

Il lui délia les mains et ajouta :

– C'est la fin de ton calvaire. Tu vas pouvoir te reposer, mais gare ! À la moindre tentative pour prendre la fuite, je me montrerai impitoyable. D'ailleurs, à supposer que cette idée te vienne, dis-toi que nous sommes environnés de deux déserts : la mer et la terre, et que tu n'aurais aucune chance de nous échapper.

Elle lui demanda où ils se trouvaient.

– Au Crotoy, dans le château du comte de Ponthieu. Cette étendue d'eau que tu vois n'est pas la mer mais la baie de Somme, l'endroit le plus inhospitalier que tu puisses trouver à des centaines de lieues à la ronde.

– Mais alors, où est la mer ?

– Plus loin, en longeant la côte, vers l'ouest.

– Quand allons-nous embarquer pour l'Angleterre ?

Il éclata de rire.

– L'Angleterre ? Qui te dit que nous allons t'y emmener ? Si monseigneur le Régent a décidé de t'éloigner le plus loin possible vers le nord, c'est que certains de tes compagnons de naguère se sont mis, semble-t-il, en tête de voler à ton secours. Nous sommes peu nombreux à connaître cet endroit. Secret d'État, ma fille ! Tu es devenue plus précieuse que le trésor du Grand Mogol...

Il lui fit une autre faveur en poursuivant :

– Tu jouiras ici d'une liberté que tu n'avais plus à Beaurevoir, si tu te montres raisonnable. Alors, Jeanne, bienvenue dans ce séjour béni des dieux !

Le Crotoy, novembre 1430

Jeanne se réveille chaque matin avec une curieuse impression : celle d'émerger dans un autre monde. Celui qu'elle a quitté ne lui a réservé aucune surprise : des sommeils profonds et sans rêves, des réveils brutaux dans un brouillard d'étoiles et de lumières diffuses, des voix d'anges et des musiques célestes. En revanche, le jour venu, lorsqu'elle s'aventure sur le chemin de ronde en battant des bras et des jambes pour se réchauffer, elle ne retrouve aucun de ses repères familiers.

Ce qu'elle a découvert entre les merlons est un paysage intermédiaire entre deux éléments : ce n'est plus la terre et ce n'est pas encore la mer. Les dernières eaux de la Somme se perdent à l'infini en méandres souples, au milieu des mouillères et des herbiers de salicorne et de spartine, sous un ciel gris et bas, traversé de vols de colverts, de barges et d'autres oiseaux de terre ou de mer. Cette immensité se déploie paresseusement dans l'attente des marées.

La lumière ne ressemble pas à celle du soleil : ces jours de novembre baignent dans une clarté brumeuse, diffuse, qui fait de la baie un camaïeu aux couleurs déteintes de vieille tapisserie.

Le paysage ne s'anime que lorsque les barques vont prendre la mer. Une population d'ombres se presse sur la grève pour déhaler les lourdes barcasses, les charger de filets et de nasses, les pousser vers la côte lointaine avec des éclats de voix qui se perdent dans la rumeur du vent et de la pluie.

Jeanne était installée au château du Crotoy depuis quelques jours quand, un matin de brume et de fort noroît, elle entendit derrière elle une voix qui lui disait avec l'accent rude et franc de Picardie, qui lui rappelait celui du Barrois :

– Ne cède pas de nouveau à la tentation, Jeanne. Ici les chemins ne mènent nulle part.

En se retournant, elle se trouva en présence d'un personnage qui n'était ni un soldat ni un domestique du château. Il escalada les dernières marches et, posant une main sur un merlon, soupira :

– Pardonne-moi, Jeanne, mais j'ai besoin de souffler. Mon cœur se fait vieux, vois-tu...

Il rabattit sur sa nuque la capuche d'un manteau taillé dans une couverture élimée. Son visage pas plus gros que deux poings et aussi osseux, ses yeux affligés d'un léger strabisme, couleur de violette fanée, sa bouche aux lèvres minces enfouie dans une broussaille de poils gris et roux, ne rappelait à Jeanne aucune personne de connaissance.

– Je suis prêtre, dit-il. Mon nom est Nicolas de Gueuville. Avant ce repaire de soudards je logeais en tant que chancelier à Notre-Dame d'Amiens et j'avais tous les matins du lait chaud et du pain frais. Ma fenêtre donnait sur la Somme. Cette eau que j'ai aujourd'hui sous les yeux est la même mais je ne la reconnais pas : cette rivière est devenue paresseuse, elle joue au fleuve, comme si elle redoutait de prendre le chemin de l'Angleterre.

– Un religieux ! s'exclama Jeanne. Votre présence me met du baume au cœur. Que faites-vous ici ? Seriez-vous l'aumônier de la garnison ? Êtes-vous prisonnier ?

– Oui, ma fille, prisonnier. Pour avoir eu la langue trop longue. On ne se refait pas. J'ai donné ma foi à Dieu et au roi de France. Pour ce qui est de Dieu, personne ne m'a contraint à renoncer à le servir. Pour ce qui est du roi, c'est une autre affaire. On a voulu me persuader que le nouveau s'appelait Henri au lieu de Charles. Aux yeux de certains j'eus le tort de m'obstiner dans mon refus. Et me voilà banni, exilé dans ce trou perdu où je ne puis prêcher qu'aux mouettes et donner ma bénédiction aux poissons. Je trouve une certaine similitude dans nos destinées, avec beaucoup d'humilité de la part de l'humble prêtre que je suis.

– Depuis quand êtes-vous enfermé là ?

– Depuis longtemps. Il me semble que le temps ne me concerne plus. J'ai commencé, comme tous les prisonniers, à compter les jours, puis j'ai renoncé. Je crois que je resterai dans cette bicoque pourrie jusqu'à la fin de mes jours. Je n'ai pas la chance du duc Jean d'Alençon qui a vécu dans cette prison mais en a été délivré par le paiement d'une rançon. Je ne connais personne qui me fera la même faveur. Advienne que pourra !

Il se tourna vers le large de l'estuaire, respira profondément, les yeux clos.

– Le soleil... dit-il. J'en sens la chaleur, presque insensible, sur ma main. Je remercie Dieu de me faire ce don d'un peu de chaleur, de temps à autre.

C'était bien le soleil mais rien d'autre que la clarté d'une lanterne : une chaleur, certes, mais discrète, légère comme un duvet d'oiseau.

– Je me suis réjoui, poursuivit Nicolas de Gueuville, en apprenant ton arrivée au Crotoy, puis j'ai regretté cet élan. Je t'ai si souvent imaginée chevauchant à la tête d'une armée, ta bannière au poing, l'épée de Fierbois à la ceinture ! J'ai si souvent bondi de joie en apprenant tes succès, pleuré à l'annonce de tes revers ! Ah ! Compiègne... Jeanne, le Ciel t'aurait-il abandonné ? Tes frères du Paradis...

– Ils ne m'abandonneront jamais car ce sont eux qui dictent ma conduite. Si je vous dis que Marguerite, Catherine ou Michel m'apparaissent presque chaque nuit, me croiriez-vous ?

– Je te crois, Jeanne, de toute mon âme. Et que te disent-ils ?

– Toujours la même chose ou presque : que je dois prendre tout en gré de ce qui m'arrive. Pourtant je leur ai désobéi, à Beaulieu et à Beaurevoir, en tentant d'échapper à mon sort, mais je recommencerai à la première occasion. J'en doute, pourtant. On ne s'évade pas du Crotoy.

– Ce pays, dit le prêtre, j'ai appris à l'aimer, l'été surtout, avec ses horizons sereins, ces nuées d'oiseaux dont je connais les noms, ces pêcheurs qui me sont familiers et me saluent au passage, ces étendues d'herbes sauvages... Parfois je parle avec lui et j'ai l'impression qu'il fait écho à ma voix par le cri des oiseaux et la rumeur du vent. En apparence c'est un paysage mort, mais regarde bien : la vie grouille dans les eaux comme sur la terre. Le Golgotha, Jeanne, peut avoir du charme quand on n'y voit pas se dresser de croix.

– Mon Golgotha... soupira Jeanne.

Nicolas de Gueuville montra à Jeanne la masure qu'on lui avait affectée : un galetas à moitié ruiné, à la porte dégondée, aux ouvertures bouchées par des paquets d'herbe sèche à cause du froid.

– Je ne m'y ennuie pas, dit-il. J'ai mon missel, un tome de *L'Imitation* et quelques ouvrages en latin que j'ai découverts dans le grenier. Cela me permet de garder le contact avec la foi. En revanche je n'ai rien pour me chauffer et le climat est rude.

– Je jouis d'un régime de faveur, dit Jeanne : une cheminée. Il est vrai que ce n'est pas sans raison que le capitaine prend soin de moi : si je mourais faute de soins, ce pauvre Berwoit aurait des comptes à rendre.

Surprise de Jeanne, un matin de soleil qui semblait préluder au printemps. Nicolas lui lança joyeusement :

– Suis-moi : nous avons de la visite.

Il l'entraîna dans la cour où venait de déboucher un groupe d'hommes et de femmes qu'on aurait pu prendre pour des pèlerins.

– Jeanne, dit Berwoit, ces gens viennent d'Abbeville pour te voir et te parler. Rien ne m'oblige à les chasser. Tu peux donc les rencontrer, mais nous t'avons à l'œil.

Radieuse, Jeanne se mêla à la foule, laissa ces braves gens l'entourer, caresser ses mains et ses vêtements ; elle accepta à contrecœur de toucher les médailles qu'ils lui présentaient et répondit aux questions que lui posaient des religieux de Saint-Fulcran et du Saint-Sépulcre sur sa conduite en matière de foi.

Un notable venu en chariot avec sa famille lui dit :

– Après le sacre du roi Charles à Reims, notre ville était prête à l'accueillir comme un sauveur. Pourquoi n'a-t-il pas daigné venir jusqu'à nous ? Il avait pourtant une belle armée et, avec vous à sa tête, Abbeville et quelques autres cités des alentours lui auraient ouvert leurs portes.

– Il y avait trop de danger, répondit Jeanne, à pousser plus loin cette expédition. Nous aurions risqué d'être pris à revers par les Anglais d'une part et les Bourguignons de l'autre, mais sachez que notre bon roi pense à vous benoîtement et qu'il viendra un jour prochain vous délivrer.

Elle s'amusa de voir un jeune peintre crayonner son portrait sur son genou. Elle lui lança :

– C'est à Sully que tu aurais dû venir me prendre comme modèle. Je menais un train de comtesse alors qu'aujourd'hui je ne suis qu'une pauvresse mal fagotée à qui l'on donnerait l'aumône.

Les visiteurs obtinrent du capitaine la permission de visiter la cellule où le duc d'Alençon avait séjourné quelques années auparavant comme prisonnier de guerre. Ils obtinrent également de visiter la cellule de Jeanne. Un bourgeois s'approcha d'elle et, profitant d'un moment d'inattention des gardes, glissa dans sa ceinture une petite bourse en lui confiant au creux de l'oreille que c'était de la part des gens de Tournai qu'elle avait rencontrés peu de temps avant.

– On ne vous oublie pas, dit-il. Depuis votre capture toutes les villes de France organisent des prières publiques et des processions pour demander à Dieu votre délivrance. Tout le peuple de France pleure votre captivité.

Il lui demanda ce qu'elle comptait faire de cet argent.

– Je comptais soudoyer nos gardes mais je me faisais des illusions. Pour tout l'or du monde aucun d'eux n'accepterait de m'aider à fuir. Et pour aller où, d'ailleurs ? Reprenez cet argent :

il vous sera plus utile qu'à moi. Ou alors distribuez-le aux pauvres...

Jeanne et Nicolas de Gueuville passaient des heures ensemble, chaque jour, lorsque le temps le permettait, assis sur le chemin de ronde, emmitouflés dans une couverture, adossés au mur. Le prêtre avait accepté d'emblée, et avec joie, de dire la messe à son intention dans la chapelle castrale et d'écouter sa confession.

C'est lui qui apprit à sa compagne que le roi avait envoyé Dunois occuper Louviers, au sud de Rouen, que La Hire bataillait en Normandie, Boussac sur la Somme, Barbazan en Champagne, comme s'ils tentaient de se rapprocher de la Pucelle. Les Anglais, flairant le danger, avaient bien choisi le dernier lieu de captivité de Jeanne : aucun n'aurait l'idée et la hardiesse de venir la chercher là.

– Un coup de main de leur part, ajouta le prêtre, n'est pas à écarter mais il ne pourrait se produire que durant ton transfert à Rouen où, je viens de l'apprendre, aura lieu ton procès.

– Il me tarde que cette affaire se termine, soupira Jeanne. Si l'on doit me faire un procès religieux, pourquoi ne pas m'enfermer dans une prison d'Église, gardée par des femmes ?

– Parce que les Anglais n'ont confiance qu'en eux-mêmes, répondit le prêtre. Ils ne te quitteront pas d'un pouce jusqu'au terme du procès.

Les jours se succédaient, aussi gris, froids et mornes que la baie de Somme.

On laissait Jeanne et son compagnon libres d'aller où bon leur semblait sans sortir de l'enceinte du château. Liberté illusoire : ils ne pouvaient faire un pas sans être épiés ; même leurs rapports de routine avec les domestiques étaient surveillés ; ils avaient chaque nuit deux gardes devant leur porte.

On était en décembre, et Jeanne se demandait avec un sentiment d'angoisse si elle se trouverait encore à Noël dans cette bicoque. Elle avait passé sa dernière nuit de la Nativité à Jargeau, en compagnie du frère Richard et de sa suite de devineresses plus ou moins inspirées. Cette fête avait laissé dans sa mémoire, outre une grosse déception, une impression de chaleur, de lumière et de foi. Avait-elle péché en demandant à trois reprises dans la même journée le pain des anges ? On le lui avait reproché mais elle n'en avait cure.

Elle avait appris avec tristesse que la Pierronne et sa sœur avaient payé de leur vie l'attachement qu'elles lui vouaient et qu'elles n'avaient cessé d'affirmer devant leurs juges : elles avaient été brûlées vives. Pour Catherine de La Rochelle, au contraire, les choses avaient bien tourné : elle poursuivait, au profit des Anglais et des Bourguignons, sa chasse aux trésors cachés, en attendant, ayant garni sa bourse de beaux écus d'or, de retourner au sein de sa famille.

Un matin de la mi-décembre le prêtre dit à Jeanne :

– Ma fille, il faut te préparer à quitter Le Crotoy sans tarder. Tu dois être menée à Rouen avant Noël.

– S'il en est ainsi, répondit-elle en maîtrisant sa peine, c'est que Dieu l'a voulu. Mon seul regret en partant sera de devoir renoncer à votre présence. Sans vous je serais morte d'ennui.

– À moi aussi tu manqueras, Jeanne. Chaque jour je viendrai sur ce chemin de ronde et je prierai pour toi. Je vais être semblable à cet homme que tu vois, au loin, en train de tendre ses pièges dans la mouillère : un petit grain de vie et d'espoir dans l'infini...

Il porta la main à sa poitrine, en retira une médaille d'étain nouée d'une cordelette de chanvre, la lui tendit.

– J'ai ramené cette médaille d'un pèlerinage au Mont-Saint-Michel, dit-il. Elle est à toi.

Elle ôta de son doigt l'anneau que sa mère lui avait confié à son départ de Vaucouleurs et le lui confia en lui disant que, là où elle allait, vers son calvaire ou son supplice, les Anglais ne le lui laisseraient pas.

11

LE CHÂTEAU DE BOUVREUIL

Rouen, décembre 1430

Une fin d'après-midi de la mi-décembre, alors que la tempête faisait rage sous un ciel déchiré, une colonne anglaise d'une vingtaine d'archers et de cavaliers fit halte au château du Crotoy et y prit ses quartiers. Ils venaient de Rouen et allaient s'en retourner sans tarder.

– Jeanne, dit le capitaine du château, nous allons devoir nous séparer. John Berwoit va prendre la tête de cette colonne pour te conduire à Rouen. Si la tempête se calme ce sera pour après-demain. Tu peux préparer ton bagage.

– Mon bagage, dit Jeanne, il ne pèse pas lourd.

– Je te regretterai. Les premiers temps après ton arrivée je craignais que tu ne cherches à nous fausser compagnie. Tu n'en as rien fait. Je t'en remercie.

– Moi de même. Vous êtes un brave homme et je vous regretterai moi aussi.

Il ajouta à voix basse :

– À propos de Berwoit, je tiens à te prévenir : il s'est montré accommodant avec toi durant ce séjour, mais tu risques de le voir se transformer en dogue en cours de route. Il faudra être sur tes gardes, suivre la consigne si tu ne veux pas qu'il te punisse. Il est persuadé qu'il va rencontrer tes compagnons en cours de route. S'il te laissait échapper, ce serait la corde.

Alors tu comprends, il n'aura guère envie de te faire des risettes...

Le lendemain, le temps était toujours d'une confusion extrême, mais avec quelques rémissions au cours desquelles un large soleil s'écarquillait entre des écharpes de nuées folles. John Berwoit avait malgré tout réussi à réunir quelques barques pour faire traverser l'estuaire aux hommes et aux chevaux.

Au jour prévu, dès neuf heures du matin, le moment le plus favorable pour la traversée, la petite garnison et les domestiques se trouvaient réunis dans la cour pour assister au départ. Le prêtre serra Jeanne dans ses bras ; elle pleura dans son épaule. Il monta jusqu'au chemin de ronde pour la regarder embarquer avec un groupe de soldats, les mains liées dans le dos. Malgré les vagues qui agitaient l'esquif elle resta debout à l'arrière, le regard fixé sur la petite tache sombre, entre deux merlons, qui était Nicolas de Gueuville. À travers ses larmes mêlées aux embruns, elle le vit lever la main pour un ultime salut.

Il fallut une couple d'heures à la flottille pour rallier le petit port de Saint-Valéry. Berwoit aboya quelques ordres pour disperser les groupes de curieux venus assister au débarquement de la prisonnière, lui tendre crucifix et médailles. Il fit réquisitionner la vaste demeure délabrée d'un patron pêcheur, donnant sur un chenal envasé.

Sans un mot, peut-être par mesure de sécurité, il fit enfermer Jeanne dans un appentis encombré de vieux filets, de nasses et de couffins, où flottait une odeur de poisson gâté et d'algues mortes. Elle dormit sur un monceau de filets, deux gardes en permanence devant la porte.

La colonne repartit le matin par la porte Guillaume, au milieu d'une foule silencieuse et immobile sur laquelle Berwoit fit courir un regard méfiant.

Étape suivante, la ville d'Eu. Le château était campé au bord de la Bresle, un petite rivière qui séparait la Normandie de la Picardie. Jeanne reçut là un traitement plus décent et put se reposer dans une vraie chambre et un bon lit.

La colonne repartit sous une bordée de neige malgré le temps relativement doux, en direction de Dieppe, située à huit lieues de là. Alors qu'on passait sous Notre-Dame-de-Bon-Secours, Jeanne s'arma d'audace pour demander au capitaine la permission d'y aller faire ses dévotions. Cette faveur lui fut refusée :

– Ordre du cardinal de Winchester, ma belle, lui dit Berwoit. Toute halte à caractère religieux est interdite. Va savoir pourquoi...

Après une halte de nuit dans le puissant château d'Arques, proche de la ville, deux autres longues journées furent nécessaires avant que l'on pût pénétrer dans les faubourgs de Rouen. Deux jours à chevaucher sous des rafales de neige qui affolaient les chevaux, aveuglaient les hommes et donnaient au paysage un aspect fantomatique. L'escorte avait pressé le train deux ou trois lieues avant d'apercevoir la Seine. Comme disait Berwoit, redevenu bon enfant, ça sentait la soupe !

Alors que l'on entrait dans Rouen endormie sous la neige, Berwoit délia les mains de Jeanne, couvertes d'engelures et qu'elle ne sentait plus tant elles étaient engourdies. Il lui demanda de lui pardonner sa rudesse, mais ajouta qu'il avait des consignes très strictes la concernant.

– Tu as été sage. Bravo ! Avec une diablesse de ton acabit je m'attendais au pire.

Elle lui demanda quel jour on était.

– La veille de Noël, ma fille. Je serais surpris que tu sois conviée à fêter la Nativité en compagnie des autorités, mais je serai là pour te tenir compagnie. À défaut de volaille rôtie il y aura bien un petit extra...

Berwoit la déposa dans la cour de la forteresse qui flanquait la ville : le château de Bouvreuil, un nom qui donnait une idée de nid douillet. Il en allait tout autrement. Bouvreuil était en fait le nom de la colline surplombant la cité enveloppée d'un gros serpent de Seine et de forêts. Édifié à mi-pente dans les temps anciens par le roi Philippe Auguste, la forteresse était protégée par une enceinte de sept tours. Au nord-est, entouré d'un fossé, se dressait le donjon. Le petit roi Henri et le comte de Warwick, gouverneur de la place, logeaient dans ce périmètre bien protégé.

Discrétion ou pudeur ? l'arrivée de la Pucelle n'avait provoqué aucun mouvement de curiosité, mais des badauds l'observaient aux fenêtres des logis accotés aux remparts. Un petit groupe de religieux, capuche rabattue sur le nez, se tenait devant la chapelle Saint-Gilles, une basilique de modestes dimensions détachée des remparts, un autre devant la chapelle castrale incluse dans les appartements royaux. Des gardes grelottaient sous le vent glacé, devant chaque issue.

– Tu seras logée dans le donjon, dit Berwoit. La vue sur la colline est agréable. Au printemps tu pourras entendre chanter les oiseaux. Si tu es encore de ce monde...

Ce ton persifleur déplut à Jeanne ; elle se garda de riposter, trop heureuse qu'elle était d'avoir enfin trouvé, sinon un havre de grâce, du moins un logis où elle serait à l'abri des intempéries.

Passé la salle voûtée située au-dessus des caves et qui faisait office de salle des gardes, un escalier pris dans l'épaisseur de la muraille menait au premier étage, situé sous ce qu'on appelait la chambre haute. L'étage réservé à Jeanne était suffisamment vaste mais très froid. Deux meurtrières sur trois avaient été bouchées avec de la paille, si bien que le galetas baignait dans la pénombre.

– Tu seras là comme un coq en pâte, lui dit Berwoit. Un bon lit, un coin pour les nécessités, des chaînes pour que tu ne sois pas tentée de prendre le large, et ce petit *retiro* au cas où tu ne serais pas sage.

Le *retiro* dont parlait le capitaine provoqua chez Jeanne un sursaut de terreur : il était meublé d'une cage de fer.

– Son Excellence le gouverneur, expliqua Berwoit, l'a fait assembler et forger récemment par un fabre de Rouen, Étienne Castille. Tu y seras un peu à l'étroit mais tu t'y feras vite.

Jeanne se souvint de ce que Jean d'Aulon lui avait raconté du siège de Château-Gaillard par La Hire, quelques mois auparavant. Le chef de bande avait enlevé la place et délivré un de ses vieux compagnons, le chevalier gascon de Barbazan, qui était enfermé dans une cage semblable. Barbazan, dignement, avait refusé de quitter sa prison de fer en prétextant qu'il avait donné sa parole de ne pas s'évader avant que sa rançon ne soit payée. Il avait fallu l'en extraire de force.

Par jeu Berwoit se plia en deux, s'introduisit dans la cage et en ressortit en faisant la grimace.

– Je dois reconnaître, dit-il, que, plus grande et plus costaude que moi, tu aurais du mal à t'y faire, et avec des chaînes en plus. Ça devrait t'inciter à te tenir tranquille.

Pour la condition ordinaire d'incarcération, le gouverneur avait prévu un grabat doté de chaînes, de colliers de fer et, au fond, d'un madrier pourvu d'anneaux destinés à immobiliser les pieds.

Jeanne protesta avec véhémence : ce n'était pas un traitement, compatible avec sa situation de prisonnière de guerre. Était-elle une criminelle dangereuse pour qu'on lui impose ce martyre ?

– Je veux rencontrer le gouverneur ! S'il refuse de m'écouter je me laisserai mourir de faim !

Berwoit se gratta le menton.

– Ma foi, dit-il, je veux bien essayer de lui parler, mais sir Richard n'est pas enclin à s'apitoyer sur le sort de ses prisonniers. Suis mon conseil : ne le prends pas de front quand tu le verras !

– Je veux voir aussi le jeune roi Henri, et les clercs de l'Inquisition, et monseigneur Cauchon, tous ceux qui ont en charge mon procès, et...

Berwoit s'inclina avec un sourire ironique.

– À votre service, majesté ! En attendant, je vais te faire servir du vin chaud. Nous en avons tous besoin.

– ... et je veux voir aussi les femmes qui seront chargées de me garder.

Là, Berwoit éclata carrément de rire :

– Les femmes ? Quelles femmes ? Nous ne sommes pas dans un couvent, ma fille ! Ce sont des soldats qui vont veiller sur toi. Ils seront aux petits soins. Je ne vais pas tarder à faire les présentations...

Mehun-sur-Yèvre, janvier 1431

À la Cour du roi Charles nul, depuis des mois, n'avait de nouvelles de Gilles de Rais.

Après l'échec de Jeanne et d'Alençon devant la porte Saint-Honoré, quatorze mois auparavant, la retraite de l'armée royale, l'exil accepté de Jeanne à Sully, Gilles s'était replié, l'amertume au cœur, dans ses domaines, à ronger son frein. Il se disait que l'impéritie du souverain, alliée à la trahison de son Conseil, allait décider les Anglais à se mettre en campagne et à entreprendre la conquête définitive du royaume. Ce n'étaient pas les coups de main entrepris au nord de la Loire et de la Seine par les anciens compagnons de Jeanne qui pourraient les en dissuader.

Peu à peu, la colère, faisant place en lui à la déception, avait réveillé des énergies endormies. Il avait, à son retour de campagne, accroché au mur de Machecoul son épée de maréchal, devant laquelle il méditait sur les trahisons qui avaient abouti à sa retraite forcée. Il se disait que le jour ne tarderait guère où il l'accrocherait de nouveau à sa ceinture.

Sous les neiges de décembre, après d'interminables et sanglantes parties de chasse dans les forêts proches de Saint-Philibert, il avait décrété que le moment était venu. Il avait battu le rappel de ses fidèles, avait passé la Loire à Champtocé où il possédait une belle demeure campée sur un bras du fleuve, et s'était enfoncé dans les territoires occupés par l'ennemi. Rien de bien glorieux dans cette nouvelle équipée mais les mornes routines de la guérilla : villages suspects pillés et incendiés, paysans et bétail égorgés avec le même poignard, filles et garçons violés dans les granges... On lavait dans la neige ses mains poisseuses de sang frais. Très vite l'écœurement était venu.

Gilles savourait la tiédeur odorante d'une soirée de printemps dans la chambre haute du donjon de Machecoul, lieu des jeux pervers auxquels il se livrait avec ses pages et les petits choristes de sa psallette, lorsqu'un courrier lui annonça que Jeanne venait de tomber aux mains des Anglais devant Compiègne.

Jeanne ! Jeanne prisonnière ! Il sembla soudain à Gilles que son existence sombrait avec elle, qu'à l'annonce de cette captivité répondît en lui un sentiment de désarroi et d'impuissance.

Le désarroi ? Sûrement. L'impuissance ? voire ! Gilles, quelques jours durant, rumina sa colère avant de se décider à passer aux actes. Il allait trouver le roi, l'obliger à sortir de sa léthargie ; il lui mettrait lui-même le cul en selle pour tenter de délivrer la Pucelle.

Charles semblait repris par sa manie : la bougeotte. Il ne restait guère plus d'une semaine au même endroit, comme s'il voulait échapper à ses remords, mais, où qu'il se trouvât, ils l'accompagnaient comme son ombre.

Après l'avoir longtemps cherché, Gilles le trouva à Mehun. Il bouscula les gardes postés devant le châtelet, demanda où se trouvait le maître des lieux : on lui répondit que Sa Majesté se livrait à ses occupations favorites et avait demandé qu'on ne le dérangeât sous aucun prétexte. Gilles se rua dans le parc.

Charles se trouvait dans une gloriette dressée au fond d'une allée de peupliers, en compagnie de deux garces et d'un carlin hargneux que Gilles écarta d'un coup de pied. Stupeur du roi ! Il blêmit, ramena sur son corps les pans d'une robe de soie prune et bredouilla quelques mots où la surprise le disputait à l'indignation.

– Sire, dit le visiteur, veuillez chasser vos putains. J'ai deux mots à vous dire. Cela ne peut attendre.

– J'ai donné des consignes pour qu'on me laisse en paix, et vous osez...

Gilles fit mine de n'avoir pas entendu cette protestation véhémente ; il laissa les filles se rhabiller avant d'aller rejoindre la reine Marie qui œuvrait à sa toile sous le tilleul de la terrasse.

– Pardonnez-moi cette intrusion intempestive, sire, dit Gilles. Je suis venu vous parler de Jeanne.

– Encore ! Vous aussi ? Vous disparaissez durant des mois et vous surgissez comme un diable des enfers pour me parler de la Pucelle. Eh bien quoi, Jeanne ?

– Il faut faire le nécessaire pour la délivrer sans plus attendre.

– Vous me la baillez belle, monsieur le maréchal ! Auriez-vous un plan ? J'en doute...

– Douter, sire, c'est condamner Jeanne. La solution la plus raisonnable serait de payer une rançon. Moi et mes compagnons pourrions y aider, de même que la population, comme elle l'a fait lorsque Du Guesclin est tombé aux mains des Anglais. Vous pourriez...

Un rire grinçant l'interrompit. Charles s'écria :

– Prétendez-vous que nous n'ayons rien fait ? On nous a proposé une somme telle pour racheter Jeanne que toutes les finances du royaume n'y eussent pas suffi. Les Anglais ne permettront à personne d'autre qu'à eux-mêmes de racheter cette pauvre enfant. Cessez de nourrir des illusions !

– Soit... Il reste que vous pourriez rassembler une armée, entrer en campagne, courir sus aux ravisseurs.

– Ce serait inutile. Jeanne est bien cachée. Après Beaulieu et Beaurevoir on a perdu sa trace.

– Il reste une dernière solution : repérer l'endroit où l'on a conduit Jeanne, mettre sur pied un détachement d'hommes décidés, forcer les portes de sa prison...

– Folie ! Ce serait risquer inutilement votre vie et celle de vos compagnons.

– C'est pourtant ce que je vais tenter. Aucun des compagnons de Jeanne n'a oublié ce qu'il lui doit et donnerait sa vie pour elle. La plupart étaient des brigands ; elle en a fait des soldats. Elle les a nourris d'amour et de foi.

Charles, d'ordinaire placide, laissa échapper sa colère :

– Je puis vous interdire ce projet contraire aux lois de la guerre. Dites-vous bien que Jeanne a cherché ce qui lui est arrivé. Elle est demeurée sourde à mes avis et à ceux de mes conseillers. Elle n'écoute même plus ceux qu'elle appelle ses frères du Paradis. Elle n'est victime que de son orgueil et de son entêtement. En outre elle constituait un danger dans les négociations que nous avons entreprises avec Philippe de Bourgogne. Nous ne parviendrons à chasser les Anglais que s'il penche de notre côté. Aller l'attaquer sur ses terres n'est pas le bon moyen pour le rassurer sur nos intentions.

Il se versa un gobelet de jus de limon, poursuivit sur un ton plus calme :

– À supposer que vous parveniez à délivrer Jeanne, qu'en ferions-nous ? Un nouveau chef d'armée ? Moi et mon Conseil y sommes opposés. La renverrions-nous à sa famille ? Elle refuserait. À mon avis elle est à cette heure là où Dieu a jugé bon de l'envoyer...

Gilles quitta Mehun dans une grande confusion d'esprit : il avait l'impression d'avoir prêché un indifférent et un ingrat, d'avoir avancé des idées auxquelles lui-même avait de la peine à croire. En revanche, il avait acquis une certitude : Charles était bien décidé à défendre son royaume, mais ses méthodes différaient de celles de Jeanne. Il se dit, en cheminant vers Machecoul, qu'en dépit de l'opposition de Charles il mettrait à exécution son double projet : repérer le lieu d'incarcération de Jeanne et rassembler une compagnie pour tenter un coup de main.

Il finit par croire à ce plan avec une telle conviction qu'à peine arrivé il se mit en quête de quelques compagnons aussi décidés que lui. À peu de temps de là il apprit par Dunois qui revenait de Louviers que Jeanne serait sans doute jugée à Rouen.

Rouen, Noël 1430

Cette neige de Noël n'est pas celle des jours précédents : elle ne suscite pas le même silence, elle ne réfracte pas avec la même intensité la lumière du matin, elle ressemble à un tapis que l'on aurait déroulé durant la nuit pour la visite d'une légion d'anges et de psalmistes, elle suscite une impression d'attente.

Noël à Domrémy... À peine descendu de sa mule, l'oncle Laxart se livrait à des contorsions et à des propos qui mettaient la maisonnée en joie. On savait qu'avec lui, passé la messe de la Nativité, on ne s'ennuierait pas : il apportait dans ses fontes des victuailles, du vin de sa vigne, des jouets de bois qu'il avait lui-même confectionnés et une sorte de crincrin dont la musiquette faisait hurler le chien Brutus et pleurer la petite Catherine. C'était un temps de douceur, d'amour et de joie, traversé pour Jeanne par des concerts de voix célestes.

Noël au château de Bouvreuil... Jeanne a mal dormi, comme la nuit précédente. Ses chevilles et ses poignets la font souffrir, le fer des anneaux ayant marqué sa chair. Ce qui lui crée le plus de désagrément, c'est l'immobilité totale à laquelle elle est astreinte. Quand les gardiens l'ont enchaînée, elle s'est débattue, a crié :

– Je ne le supporterai pas ! Vous voulez donc me faire mourir ?

– Tu plaisantes, Jeanne ! Tu nous es trop *chère* ! a protesté Berwoit. Songe donc : il a fallu dix mille écus pour t'avoir ! Tu devrais être fière des précautions que nous prenons pour te garder. Nous serions désolés que tu t'envoles, si l'idée te prenait de faire un nouveau miracle.

Lui cracher à la figure, le prendre à la gorge, lui arracher un mot d'excuse, transformer ce mauvais sourire en grimace... Elle supporte mal son haleine chargée d'ail et de vin, mais moins encore l'ambiguïté de son comportement : tantôt amical, tantôt narquois, parfois haineux.

Elle lui a demandé s'il avait une idée de l'endroit où le roi Charles passerait Noël. Il a entendu raconter qu'il fêterait la Nativité à Chinon. Cela lui suffit pour imaginer la chapelle castrale décorée de guirlandes, étincelante de lumières de cierges, avec peut-être ce chœur d'enfants qu'elle entendait parfois de la tour du Coudray. Le roi se tiendra debout devant l'autel, entouré de la reine et de leurs enfants, de ses conseillers aussi, sans doute...

On tarde à lui servir le lait chaud du matin que lui apporte un de ses gardiens, John Grey. Elle a jeûné la veille et se sent une faim de loup : celle qu'elle éprouvait au retour des équipées le long de la Meuse en compagnie de ses amies. Que sont devenues Hauviette, Mengette et les autres ? Mariées sans doute. Mères peut-être. Noël sera triste, cette année, à Domrémy ; les lumières ne brilleront pas sur l'autel et l'on ne fera pas bombance autour de la grande table familiale.

– Ton lait... dit John Grey. Bois-le tant qu'il est chaud. J'espère que tu ne vas pas jeûner une journée de plus !

Il écarte la couverture militaire qu'on a charitablement jetée sur le corps de Jeanne, libère les poignets marqués de traces rouges, l'aide à se redresser.

– Il faudra faire ta toilette. Tu vas recevoir de la visite. Des gens importants...

– Le roi Henri ?

– Tu rêves ! Le gouverneur, sir Richard. Un conseil : réponds *amen* à tout ce qu'il te dira.

– Je sais, dit Jeanne. On m'a prévenue. C'est un homme coléreux.

Cinq archers, qu'on appelle des houspilleurs, assurent la garde de la prisonnière, outre John Berwoit : William Talbot, le fils de sir John, prisonnier des Français, John Grey et deux autres geôliers de moindre importance, de forts gaillards rougeauds aux mines de paysans mal dégrossis. On lui a présenté ses trois principaux gardiens comme des gentlemen mais, s'ils en ont l'apparence, leur comportement est celui de brutes et elle a compris qu'elle aura à s'en méfier.

Ils la traitent avec un mépris ironique, lui lancent :

– Alors, ma belle, bien dormi ? Tu as rêvé à tes galants ?

– On dit que toi et le duc d'Alençon...

– Et tes frères du Paradis ? Ils t'ont bien laissée choir !

– Paraît que t'es encore pucelle ! Si tu te décides à franchir le pas, pense à moi !

– Dis, Jeannette, tu nous fais entendre tes voix ?

Elle serre les dents, maîtrise sa colère, frémit comme un fauve excité à la fourche. Si elle ne riposte pas c'est qu'au fond ces propos ne la touchent pas au point sensible et qu'elle ne veut pas risquer de se retrouver dans la cage de fer.

Nommé depuis quelques mois gouverneur du château de Bouvreuil par le cardinal de Winchester, Richard Beauchamp, comte de Warwick, est de ces vieux loups façonnés par les épreuves de la guerre, qui gardent pour leur pays et leur souverain une fidélité taillée dans le marbre. Homme de foi il a porté jusqu'en Terre sainte la bannière d'Angleterre. Un gentleman, un lord de l'espèce la plus pure et la plus dure, un homme rude et volontiers brutal. Chargé de l'éducation du jeune roi Henri qui vient d'avoir neuf ans et que l'on songe à faire couronner à Notre-Dame de Paris, ce Mentor a décidé de faire de son Télémaque une réplique de son propre personnage. Il y parvient mal : l'enfant royal est une tête creuse, pleine de nuages et de rêves. Comme son père.

Warwick, le jeune souverain, sa famille et ses conseillers, demeurent au château. Ils occupent les bâtiments accotés au flanc nord de l'enceinte, entre le donjon et la tour Couronnée,

Henri et les siens occupant les vastes appartements adossés au rempart de l'est.

Sir Richard se présente à sa prisonnière dans l'après-midi du 24 décembre. La neige, qui a cessé de tomber dans la matinée, a repris possession de la ville, du château et de la colline. Il est accompagné d'un vieillard, l'évêque de Thérouanne, Louis de Luxembourg, frère du comte Jean, de Jean d'Estivet, substitut de l'évêque Cauchon dans le procès qui se prépare, chanoine de Bayeux et de Beauvais : un personnage malin, au regard louche, aux lèvres minces affligées d'un lupis couleur de sang ; on l'appelle, Dieu sait pourquoi, *Benedicite.*

Jeanne a obtenu de rester libre d'aller et venir dans sa cellule durant la visite. Elle est de belle taille mais Warwick la domine de la tête. Son visage lourd et vultueux, fleuri entre les sourcils d'une taroupe de poils roux, contraste avec une maigreur d'ascète. Des particules de neige scintillent sur sa cape.

Il s'assied sur l'escabeau que Talbot avance vers lui et, sans dire un mot, s'attarde à contempler la Pucelle avec une mine perplexe, comme s'il s'attendait à ce qu'elle lui sautât au visage. Jeanne se tient devant lui, immobile, bras croisés sur la poitrine, dans la tenue de guerre qu'elle a refusé de quitter.

Warwick soupire, frappe sur ses genoux.

– Jeanne dit-il, tu dois bien comprendre que ce n'est pas de gaîté de cœur que nous avons décidé cette sévère détention. Tes précédentes tentatives d'évasion nous ont rendus méfiants. Nous voulons avoir la certitude absolue que, même avec l'aide du diable, tu ne pourrais nous échapper.

– Si je recevais l'aide dont vous parlez, répond Jeanne, ce ne serait pas celle du diable.

A-t-elle quelque requête à formuler ? Elle souhaite qu'on la laisse libre de ses mouvements et promet de ne pas tenter de s'évader. Il a un mince sourire.

– On ne s'évade pas de cette forteresse. Une centaine d'hommes sont présents pour t'en empêcher et nos portes sont bien gardées.

– Alors, messire, pourquoi ces anneaux et ces chaînes ? comme pour une criminelle ?

La voix aigre d'Estivet glapit :

– Mais tu es une criminelle, Jeanne ! Une diablesse, une sorcière ! Par ta faute des milliers d'hommes sont morts au combat et tu as jeté un sort à tes ennemis !

Jeanne s'apprête à répliquer vertement quand Warwick, d'un geste autoritaire, impose silence au chanoine. Il ajoute :

– Peut-être consentirai-je à te faire libérer de tes liens si tu te montres docile. Que souhaites-tu d'autre ? La nourriture te convient-elle ? Tes gardiens te respectent-ils ?

Elle hausse les épaules : la nourriture est convenable, elle est habituée au régime militaire ; quant à ses gardiens elle souhaiterait qu'ils cessent de la provoquer et de l'humilier.

– Ce que je souhaite avant tout, ajoute-t-elle, c'est la permission de me rendre chaque jour à la chapelle.

Le gouverneur paraît embarrassé. D'Estivet répond à sa place : qu'elle n'y compte pas ! Le seigneur évêque s'y est opposé et rien ne dit qu'il reviendra sur sa décision. Elle aimerait être présentée à Sa Majesté. Warwick se frotte nerveusement les genoux, déclare que c'est impossible, sans donner de raison. Louis de Luxembourg le supplée :

– C'est en effet impossible. Sa Majesté est encore un enfant et un être sensible, influençable...

– Craignez-vous que je ne lui jette un sort ou qu'il tombe sous le charme ?

Le clerc et l'évêque échangent un regard embarrassé ; Warwick se mord les lèvres.

– Nous ne craignons rien de tel, Jeanne. Je suis persuadé quant à moi que ta captivité t'a fait perdre tes pouvoirs. Quoi qu'il en soit, tu ne verras pas Sa Majesté.

Il se lève, rajuste son manteau sur ses épaules.

– Ma fille, dit-il, avant de te quitter je tiens à t'assurer que la Sainte Église te fera un procès exemplaire, en toute justice. Tu seras informée de la date à laquelle il débutera. Ce sera un procès d'Inquisition conduit par l'évêque Pierre Cauchon à qui nous avons laissé tous pouvoirs, mais nous veillerons à ce que, quelle que soit la sentence, tu ne puisses nous échapper !

Jeanne a une autre requête à présenter : elle souhaite l'assistance d'un prêtre ou d'un moine durant la nuit de la Nativité. C'est d'Estivet qui lui répond :

– Impossible ! Une sorcière n'a nul besoin du service d'un religieux, surtout pour la sainte nuit que nous allons vivre. Apprête-toi à rester seule avec le pain de la douleur et l'eau d'angoisse !

Jeanne se dit qu'elle aura affaire avec ce chanoine à son ennemi le plus féroce.

Les églises de la ville chantent Noël de tous leurs carillons. Dans la cour enneigée se glissent des fantômes porteurs de lanternes ou de torches, qui se dirigent vers la chapelle illuminée de Saint-Gilles et celle, plus vaste, qui jouxte les appartements royaux. Des musiques et des chants s'évaporent à travers les flocons de neige.

Exceptionnellement, sur l'ordre du gouverneur, elle passera cette nuit libre sans entraves. On lui a refusé la présence d'un prêtre mais on a consenti à lui confier un crucifix. Sa couverture sur les épaules, grelottante de froid, elle regarde, elle écoute, elle se laisse baigner par la ferveur qui monte de cet univers de neige et de nuit. Elle se dit qu'un enfant va naître, qu'un enfant est né, quelque part dans une étable de Palestine, rose et tendre comme sa petite sœur Catherine lorsque Zabelle la sortait de sa beneste pour faire sa toilette.

Dans la salle voisine les gardiens, passé minuit, font bombance. De temps à autre l'un d'eux se détache, jette un regard dans la geôle et, par dérision, lui lance un croûton qu'elle repousse rageusement du pied.

Cette nuit, Jeanne a décidé de la passer en méditation et en prière. Cela lui est facile : elle a connu au cours de ses campagnes, depuis qu'elle chevauche sur un destrier, tant de nuits sans sommeil, attentive au moindre bruit... Elle s'agenouille, prie, attend. Elle attend un signe : non pas une de ces féeries de lumières et d'étoiles par lesquelles se manifestait jadis la présence de ses frères du Paradis, non pas l'un de ces moments d'extase mystique qui la laissaient éblouie et pantelante, mais une lumière discrète comme celle d'une lampe, un effleurement léger, une voix rassurante. Si elle pleure en serrant le crucifix contre sa poitrine, ce n'est pas sur sa condition misérable, sur sa solitude, sur son désespoir mais sur le silence où s'évanouissent ses prières.

Trois jours après Noël, sir Richard vint de nouveau lui rendre visite. Il était seul.

– Nous allons, dit-il, te soumettre à une épreuve. Une matrone va venir t'examiner. Nous tenons à savoir si la virginité dont tu te prévaux est bien réelle. Si tu n'as pas menti nous saurons que tu n'es pas une sorcière, puisqu'une sorcière ne peut être vierge, ayant forniqué avec le diable.

L'ordre de procéder à cet examen ne venait pas du gouverneur mais de l'évêque Pierre Cauchon qui souhaitait asseoir son procès sur des bases solides.

– En nom Dieu ! s'exclama-t-elle, vous ne m'épargnez rien. Je puis vous affirmer que cet examen vous démontrera que je suis telle que je l'ai dit car j'ai voué ma virginité au Seigneur. À qui donc allez-vous confier le soin de m'examiner ?

– À une matrone qui opérera sous la surveillance de deux grandes dames : la duchesse de Bedford, sœur du duc Philippe, et l'une de ses dames de compagnie, lady Anna Bavon. Tu les recevras demain. On te fournira de quoi faire ta toilette, car tu en as besoin. Il serait bon que tu revêtes des habits de ton sexe.

– Je m'y refuse, sir Richard, et vous savez pourquoi. Je garderai cet habit d'homme tant que je ne serai pas hébergée dans une prison gardée par des nonnes.

Elle venait de terminer sa toilette et avait repris son habit de soldat quand l'un des houspilleurs lui annonça la visite des dames et de la matrone.

La cellule baignait dans une clarté de neige : celle qui montait de la cour et celle qui tombait de la colline. Dans la cour, des enfants jouaient aux boules de neige. Devant la résidence du gouverneur et la chapelle, des groupes d'hommes en armes et de prélats palabraient. Encadré par des gardes porteurs de lances, un charroi de bûches pénétrait dans l'enceinte pour s'acheminer par un chemin tracé dans la neige vers les cuisines basse et haute proches du fossé entourant le donjon. C'était une journée bien tranquille : de sereines plages de silence, un air doux, des bourdons de cloches pour rythmer un temps aux dimensions d'éternité.

En attendant la visite annoncée, Jeanne répandit sur la bordure de la fenêtre quelques miettes de pain à l'intention du pigeon qui, plusieurs fois par jour, venait lui tenir compagnie : un gros mâle au cou gonflé de désir, qui roucoulait pour attirer l'attention d'une femelle absente. Familiarisé avec la prisonnière, il venait picorer dans sa main.

Un groupe de femmes emmitouflées dans des pelisses sortirent de la chambre du roi et se dirigèrent vers le donjon. John Berwoit leur ouvrit la porte avec des sourires et des gestes cérémonieux. La duchesse de Bedford, une grosse femme au visage poupin sous le bandeau qui l'entourait, lui lança :

– Laissez-nous et veillez à ce que cette porte soit fermée.

Elle ajouta à l'intention de Jeanne :

– Ma fille, l'épreuve à laquelle nous allons te soumettre n'a rien d'agréable mais d'elle dépend peut-être ton salut.

La petite lady Anna pouffa derrière ses mains en voyant la captive se défaire de sa défroque de soldat. Quand la matrone eut rempli son office, les trois femmes se retirèrent pour délibérer.

– Jeanne, dit la duchesse en revenant dans la cellule, tu ne nous as pas menti : tu es bien vierge et donc, en principe, exempte de pollution diabolique. L'évêque Cauchon en sera désolé, lui qui espérait de ta part une supercherie qui t'aurait condamnée au motif de sorcellerie. En revanche il pourrait te faire un procès en hérésie, car ton Dieu n'est pas le sien.

La duchesse apprit à Jeanne que l'évêque venait d'envoyer dans le Barrois un groupe de religieux chargés d'une enquête de moralité sur la Pucelle.

– Il sera déçu, dit Jeanne. Personne, entre Vaucouleurs et Neufchâteau, ne pourra dire du mal de moi. Je n'ai jamais fait de tort à quiconque.

La duchesse proposa à Jeanne de changer de tenue.

– Les vêtements que tu portes sont indécents, ils puent et sont vermineux.

– Ce sont les odeurs de la guerre, madame, celles qui m'ont accompagnée dans mes campagnes. Elles me sont familières et me rassurent. Quant à la vermine, ce n'est pas sur ma peau qu'elle grouille. Lorsque j'ouvre les yeux je ne vois qu'elle autour de moi.

Petit rire perlé d'Anna Bavon.

– Allez-vous garder votre sérieux, petite sotte, lui lança la duchesse. Jeanne, j'aimerais faire en sorte que tu sois mieux traitée. Tu dois avoir froid et mal supporter ces chaînes. On ne traite pas ainsi une prise de guerre ! On souhaite te garder en vie jusqu'au procès et l'on t'expose à mourir de froid !

Avant de se retirer, Mme de Bedford tendit sa pelisse de renard à Jeanne qui refusa et la remercia.

– Ce serait un sacrifice inutile, dit-elle. Je n'ai droit qu'à une couverture, mais rassurez-vous : ce n'est pas le froid qui aura raison de moi...

La duchesse s'étant retirée en laissant la porte entrebâillée, Jeanne surprit des éclats de voix montant des premières marches de l'escalier menant à l'étage ; celle de la duchesse dominait ; elle s'égosillait, criant :

– Que faisiez-vous dans la salle haute, monsieur mon époux ? Ne m'aviez-vous pas promis de rester à l'écart de cette opération ? Vous me rendrez compte de ce comportement odieux !

Un moment plus tard, entrant dans la cellule porteur de la soupe, Berwoit dit à Jeanne :

– Je viens d'en apprendre de belles ! Pendant que les matrones t'examinaient, monseigneur le duc était à l'étage en train de se rincer l'œil par les fentes du parquet ! Tu as entendu la scène de ménage. Elle a fait du bruit... et elle en fera encore sûrement.

Jeanne n'avait pas eu tort de se méfier de ses geôliers. Outre qu'ils s'en tenaient rigoureusement aux consignes, ils en rajoutaient volontiers. Berwoit était le seul des cinq houspilleurs à daigner de temps à autre, discrètement, lui apporter quelque réconfort, au point qu'il lui arrivait de bavarder avec elle. Les quatre autres : de la pègre, et de la plus vile nature, qui prenaient plaisir à tourmenter leur prisonnière. Les gardiens de nuit l'éveillaient dans son sommeil en imitant ses voix ; ils lui annonçaient un jour qu'elle allait être délivrée par grâce royale et un autre qu'elle allait être brûlée vive. Pas dupe de ces manœuvres visant à saper son moral et à la rendre docile, elle se réservait de s'en plaindre à l'occasion au gouverneur.

Un matin, alors qu'elle se trouvait aux latrines situées sur le même palier, l'un des houspilleurs feignit de pénétrer par inadvertance dans ce réduit dont la porte fermait mal. Elle se rajusta vivement et lui sauta à la gorge en criant des injures. William Talbot intervint, les sépara et décréta :

– Agression contre un gardien... Propos menaçants et orduriers... Une journée de cage !

On l'enferma quelques heures seulement, Berwoit étant intervenu pour sermonner le jeune William et faire libérer la Pucelle frémissante d'indignation et de panique.

Elle eut, un jour de début décembre, la surprise de voir entrer dans sa cellule Jean de Luxembourg accompagné d'un personnage proche de Warwick, sir Richard Humphrey, comte de Stafford, connétable pour la France occupée, et le gouverneur lui-même.

Le borgne s'assit à son chevet et, penché sur elle, lui dit d'une voix nasillarde :

– Jeanne, je suis satisfait de te voir en bonne condition. Il semble que cette retraite te soit bénéfique. Tu avais besoin d'un long repos.

Elle ne répondit rien. En d'autres circonstances elle eût fait rentrer ces paroles mielleuses dans la gorge de ce visiteur importun, dont l'haleine lui levait le cœur.

Jean de Luxembourg se frappa sur les genoux et lança d'une voix joyeuse :

– Je t'apporte une bonne nouvelle. Si tu consens à ne plus prendre les armes contre nous il est possible que nous obtenions ta libération.

Flairant un piège grossier, Jeanne resta de marbre. Le comte prit la mouche et s'écria en lâchant du mucus par le trou des narines :

– Vas-tu parler, petite garce ! Je t'offre la liberté et tu joues les dédaigneuses !

– Vous vous moquez, monseigneur, répondit-elle. Vous n'avez ni la volonté ni le pouvoir de me faire libérer. Vous ne pouvez me vendre deux fois il me semble ! Les dix mille écus que vous avez reçus de vos maîtres anglais ne vous suffisent donc pas, même ajoutés à l'héritage de votre tante mystérieusement disparue ?

Le comte parut ébranlé. Il s'essuya le visage à sa manche, se trémoussa sur sa chaise en criant :

– D'où tiens-tu cela ? Qui t'a renseignée ? Je veux savoir...

– Mes voix ! Elles me disent tout.

Comme il restait bouche bée, un fil de morve pendant jusqu'au menton, elle ajouta :

– Mes voix me disent bien d'autres choses. Par exemple que vos amis anglais ont décidé de me faire mourir, de s'en prendre à mon doux seigneur, le roi Charles, et conquérir son royaume, mais Dieu le leur interdira.

Lord Stafford s'approcha du grabat où Jeanne était assise :

– Ce sont des propos fort imprudents, ma fille. Que te disent encore tes voix ?

– Elles me disent que, même avec une armée de cent mille hommes, les Godons ne viendront jamais au bout de leurs ambitions car ce sont de piètres soldats conduits par des capitaines incapables. Ils n'auront pas notre royaume. Voilà ce que me disent mes voix...

Hors de lui, Stafford dégaina sa dague, bondit sur la Pucelle et lui mit la pointe sur la gorge en s'écriant :

– Si tu oses répéter ces mensonges, sorcière, tu es morte !

– Je répète ce que m'ont dit mes voix, murmura Jeanne, à savoir...

– Arrêtez, par Dieu ! s'écria Warwick. Vous voyez bien, sir Richard, que cette diablesse a perdu la raison !

Il éloigna non sans mal le connétable qui soufflait comme un taureau en colère et rengaina avec un mouvement de dépit. C'était un personnage d'une violence extrême : quelques jours auparavant, au cours d'un repas, il s'était rué l'épée au clair sur un moine qui osait vanter les qualités guerrières de la Pucelle.

– Nous tâcherons d'oublier ce geste maladroit et dangereux, sir Richard, ajouta le gouverneur. Quant à toi, Jeanne, dis-toi que le jour est proche où notre jeune souverain triomphera des prétentions du soi-disant roi de France et qu'il régnera sur les deux royaumes. Ce ne sera que justice puisqu'il a du sang français dans les veines.

– Dieu, fit Jeanne, en décidera...

12

LE PAIN DE DOULEUR
ET L'EAU D'ANGOISSE

Rouen, janvier 1431

Si l'évêque Pierre Cauchon avait, au début de l'affaire, redouté de ne pouvoir prendre en main le procès qui allait lui assurer une notoriété universelle, il avait été soulagé, après des mois de négociations serrées, en apprenant qu'on lui avait donné satisfaction.

La coutume voulait qu'un accusé réputé hérétique fût jugé par l'évêque de son diocèse ou de celui où il avait accompli ses méfaits et avait été appréhendé. Compiègne, où Jeanne avait été prise, relevant du diocèse de Beauvais dont Pierre Cauchon avait été chassé, ce dernier ne pouvait juger la coupable dans son diocèse, pas plus que dans celui de Rouen où il s'était réfugié, le siège épiscopal étant vacant à la suite du décès du précédent évêque.

Qu'à cela ne tienne! cet excellent juriste en droit canon trouva dans ce dilemme une occasion d'exercer son habileté et ses compétences : peu avant la fin de décembre il s'était fait attribuer par le chapitre de Rouen une commission de territoire qui donnait libre cours à son ambition et à son projet.

Un coup de maître! Quoi qu'il puisse se produire, Jeanne n'échapperait pas aux Anglais : prisonnière de guerre pour eux, hérétique au regard de l'Église, elle ne trouverait aucune issue.

Une autre coutume voulait qu'en termes d'hérésie la Sainte

Inquisition fût seule apte à mener le procès à son terme, avec l'assistance d'un évêque. En France, cette institution, devenue somnolente du fait de l'absence de grandes causes, devait se contenter, pour ne pas se faire oublier, d'envoyer de temps à autre au bûcher de pauvres bougres ou bougresses qui avaient tenu des propos hostiles à l'Église. Bien que favorable au roi Henri, le Grand Inquisiteur, Jean Graverend, répugnait à s'engager dans une affaire au départ entachée d'irrégularités manifestes et engagea pour le suppléer à titre de vicaire un moine dominicain, Jean Lemaître qui, lui, de même, hésitait à poser les pieds dans ce bourbier.

C'était laisser les mains libres à Pierre Cauchon. Il n'en demandait pas plus.

Lorsque Jean Lemaître se rendit à la convocation de l'évêque dans la demeure que ce dernier occupait : l'hôtel Saint-Cande, entre les rues aux Ours et du Petit-Salut, il lui fit part d'emblée de ses réticences, et notamment des griefs concernant les conditions de captivité de la Pucelle.

– Mon très cher frère, lui répondit l'évêque, Jeanne devrait s'estimer heureuse de ce traitement ! Enfermée dans la prison de l'Officialité, elle eût connu des conditions beaucoup plus pénibles. Le Portail des Libraires, proche de la cathédrale, est une sentine puante peuplée de mécréants en attente de la corde, de rats et de vermine. L'enfermer dans un couvent ? nous aurions eu à redouter de la part de nos bonnes sœurs trop d'indulgence. Nous avons préféré lui assigner comme lieu de détention le donjon de Bouvreuil : l'air y est sain et ses gardiens font preuve à la fois de vigilance et de bénignité.

– Je me suis laissé dire le contraire, monseigneur.

– Ce sont des mensonges. Il est vrai qu'elle n'a ni cheminée ni brasero et qu'elle est enchaînée, mais le froid est excellent pour la santé et les chaînes brisent ses velléités d'évasion. On n'est jamais assez prudent avec une sorcière...

Peu convaincu par ces arguments, Jean Lemaître hocha benoîtement la tête. Il avait trop de respect pour les règles que l'évêque, lui, enfreignait allègrement, pour être dupe, en se disant que la fin ne justifie pas toujours les moyens. Il se sentait mal à l'aise dans ce cabinet où la cheminée gorgée de braises répandait une chaleur oppressante dont l'évêque ne paraissait nullement affecté. Pierre Cauchon imposait par sa soixantaine avantageuse affligée d'une obésité naissante, son verbe volubile et onctueux, sa lèvre gourmande, son œil pétillant de malice et d'intelligence.

Le dominicain se sentait fondre sous la tunique blanche de grosse étoffe et peu enclin à poursuivre cet entretien à sens unique. Il risqua néanmoins une observation timide.

– Je suis informé par la duchesse de l'examen de Jeanne : sa virginité confirmée, sa foi établie, comment pourrait-on la taxer de sorcellerie et d'hérésie ?

Le visage de Pierre Cauchon se rembrunit. Il avala une gorgée de tisane, joua un instant de ses doigts boudinés avec le crucifix orné de pierres précieuses qui ornait sa poitrine, avant de déclarer :

– Exact, mon très cher frère, du moins pour ce qui concerne le motif de sorcellerie. Et tant pis pour nos amis anglais qui croyaient avoir subi les enchantements de cette garce ! En revanche, elle n'échappera pas à un procès en hérésie. Elle offense le Seigneur et les anges en prétendant qu'elle a leur confiance.

« Beau tour de passe-passe... », se dit le frère Jean. Il ajouta :

– Puis-je savoir, monseigneur, ce qu'il en est de l'enquête engagée auprès des gens du Barrois, concernant la moralité de la Pucelle ?

– J'en suis fort mécontent ! J'ai envoyé ces clercs afin qu'ils me rapportent des témoignages à charge et ils prétendent n'avoir rien trouvé qui puisse être imputé à cette garce. Je compte bien apporter à leur rapport quelque accommodement qui modère leur indulgence. À qui se fier, mon Dieu ?

– Pardonnez-moi ! protesta le dominicain, mais est-ce là le *beau procès* dont vous parlez ? Ne sommes-nous pas chargés de faire la vérité sur la coupable et non la travestir ?

Le prélat eut un sourire crispé avant de riposter :

– La vérité, mon très cher frère, est comme les femmes : éminemment *mutabile* ! Il faut l'utiliser au moment le plus favorable, en évitant de se poser des problèmes de conscience. Pour moi il n'est qu'une vérité : il faut à tout prix faire condamner Jeanne. Pour cela, sachez que je ne reculerai devant rien. Le Régent, le cardinal, toute l'Angleterre n'accepteraient pas que Jeanne pût leur échapper...

Bien que conscient que l'évêque était au bord d'une colère dont les prémices embrasaient son regard, Jean Lemaître osa néanmoins une ultime question :

– La coupable devra être défendue par un avocat. C'est la règle dans les procès d'Inquisition. Qui avez-vous prévu ?

– Personne ! grogna l'évêque. L'accusée se défendra elle-même. Elle en est fort capable.

Il ajouta en donnant congé au dominicain :

– Dites-vous bien que ce procès est MON procès et que j'entends le mener à ma guise... avec votre appui, bien entendu.

Jean Lemaître quitta l'hôtel Saint-Cande le corps en sueur et le feu aux joues en se répétant qu'il devrait, pour la sérénité de sa conscience, refuser de donner son accord à cette parodie de justice : il pourrait toujours, pour excuser son absence, alléguer d'un problème de territorialité, le procès se déroulant en *territoire emprunté*.

Nicolas Bailly, tabellion champenois licencié en théologie, avait, à la demande de Pierre Cauchon, accepté de diriger les investigations d'un groupe de clercs dans le Barrois afin d'apporter au dossier de la Pucelle de quoi la confondre. Quelques semaines plus tard il rapportait une moisson décevante, Jeanne étant quasiment réputée irréprochable.

Fureur de l'évêque...

– Il n'y a dans ce rapport, maître Nicolas, rien qui puisse m'aider à fonder une accusation solide. Jeanne, si j'en crois cette enquête, serait une sainte fille, une créature céleste, une enfant docile, une héroïne au grand cœur, que sais-je encore ?

– Nous nous sommes, monseigneur, bornés à relever une quinzaine de témoignages selon vos consignes. Or je n'ai rien trouvé sur l'accusée que je n'eusse aimé voir dans ma propre sœur.

– Certes... certes... Nous allons donc arranger cela. Jeanne, croyante sincère, dit ce rapport ? Nous allons démontrer que sa foi n'était qu'apparence. Ses rondes autour de l'arbre « sacré » n'étaient que pratiques de magie ! Son séjour à Neufchâteau... voilà qui est intéressant. Elle était servante d'auberge ? nous en ferons une catin, et de la Rousse, sa patronne, une maquerelle ! Pourquoi se rendit-elle fréquemment auprès de Baudricourt et de sa garnison ? parce que c'était une fille à soldat ! Et que dire de la promesse qu'elle a faite à ce brave procureur de Toul de l'épouser ? C'est une imposture pure et simple ! Prétendre qu'elle était soumise à ses parents est un mensonge : elle a fui sans leur permission avec un groupe de soudards qui ont abusé d'elle à l'envi...

– Je vous en demande pardon, monseigneur, mais Jeanne est toujours vierge à ce que j'ai entendu dire.

– Vous avez raison, maître Nicolas. Passons ! Mais... je ne vois pas trace de mandragore dans votre rapport. N'aurait-elle jamais usé de cette plante pour jeter des sorts ?

– Ma foi, nous n'en avons pas trouvé trace.

– C'est que vous avez mal cherché ! La mandragore va de pair avec l'arbre prétendument sacré, la fontaine aux fées... Cela fait toujours impression dans un procès. En résumé, nous allons proclamer que Jeanne a dit, fait et perpétré nombre de méfaits, crimes, péchés et délits honteux, cruels, scandaleux, déshonorants. En quelque sorte qu'elle n'a cessé de pécher contre la foi.

– Monseigneur, fit mine de s'extasier le tabellion, vous êtes un magicien. Parvenir à prouver que le blanc est noir et que vous pouvez changer l'eau en vin tient du miracle. Je dirais même, si j'osais, que c'est...

– ... diabolique ? Eh bien, dites-le ! Il faut savoir dans certains cas difficiles faire alliance avec Satan. Je vais remettre ce rapport... travesti à maître Jean d'Estivet afin qu'il en compose, article par article, un chef d'accusation irréfutable. Un dernier mot : oubliez cet entretien si vous ne voulez pas que je vous tienne pour un mauvais homme, un falsificateur, et que je vous traîne devant mon tribunal !

Rouen, janvier 1431

Il arrive sur la pointe des pieds, comme s'il redoutait de troubler le sommeil de la prisonnière, pose son auge qui sent le mortier frais, y jette la truelle qu'il portait à la ceinture et s'assied à même le sol, au chevet du grabat où repose Jeanne.

À sa première visite elle s'est montrée surprise et méfiante : par quelle faveur particulière avait-il pu pénétrer dans sa cellule ? Que lui voulait-il ? Il lui a répondu en plaisantant :

– Je suis une sorte de magicien. Il n'y a pas de murs et de murailles que je ne puisse traverser. Je puis me rendre invisible, me tenir près de toi sans que tu soupçonnes ma présence, sauf peut-être à l'odeur du mortier.

Comme elle fronçait les sourcils il a ajouté avec un bel éclat de rire révélant une denture de jeune fauve :

– Je te raconte tout ça pour te divertir. Tu ne dois pas avoir beaucoup d'occasions de rire...

– En effet, c'est très rare.

Il lui a révélé son identité : Pierre Cusquel. Un Normand de pure souche à en croire son teint de lait saupoudré de son, sa tignasse raide et frisée, son œil bleu et son accent. Il est apprenti au service du maître maçon du château, Jean Salvart. Ses fonctions lui donnent accès à tous les bâtiments de la forteresse, son auge et sa truelle lui servant de viatique.

– Je suis ici, dit-il, pour faire mon inspection, voir s'il n'y a pas quelque méchante lézarde à obturer.

Un jour il a ajouté à voix basse en faisant mine de jointoyer deux moellons :

– Prends garde, Jeanne : ces murs ont des oreilles. J'ai entendu dire que tu parlais trop, que tu faisais des confidences à tort et à travers. Tu dois cesser. Tout ce que tu dis, à qui que ce soit, est rapporté au gouverneur et à l'évêque chargé d'instruire ton procès. Un mot malheureux pourrait suffire à te faire condamner. Alors, motus !

Constatant que les gardiens les épiaient par la porte entrebâillée, il s'est mis à chantonner en maniant la truelle. En partant il lui a dit :

– Encore un mot : les Godons ont une frousse terrible d'un coup de main de tes anciens compagnons. J'ai entendu dire qu'un certain Dunois vient de prendre Louviers. Il semble que ce ne soit pas pour un pèlerinage à Notre-Dame...

– Louviers ?

– C'est à moins d'une journée de cheval de Rouen. Le dénommé Dunois y a été rejoint par un certain La Hire et y attend un nommé Gilles de Rais ou de Retz. Ils y ont de la troupe. Je ne voudrais pas te donner trop d'espoir, mais...

La porte s'est ouverte sur William Talbot. Il a lancé à l'apprenti maçon :

– Finie la parlotte ! Tu files avec ton auge et ta truelle, sinon je te botte le cul !

La dernière apparition de Pierre Cusquel et sa mise en garde ne furent pas inutiles pour Jeanne : elle devait convenir qu'elle se laissait aller volontiers, et avec n'importe qui, sinon à des confidences, du moins à des propos dangereux. Elle acquit la certitude que chacun de ses visiteurs était choisi en fonction de ses capacités à trahir sa confiance.

Il était venu un peintre nommé Herbert, qui prétendait faire son portrait avec ses armoiries.

– Mes armoiries, dit-elle, ce sont mes frères qui les portent.

Moi je n'ai pas cette fatuité, encore que ce geste de gratitude de la part de mon roi m'ait touchée. Quant à mon portrait, à quoi bon ? Je ne suis pas un assez grand personnage...

Il tenait surtout à la faire parler de ses armoiries, à la faire commenter leurs symboles, soucieux d'en tirer quelque enseignement pour le procès. Elle ne lui en avait dit que ce qu'elle savait, en oubliant quelques éléments. Elle se souvenait que ces armoiries étaient traversées d'une longue épée.

– Une épée ? voilà qui est intéressant. Vous en êtes-vous souvent servie sur les champs de bataille ? Combien de soldats ennemis avez-vous tués ?

Elle lui avait répondu avec humeur que cette arme n'avait servi qu'à chasser les ribaudes de l'armée et n'avait tué personne. Il avait insisté : était-ce l'épée de Fierbois ou celle qu'elle avait prise à un Bourguignon devant Paris ?

Elle refusa de répondre et le faux peintre repartit bredouille.

À quelque temps de là Jeanne eut une visite qui la surprit et la réconforta : celle du jeune chevalier Aimond de Macy, son compagnon de jeux de Beaurevoir, qu'elle avait giflé lorsqu'il s'était montré trop entreprenant.

Il s'agenouilla à son chevet, lui embrassa les mains, pleura des larmes sincères en la voyant enferrée, lui promit d'intervenir auprès de Warwick, de la duchesse de Bedford, des autorités ecclésiastiques pour que sa condition fût améliorée.

– Cela ne servirait, lui dit-elle, qu'à t'attirer des ennuis et des soupçons. Contente-toi de prier pour que la mort ne me soit pas trop pénible.

Il avait bredouillé entre ses larmes des excuses pour lui avoir naguère, d'une manière brutale, témoigné l'envie qu'il avait d'elle. Elle sourit : il était pardonné.

Nicolas Loiseleur l'avait amusée durant quelques jours.

Pour la mettre en confiance, ce jeune clerc lui racontait des histoires drôles et lui faisait des confidences en espérant la réciproque.

Il lui avait expliqué qu'il était natif comme elle des marches de Lorraine, qu'il avait été capturé par les Anglais alors qu'il travaillait dans l'échoppe d'un cordonnier. Comme il n'était point sot on en avait fait un clerc. Il portait depuis peu le titre ronflant de maître ès arts et chanoine de la cathédrale de Rouen.

– Qui vous envoie? lui demanda Jeanne.

Il protesta avec un rire gêné que seules la curiosité et la charité l'avaient poussé à s'introduire dans sa cellule et que, secrètement, il lui vouait un sentiment d'admiration.

C'était un joli garçon qui, pour être chanoine, ne s'en habillait pas moins avec une certaine recherche : il était vêtu court, avec un soupçon de coquetterie qui avait fait sourire la prisonnière. Il avait la voix suave et délicate, avec des intonations féminines. Comme il avait obtenu des houspilleurs qu'ils la libèrent de ses liens le temps de cette visite, elle lui accorda une bienveillante attention.

Il lui donna des nouvelles du roi Charles, disant qu'il ne se consolait pas d'avoir perdu son soutien, qu'il songeait à un pèlerinage à Vézelay pour obtenir sa libération, qu'il avait proposé une somme fabuleuse pour payer sa rançon, et autres sornettes...

– Tout cela, lui dit-il comme pour susciter une complicité, doit rester entre nous. Je cours un gros risque en vous informant. Il est vrai que, ces nouvelles, vos voix vous les ont déjà communiquées.

Il avait poursuivi en soupirant :

– Je vous envie, Jeanne, d'être en relation avec le Ciel, de baigner dans la grâce, d'avoir toujours au-dessus de vous le Ciel ouvert. Cela m'a toujours intrigué. Qu'en est-il de ces apparitions, de ces voix? Pardonnez à ma curiosité, mais...

– Il n'y a pas de mystère pour moi, maître Nicolas. C'est une chose toute naturelle. Ce qui m'inquiète c'est quand mes voix se taisent.

– Si je ne suis pas indiscret, lorsqu'elles se décident à parler, que disent-elles?

Le visage de Jeanne se ferma. Trop curieux pour être honnête, ce galopin de chanoine! Elle lui avait rétorqué :

– Si j'avais permission de vous répondre, je le ferais volontiers. Tout ce que je puis vous dire c'est que mes voix me conseillent de me méfier des beaux parleurs et des curieux.

Il grimaça un sourire et ne put rien en tirer d'autre. Avant de la quitter il lui embrassa les mains et lui dit :

– En confidence, méfiez-vous des gens d'Église qui vont vous interroger. Si vous leur faites confiance vous êtes perdue.

Il sortit de sa courte houppelande en loup-cervier trois pommes, un pain frais et une petite gourde de vin en lui recommandant de ne rien révéler de leur provenance à ses gardiens, sinon il ne pourrait revenir.

Il revint.

Plusieurs nuits de suite, Jeanne fut réveillée par une voix suave disant qu'elle était sainte Catherine, lui demandant de parler sans contrainte et de se confesser à elle. Elle n'avait pas tardé à reconnaître en cette voix celle de Loiseleur et s'était bien gardée de lui répondre. Le joli chanoine en avait été pour ses frais. Il dut renoncer à ces facéties.

Alors que l'ouverture du procès devenait imminente les conditions de détention de la Pucelle s'aggravèrent. On parlait d'une première séance pour la mi-février. Une nuit on imposa à la prisonnière deux houspilleurs, à la suite d'une querelle avec William Talbot. Elle protesta auprès du gouverneur :

– Que craint-on, sir Richard ? Que je puisse scier les barreaux de cette fenêtre et m'envoler ? Qu'un ange vienne m'emporter sur ses ailes ? Que mes anciens compagnons escaladent ce donjon pour m'ôter mes chaînes ?

Peine perdue. Jeanne dut, chaque nuit, supporter la promiscuité de ces soudards. Ils veillaient tard à la chandelle, jouant aux cartes ou aux dés, parlant haut, jurant fort, se levant pour vérifier les attaches de la malheureuse et lui lançant des quolibets grossiers :

– Alors, la putain des Armagnacs, à qui rêves-tu ? À tes anges, à ton beau Dunois ? Tu entends, sorcière ? Réponds quand on te parle !

Une nuit, alors qu'elle venait de s'endormir, elle sentit la pression d'une main occupée à délacer ses chausses. Dans la clarté louche de la lanterne elle vit deux ombres penchées sur elle, occupées à la dénuder. Elle hurla, se débattit au risque de s'arracher la peau des chevilles et des poignets, menant un tel tapage que John Berwoit, qui était de service ce soir-là, surgit, fou de colère, martela de coups de poing le visage des houspilleurs en leur promettant le gibet en cas de récidive.

En dépit de cette menace, la même scène se renouvela.

Ils s'approchaient d'elle, lui parlaient doucement :

– Jeanneton, tu vas bientôt passer en jugement. Tu ne peux pas mourir avant d'avoir connu le plaisir d'amour. Alors sois gentille, laisse-toi faire. Nous ne dirons rien à personne. Ce sera notre secret.

– Allez au diable ! s'écriait-elle. Un mot, un geste de plus et j'alerte le capitaine.

Ils retournaient à leur paillasse en grognant :

– Sorcière... Putain... Fille d'auberge...

À la suite d'une intervention de la duchesse de Bedford, les houspilleurs renoncèrent à la tourmenter. Une nouvelle incartade et c'était la corde !

La préparation du procès avançait à petits pas. L'évêque souhaitait que tout se fît dans les règles et que l'on n'eût rien à lui reprocher. Les lenteurs et les atermoiements du début avaient fait place à une procédure plus expéditive, menée de main de maître par Pierre Cauchon.

Le 13 janvier, en l'hôtel Saint-Cande, plusieurs clercs s'étaient mis à l'ouvrage pour résumer sous forme d'articles l'enquête du frère Nicolas dans le Barrois. Une journée entière y fut consacrée. Une dizaine de jours plus tard ce rapport remanié était remis à l'évêque et à son tribunal.

Estivet-*Benedicite* se frottait les mains : on la tenait enfin, cette obstinée ! Peu après, le tribunal prêtait serment d'exécuter fidèlement son office et procédait aux préparatifs du procès.

Une semaine plus tard, nouvelle réunion dans l'hôtel du seigneur évêque. On donna lecture des articles de l'enquête préparatoire aux membres du tribunal.

– Eh bien, mes amis, dit Pierre Cauchon avec un sourire satisfait, nous avons là de quoi confondre cette hérétique. Qu'en dites-vous, commissaire ?

Jean de La Fontaine, clerc du diocèse de Bayeux, opina : on allait pouvoir ouvrir le procès avec des chefs d'accusation irréfutables.

– Et vous, d'Estivet ?

– Nous tenons cette putain et nous ne la lâcherons pas. La partie est jouée !

– Jean Lemaître, votre avis ?

Le vice-inquisiteur demanda à comparer les rapports authentiques de Nicolas Bailly avec le résumé qui en avait été réalisé. Ce fut un tollé ! Comme si l'on avait le temps de faire et de défaire !

– Oui ou non, monsieur l'inquisiteur, êtes-vous d'accord avec ce document, et dites-nous si vous comptez siéger ou non à nos côtés lors du procès !

Jean Lemaître n'avait pas reçu de réponse de l'Inquisiteur général qui se trouvait occupé, à Saint-Lô, à confondre un bourgeois taxé d'hérésie. Il assisterait au procès mais non en qualité de vicaire. Il rappela que c'était à la suite d'une convocation par voie d'huissier qu'il se trouvait là, ce qui était discourtois.

– Vous savez, ajouta l'évêque d'un ton sévère, le risque que vous feriez courir au tribunal en vous abstenant ? Tout simplement de rendre ce procès illégal. Il doit y avoir pour m'assister un membre de la Sainte Inquisition : vous en l'absence de Jean Graverend...

– Je serai donc présent, sous réserve d'un accord de mon supérieur.

– Faites vite, mon ami ! dit l'évêque.

Il ajouta à l'intention de l'assemblée des clercs :

– Je tiens à faire état d'une double requête formulée par la Pucelle : elle est décidée à comparaître par-devers nous à condition que des clercs originaires du royaume de Bourges siègent dans notre corps en nombre égal au nôtre. Elle souhaite également assister à la messe avant sa comparution. Nous lui avons fait connaître notre opposition.

– Peut-on connaître vos raisons, monseigneur ?

– Les raisons, monsieur l'inquisiteur, sont que cette hérétique de Jeanne cherche à nous faire perdre un temps précieux et qu'elle voudrait faire croire, en réclamant le secours de la religion, qu'elle est animée par la foi. J'ignore qui lui a donné ces conseils. Je la sais incapable, ignorante qu'elle est, de les avoir imaginés. Cela sent la traîtrise. J'en aurai le cœur net !

Il fit taire d'un geste les protestations indignées qui s'élevaient de toutes parts contre ce manquement à la solidarité du tribunal. Il conclut :

– Vous réclamiez des raisons qui puissent justifièr mon attitude sévère envers cette fabulatrice de Jeanne. Êtes-vous satisfait ?

– Je devrai bien m'en contenter... soupira Lemaître.

13

LA NEIGE, LA NUIT, LE SANG

Louviers-Rouen, janvier 1431

Lorsqu'il arriva aux portes de Louviers, Gilles eut un haut-le-cœur : cette aimable cité des bords de l'Eure n'était que décombres ; avant de se retirer sous les assauts de Dunois, les Godons l'avaient incendiée.

Il n'avait sous ses ordres que deux compagnies de vétérans triés sur le volet pour leur courage, leur résistance et leur fidélité. On était loin de l'allure des troupes qui cheminaient derrière la bannière de Jeanne, sous une forêt d'oriflammes, dans l'été de Patay. Plus de serviteurs, de psalette, de petits pages, de damoiselles, mais un bloc de force inébranlable, fait pour les coups de main plus que pour les batailles chevaleresques. De chef d'armée, le maréchal Gilles de Rais était devenu chef de bande. Il s'était fait la main, peu avant, dans les parages de Champtocé, sur un convoi de Madame Yolande, et l'avait dispersé.

On était aux premiers jours de janvier et le froid était vif au point que l'Eure avait gelé et qu'on pouvait la traverser à cheval. Aux nuits de neige succédaient des jours blancs et glacés.

Dunois était ailleurs, occupé à traquer les patrouilles anglaises qui s'aventuraient dans les environs de la grande forêt de Bord et le long de la Seine, au nord, près de Pont-de-l'Arche, où elles surveillaient le passage du fleuve. C'est La Hire qui accueillit son ancien compagnon. Ils n'avaient jamais eu beaucoup de sympathie l'un pour l'autre mais s'estimaient pour leurs mérites réciproques : La Hire, soldat brutal et vulgaire, Gilles passionné pour les livres, la musique et les mystères.

La Hire avait trouvé refuge pour lui et ses hommes dans l'ancienne Maison de Ville pillée et à moitié incendiée par les Anglais. Il dit en serrant la main de Gilles :

– Me voilà devenu le premier magistrat de cette ville ou de ce qu'il en reste. Désolé de t'accueillir sans la fanfare et les honneurs. Nous nous rattraperons lorsque nous aurons délivré Jeanne.

Croyait-il vraiment à ces propos ? Gilles en doutait. Des renseignements collectés en cours de route il avait conclu qu'il serait difficile de pénétrer dans Rouen et plus encore dans la forteresse de Bouvreuil, mais il partageait avec La Hire une conviction : il fallait tenter l'impossible pour arracher la Pucelle aux Anglais. Il gardait vivace en lui le remords de ne pas l'avoir assistée dans son expédition vers Compiègne. Avec lui auprès d'elle Jeanne n'aurait pas été prise.

Assis autour d'une table spartiate, ils évoquèrent les velléités du roi Charles pour mettre sur pied une expédition, de ce petit berger du Gévaudan dont il faisait mine de s'être entiché et qu'il prétendait mener sur les chemins de la Pucelle.

– Dunois fait du bon travail, dit La Hire. Il sème la terreur jusqu'aux portes de Rouen. Les Godons doivent commencer à se demander s'ils ne feraient pas mieux de lâcher leur proie pour que nous leur fichions la paix.

– Ils ne la lâcheront pas, dit Gilles, et il faudrait un miracle pour la délivrer. Jeanne en était capable. Pas nous...

Ils décidèrent de se partager la tâche : chacun à son tour partirait en campagne avec ses propres forces. Objectifs : terroriser les Anglais, leur occasionner le plus de pertes possible, se rapprocher de Rouen pour, à la première occasion, y tenter une incursion. La saison n'était guère favorable : on pouvait repérer un loup ou un chat sauvage à un quart de lieue sur un champ de neige. Alors, une compagnie... De plus le ravitaillement était aléatoire, la plupart des villages étant ruinés et désertés.

– Il va falloir, remarqua Gilles, veiller au grain dans les rapports de nos hommes entre eux. Mes Vendéens et tes Gascons ont tendance à se regarder en chiens de faïence. Il faut éviter les frottements et les bagarres, ce qui risquerait de compromettre nos projets.

La Hire suggéra à Gilles de lancer une première expédition sur Sotteville. Prendre cette modeste cité proche de Rouen d'une lieue serait donner un coup de pied dans la fourmilière. Gilles accepta la proposition sans rechigner. Il eût mal accepté de laisser partir son compagnon et de l'attendre en jouant aux cartes. Il laissa ses hommes se reposer une journée et partit la deuxième semaine de janvier, dans une bourrasque de neige.

Il ne lui fallut pas une journée pour parvenir dans les parages de Sotteville, non loin du méandre de la Seine et des faubourgs de la grande ville. Il divisa sa troupe en petites unités, les unes descendant le fleuve, les autres prenant à l'intérieur des terres.

La petite ville était calme. Par un paysan surpris à bûcheronner on apprit que la garnison comptait une cinquantaine de soldats et que les remparts étaient bien gardés, sauf du côté du fleuve où un pan de muraille s'était écroulé à la suite d'un gel récent.

– C'est par là, décréta Gilles, que nous entrerons dans la ville. Cinquante hommes... pas de quoi nous donner des frissons.

L'un de ses lieutenants lui ayant demandé si l'on ferait de Sotteville une base d'opérations, il répondit :

– Ce serait tenter le diable. Si nous nous accrochions à cette bicoque nous aurions deux jours plus tard des centaines de Godons venus en renfort de Rouen. Notre but est pour le moment de flanquer la frousse à l'ennemi.

Il ajouta :

– Pillage autorisé, mais pas de violences inutiles contre les habitants, pas de viols, pas de prises encombrantes. Jeanne n'aimerait pas ça !

Ils parvinrent à la tombée de la nuit à escalader les moellons menant à la brèche. Des hommes partis en éclaireurs égorgèrent par surprise les sentinelles qui arpentaient le chemin de ronde.

Parvenir jusqu'au château ne fut ensuite qu'une promenade, rues et places étant désertes en raison du froid et de l'heure avancée. Un bref combat sous le châtelet livra le passage du pont et permit d'investir la petite forteresse. La porte du donjon s'étant refermée on y entassa des fagots auxquels on mit le feu. Alors qu'elle était à demi consumée, un madrier permit de l'enfoncer. On n'accéda aux étages, à partir de la salle d'armes, qu'au prix de quelques sacrifices.

Gilles, les mains gluantes de sang, parvint le premier, suivi de son capitaine, Thierry, dans la salle haute. Il y trouva le capitaine, un Anglais nommé Stevens, son épouse, ses enfants et une dizaine de soldats l'arme au clair, montrant les dents. Un grand feu brûlait dans la cheminée devant laquelle une table était dressée.

– Nous n'étions pas attendus, dit Gilles, goguenard, mais si vous nous invitez... Je meurs de faim, capitaine...

– Herbert Stevens.

– Eh bien, sir Herbert, dites à vos hommes de mettre bas les armes pour éviter un nouveau carnage.

Stevens fit signe à ses hommes de jeter leurs armes dans le fond de la salle et dit à Gilles :

– J'aimerais savoir à qui j'ai affaire.

– Gilles de Rais, maréchal de France, sir Herbert.

– J'ai beaucoup entendu parler de vous, et peut-être nous sommes-nous rencontrés. J'étais au siège d'Orléans, dans la bastille Londres. Permettez-moi de vous dire, monsieur le maréchal, que cette agression est indigne de vous.

– Pardonnez-moi, sir Herbert, mais mon secrétaire a omis de vous annoncer ma visite. Le petit personnel n'est plus ce qu'il était...

Il donna l'ordre d'enfermer les défenseurs à double tour dans la pièce voisine, avec la dame et les enfants. Il s'attabla sans y être invité, convia ceux qui l'avaient suivi à faire de même : ils n'avaient rien mangé depuis leur départ. Une fois rassasié il dit à Stevens :

– Rassurez-vous, nous ne faisons que passer, mais avec la

ferme intention de laisser dans la contrée des souvenirs désagréables. Ce qui se passe chez vous aujourd'hui se renouvellera en d'autres lieux jusqu'à ce que nous soyons entrés dans Rouen.

Stevens ne put réprimer un sourire.

– Rouen, dit-il, vous n'y entrerez jamais. Elle est gardée par des milliers d'hommes.

– C'est ce que nous verrons ! Avec votre concours...

– Mon concours, dites-vous ? Qu'est-ce qui vous permet de supposer que j'accepterais de vous aider ?

– Nous avons de bons moyens de vous convaincre.

Il tira brutalement la nappe, faisant un beau désordre de vaisselle, et ordonna à Thierry et à deux de ses hommes de se saisir du capitaine anglais et de l'attacher sur la table. Stevens se débattit en proférant des menaces dont Gilles sourit à son tour.

– Ce que nous sommes amenés à vous faire subir, sir Herbert, les vôtres l'ont fait mille fois subir aux nôtres. J'ai vu certains de mes soldats, et même des officiers, mutilés par vos hommes. Un spectacle qui vous est familier. Cette fois-ci vous êtes l'acteur principal de la tragédie. Thierry, tu sais ce qui te reste à faire...

Gilles demanda à Stevens à combien d'hommes se montait la garnison de Rouen.

– Plus de dix mille, répondit le prisonnier.

– Dix mille, vraiment ? Vous exagérez, mon cher. Le nombre exact, je vous prie ?

La dague de Thierry traça un trait de sang sur la poitrine dénudée de Stevens qui ne broncha pas mais révisa son compte à la baisse.

– Deux mille tout au plus.

– C'est encore beaucoup, mais passons. Comment peut-on introduire intra-muros, secrètement, une centaine d'hommes ?

– Je l'ignore, mais cela me paraît impossible.

– Thierry...

Le second pesa sur la dague qui traversa l'épaule. Stevens hurla.

– Les chalands, chevrota-t-il, qui livrent chaque matin du bois dans la ville...

– Bien ! fit Gilles. Des chalands. Fameuse idée. Nous pourrons dissimuler bon nombre d'hommes sous des tas de fagots et de bûches entassés dans des chariots. Le cheval de Troie, sir Herbert, cela vous dit quelque chose ? Vous allez me révéler maintenant comment on peut pénétrer dans le château de Bouvreuil.

– Impossible... haleta Stevens. Il faudrait une complicité intérieure.

– Vous allez donc nous donner un nom : celui d'une personne capable de nous aider.

– Je vous en ai déjà trop dit ! s'écria Stevens. Ne me demandez pas de trahir les miens. Ce serait une infamie !

– Thierry...

Le second, avec un art consommé, pratiqua une entaille au niveau de la poitrine et, avec une lenteur appliquée, découpa un large fragment de peau.

– Bien, se félicita Gilles. C'est artistement fait. Sir Herbert, un nom, je vous prie. Un seul nom.

– L'un des portiers de la tour des Deux-Écus... Il se nomme Stanley... Il déteste Richard Warwick, le gouverneur, pour des raisons que j'ignore. Je n'en sais pas plus, je le jure !

– Thierry...

Dans une giclée de sang le second fit jusqu'au ventre une entaille qu'il ouvrit sur ses bords avec la précision d'un chirurgien, malgré les soubresauts que la douleur imprimait au patient.

– Comment entre-t-on dans le donjon où Jeanne est enfermée ?

– Un fossé... gémit Stevens. Il y a d'abord un fossé, avec un pont, au niveau... au niveau des cuisines. Y pénétrer est impossible. Moi-même... moi-même n'y suis jamais entré, je le jure ! Cessez de me torturer ou alors tuez-moi !

– C'est ce que nous allons faire, par précaution. À peine aurions-nous le dos tourné que vous iriez prévenir les vôtres et ma tête serait mise à prix. Or, ma tête, j'y tiens. Merci de ces précieux renseignements. Sachez que nous ne ferons aucun mal à votre femme ni à vos enfants. Thierry...

Thierry essuya le fil de sa dague sur sa manche et, d'un coup sec, ouvrit la gorge du prisonnier qui sursauta dans ses liens. Ses cris se perdirent dans un affreux borborygme de sang.

– Qu'allons-nous faire des autres prisonniers ? demanda Thierry.

– Tu vas libérer la femme et les enfants en les tenant sous bonne garde. Ils nous suivront jusqu'à Louviers puis nous les libérerons au bout de quelque temps. Quant aux autres...

Il fit passer le tranchant de sa main sur sa gorge, ajoutant :

– Il ne faut pas qu'un seul de ces hommes reste en vie. Rien ne vaut un bel exemple pour terroriser l'ennemi.

Rouen, février 1431

Aux longues nuits traversées par des présences confuses et bavardes succédaient d'autres nuits où s'ouvrait un gouffre sans fond, sans lumière, sans écho, hanté par le terrible silence de Dieu.

Dieu absent, Jeanne sentait son être se diluer comme dans un bain d'acide. Les jours s'ajoutant aux jours, les nuits aux nuits, chacun avec sa dimension d'éternité, accroissaient son impression de plonger insensiblement dans un non-être, de quitter son enveloppe terrestre pour se fondre dans un éther glacé. Elle demeurait indifférente aux injures, aux mauvais traitements, aux menaces d'être enfermée dans la cage de fer.

Un matin, à quelques jours du début des interrogatoires dont le premier était prévu pour le 21 février, des visiteurs se présentèrent après qu'elle eut fait sa toilette. C'étaient des dominicains dépendant du monastère dont Jean Lemaître était le prieur.

Un homme de haute taille, au front dégarni jusqu'au milieu du crâne et qui, dans son costume, ressemblait à une grosse pie, demanda qu'on la libérât de ses chaînes et lui dit :

– Je m'appelle Jean de La Fontaine, clerc du diocèse de Bayeux. Ceux qui m'assistent sont mes frères en religion. Tu n'as rien à redouter de nous, contrairement à d'autres qui ne te rendaient visite que pour te tirer les vers du nez.

Il lui tendit son crucifix.

– Pour te convaincre, j'engage mon honneur au nom du Christ. Me crois-tu ?

Jeanne hocha la tête en se frottant les poignets.

– Nous sommes envoyés par monseigneur Pierre Cauchon, ajouta le dominicain, afin de t'informer du déroulement du procès. Ce n'est pas simple... Pour résumer, il y aura deux parties dans la procédure : le procès dit d'office qui comporte l'instruction, l'enquête que l'évêque a fait effectuer dans ta province et les interrogatoires. Est-ce que tu me suis ?

Elle hocha de nouveau la tête.

– En second lieu débutera le procès dit ordinaire au cours duquel tu seras jugée. Il s'agit, je te le rappelle, d'un procès en matière de foi.

– Ma foi... balbutia Jeanne. L'aurait-on mise en cause ?

La Fontaine posa sa main sur son bras et poursuivit avec un sourire compatissant :

– Je suis persuadé, ma fille, de ta sincérité, mais c'est ainsi. La règle canoniale veut que l'évêque et l'inquisiteur siègent côte à côte. Tu sais qui est l'évêque. L'inquisiteur sera le prieur de mon ordre, Jean Lemaître. Ce seront tes seuls juges. J'ajoute que ce tribunal comportera un certain nombre d'assesseurs dont la fonction sera d'aider le tribunal, mais seulement à titre consultatif. Ils ne pourront sans y être invités participer aux débats. Le prometteur, ou le procureur si tu préfères, sera Jean d'Estivet. C'est un homme rude. Il ne te fera pas de cadeau.

– Ces assesseurs dont vous parlez, demanda Jeanne, qui seront-ils ?

– Des gens de conditions très diverses. On y trouve des prélats bénéficiers de Normandie et d'Angleterre, des chanoines, des maîtres en droit canon et en droit civil, des membres des tribunaux ecclésiastiques, des clercs de l'Université de Paris, et bien d'autres encore...

– Y aura-t-il des représentants venus de l'autre côté de la frontière, des Français de France ? J'en ai fait la demande.

– Elle a été repoussée par l'évêque. Il estime qu'on n'en a plus le temps.

– Je redoute ce procès pour une autre raison, dit Jeanne. Je risque de faire mauvaise figure, parmi ces grands personnages, moi qui ne sais ni A ni B, qui n'ai fréquenté que des soldats et des brigands.

– Rassure-toi, mon enfant ! Tu as suffisamment de bon sens et d'esprit de repartie pour faire front. Il ne faudra pas te laisser désarçonner mais répondre avec assurance. Ta conviction pourra mettre en échec tous ces chats-fourrés. Ah ! j'oubliais... On m'a confié la fonction de commissaire, comme je te l'ai dit, mais il faudra compter avec trois notaire de l'Officialité rouennaise. Tu auras souvent affaire à l'huissier Jean Massieu. Ce n'est pas un méchant homme. Il assurera ton transfert d'un lieu à un autre.

La Fontaine lui fournit quelques explications sur la manière dont les débats seraient menés et les questions qui lui seraient posées, puis il lui annonça qu'elle avait droit à être défendue par un avocat mais que l'évêque s'y était opposé pour des raisons oiseuses. Une irrégularité qui s'ajoutait à quelques autres...

– Elles ont, ajouta le commissaire, motivé des réserves de la part du vicaire de l'Inquisition, Jean Lemaître. Il faudra donc te conduire hardiment, sans manifester la moindre faiblesse, ce qui se retournerait contre toi.

Il l'embrassa sur le front, se leva et, sans ajouter un mot, fit signe à ses frères de le suivre.

La première séance publique s'ouvrit le 21 février, tôt dans la matinée, environ neuf mois après la capture de la Pucelle.

Lorsque, citée à comparaître, on l'eut débarrassée de ses entraves, l'huissier Jean Massieu vint la prendre dans le donjon pour la conduire à la grande chapelle du château. Elle fut prise d'un vertige. L'un des gardes qui l'accompagnaient la soutint au moment où elle s'écroulait.

– Pardonnez-moi, maître Massieu, dit-elle, mais c'est ma première sortie depuis des mois. Mes jambes sont trop faibles pour me soutenir longtemps.

– Nous t'aiderons, dit l'huissier. Courage, mon enfant, Sa Majesté te regarde.

Il lui montra la façade de l'un des bâtiments abritant le logis royal et la chambre de Henri. Le petit souverain était à sa fenêtre : un bel enfant blond qui semblait souffreteux, très pâle sous le large chapeau noir à écharpe. Elle lui fit un signe ; l'enfant ne répondit pas et se retira vivement.

– Sa Majesté commet une imprudence, dit Massieu. On lui a interdit de te rencontrer et même de te regarder. Si le gouverneur apprenait...

Massieu était un brave homme. Affligé d'une discrète gibosité qui lui donnait une silhouette déjetée, il marchait à petits pas. Enrhumé chronique, il expectorait à tout bout de champ sa morve avec un petit bruit de flûte.

En passant devant la chapelle Saint-Gilles, Jeanne demanda la permission de s'y arrêter le temps d'une prière. Massieu y consentit ; les gardes s'y opposèrent.

– Une autre fois, peut-être, avec d'autres gardes, dit l'huissier. Aujourd'hui il y a trop de curieux aux fenêtres.

La chapelle royale bourdonnait d'une rumeur de voix lorsque Jeanne y fut introduite ; elle cessa dès qu'elle parut. Massieu la conduisit au fond de la nef et lui demanda de rester debout en attendant qu'on lui eût dit de s'asseoir sur l'escabeau prévu à son intention. Elle faisait face à la table placée devant l'autel, sous un grand crucifix de bois. L'évêque Pierre Cauchon y avait pris place. Le fauteuil du vicaire de l'Inquisiteur restait vide, Jean Lemaître s'étant déclaré sans pouvoir et donc dans l'impossibilité de siéger. Une quarantaine d'assesseurs se tenaient assis sur des bancs ou des stalles. Peu à peu, lancinante, la rumeur avait repris.

– Jeanne, dit l'évêque, je viens d'être informé de votre souhait d'entendre la messe. Nous devons différer sinon annuler cette requête en vertu de notre pouvoir discrétionnaire. Vous vous êtes rendue coupable de trop de crimes, de blasphèmes, de sacrilèges, comme de porter des habits d'homme, ce qui est à nos yeux une faute abominable !

Jeanne s'apprêtait à riposter quand La Fontaine, un doigt sur les lèvres, lui fit signe de refréner sa colère.

L'évêque ajusta ses bésicles et, d'une voix lente et grave, donna lecture des pièces introductives du dossier d'accusation. Ayant annoncé que le procès était ouvert contre *cette fille diffamée nommée Jeanne la Pucelle*, il ordonna à l'un des notaires, Boisguillaume, de donner lecture des lettres confirmant la concession de territoire qui faisait de l'ancien évêque de Beauvais un archevêque virtuel de Rouen.

Bouche bée, impuissante à comprendre ce charabia, Jeanne faisait tourner entre ses doigts les aiguillettes de ses houseaux en se demandant combien d'heures allait durer cette première audience. De temps à autre, elle laissait bourdonner en elle une de ces prières qu'elle improvisait parfois en y incluant des noms de personnes qu'elle aimait, des locutions de sa province et des élans jaculatoires. Elle se répétait qu'elle se trouvait dans un lieu saint, sans doute celui où l'enfant roi venait s'agenouiller pour écouter la messe et communier. Elle se sentait par moments les jambes molles et l'esprit embrumé, au point de vaciller.

Charitable, l'évêque lui dit qu'elle pouvait s'asseoir.

Elle écouta d'une oreille plus attentive la relation des circonstances de sa capture, la trouva longue et ennuyeuse. Elle sourit lorsqu'elle vit un pigeon se poser sur une branche de la croix, faillit s'endormir lorsque le notaire Machon donna lecture des résumés de l'enquête préparatoire qui lui semblait concerner quelqu'un d'autre qu'elle. Elle sursauta en entendant l'évêque lui lancer :

– Nous vous admonestons, Jeanne, de ne rien nous cacher de la vérité. Pour cela, vous allez jurer sur les Évangiles.

Massieu s'approcha d'elle avec le Livre qu'elle regarda intensément avant de murmurer :

– La vérité, monseigneur, la vérité...

– Parle plus fort ! s'écria d'Estivet. On n'entend rien de ce que tu dis !

– Je dis, monseigneur, que j'ignore sur quoi vous allez m'interroger, mais je vous préviens : il pourra vous arriver de me poser des questions auxquelles je ne répondrai pas.

D'Estivet sursauta, s'avança vers elle, l'index pointé, en criant :

– Tu n'es qu'une insolente ! Nous n'en attendions pas moins, il est vrai, d'une garce qui forniquait dans les auberges en se disant élue du Seigneur. Ordure !

L'évêque dut rappeler à la décence ce forcené, puis il reprit en s'épongeant le front :

– Au moins, Jeanne, jurerez-vous de dire la vérité sur ce qui vous sera demandé en matière de foi ?

– Je jurerai volontiers, dit-elle, pour ce qui est de mes parents et de ce que j'ai fait depuis mon départ de Domrémy. En revanche, jamais je n'ai confié à personne, sauf à Charles, mon roi, les révélations qui m'ont été faites de par Dieu, dût-on me trancher le col ! Je les aie eues par visions ou par conseils secrets. Attendez une semaine et je saurai si je dois vous le dire.

– Assez de palinodies, ma fille ! Allez-vous jurer, oui ou non ?

La réponse qu'elle avait faite lui paraissait si lumineuse qu'elle ne daigna pas répondre. L'évêque renouvela sa demande sans plus de succès. Comme des murmures s'élevaient de l'assemblée qui s'impatientait, il proféra quelques menaces qui la laissèrent de marbre. Un regard de La Fontaine, paupières baissées puis relevées, la convainquit d'obtempérer. Ses mains posées sur le Livre elle jura de dire la vérité sur ce qu'elle saurait être vrai : un demi-serment dont l'évêque, par lassitude, parut se contenter.

Elle se trouva sur un terrain plus solide lorsqu'il fut question de ses origines, de sa famille, de ses proches. L'évêque lui demanda de confirmer qu'elle avait dix-neuf ans ; elle n'en était pas très sûre. Oui, elle avait été baptisée, et elle donna les noms de ses parrain et marraine. Oui, sa mère lui faisait réciter le *Pater noster*, l'*Ave Maria*, le *Credo*...

– Pouvez-vous réciter le *Pater noster* ? demanda l'évêque.

– Je puis le faire mais il faut d'abord que vous m'entendiez en confession.

L'évêque parut embarrassé. Il essuya ses bésicles d'un geste nerveux.

– Jeanne, dit-il, vous avez tenté de vous suicider. C'est un comportement hérétique.

Jeanne se leva pour protester d'une voix ferme :

– Ceux qui vous ont dit cela ont menti. En voulant m'évader, et non me suicider, je faisais usage de mon droit. Comme je n'ai donné ma foi à personne, personne ne peut me le reprocher, pas même vous !

D'Estivet se dressa d'un bon en s'écriant :

– Insolente ! Perturbatrice ! Fabulatrice !

L'évêque le remit vivement à sa place : qu'il garde ses arguments et ses griefs pour son réquisitoire ! Jeanne poursuivit avec véhémence :

– Je proteste, monseigneur, contre les conditions de mon emprisonnement. Elles sont indignes de ma condition de femme ! On m'a enchaînée comme une criminelle, je suis gardée par des hommes qui m'injurient et me harcèlent. C'est dans une prison d'Église que je devrais être !

– Si nous faisons preuve de rigueur envers toi, riposta l'évêque, c'est pour t'empêcher de tenter le suicide ou l'évasion.

Pierre Cauchon déclara la séance close sur le coup de midi.

Tandis que Pierre Massieu raccompagnait la prisonnière, il réunit un conseil secret composé de son tribunal, à l'exception des assesseurs.

– Cette garce, dit-il, nous tient tête avec une assurance désarmante ! Ou elle est inspirée par le diable, ou conseillée par des adversaires de notre cause. Je n'ose croire qu'il s'est glissé parmi nous un personnage capable d'une telle trahison. S'il en est ainsi, qu'il se dénonce !

Un silence de plomb lui répondit. Il demanda quels avaient été les derniers visiteurs de la Pucelle. La Fontaine s'avança.

– C'est moi, monseigneur, assisté de frères de mon ordre, et à votre requête, pour informer la prisonnière des modalités du procès. Ce que j'ai fait en mon âme et conscience.

– Et vous en avez trop fait, je suppose ! Vous, les frères prêcheurs, vous laissez attendrir trop aisément. Seriez-vous tombé dans les enchantements de cette diablesse ? Retrouvez-moi, vous et vos frères, dans mon cabinet, à six heures de relevée !

À l'heure prévue l'évêque attendit la visite du frère La Fontaine et de ses acolytes, prêt à exercer sur eux, sans indulgence, la rigueur de sa justice. Il attendit en vain : les trois religieux avaient disparu.

Changement de décor, le lendemain, pour la seconde audience. Le tribunal siégeait dans la salle du Parement, un local de dimensions modestes, dans le prolongement des appartements royaux.

Le ciel avait pris les couleurs du printemps. Tandis que Jean Massieu et les gardes lui faisaient traverser la cour où subsistaient des franges de neige boueuse mêlée de crottin, Jeanne marqua un arrêt, les yeux levés vers un joli nuage naviguant dans l'azur, aussi frêle, aussi léger que les flocons de laine que ses moutons laissaient aux ronces. Elle rêva de s'accrocher à lui, de le suivre dans sa course pour retrouver les doux pays de Loire où devaient déjà bourgeonner les saules.

– Eh bien, Jeanne ! dit Massieu, tu rêves ? Ne faisons pas attendre les juges.

Le soleil avait chauffé la pièce éclairée par de hautes fenêtres ouvertes sur la cour. Le tribunal était conforme à celui de la veille mais accru de quelques personnages inconnus de Jeanne. Elle eut un haut-le-cœur en constatant que le vicaire du Grand Inquisiteur siégeait à côté de l'évêque. Avait-il obtenu les pouvoirs qu'il attendait en espérant qu'ils ne lui seraient pas donnés ? L'évêque précisa d'entrée de jeu que Lemaître n'était présent qu'à titre d'observateur.

– Jeanne, dit Pierre Cauchon, nous allons de nouveau vous demander de prêter serment. Nul ne peut s'y soustraire. Vous pouvez vous asseoir.

Elle resta debout pour répondre, avec cette insolence que lui reprochait d'Estivet :

– Dois-je vous rappeler, monseigneur, que j'ai prêté hier ce serment que vous attendez. Vous me chargez trop !

Elle consentit néanmoins à le renouveler mais avec la même restriction : elle ne dirait la vérité que sur les problèmes concernant la foi. Comme Beaupère, un théologien amputé d'une main, émettait des doutes sur la fiabilité de sa parole, elle répliqua avec colère :

– Je le répète : je promets de dire la vérité sur telle chose et non sur telle autre.

Elle ajouta une menace :

– Si vous étiez bien informés à mon sujet, vous souhaiteriez ne pas avoir à me juger car tout ce que j'ai fait et que vous me reprochez l'a été par révélation, Dieu m'en est témoin !

L'évêque eut du mal à faire cesser la vague de murmures indignés qui soulevait l'assistance. Il entendit la voix aigre du promoteur lancer :

– Que de subtilités pour une gardeuse de brebis !

Beaupère se le tint pour dit et, à la demande de l'évêque, passa à un autre sujet : l'enfance de Jeanne, ses rapports avec sa famille, ses premières visions... Détendue, Jeanne répondit à tout ce qu'on lui demandait, jusqu'à son équipée vers Chinon, en habit d'homme...

– En habit d'homme ! s'écria Beaupère en brandissant son moignon. Qui donc vous a donné ce conseil ?

– Je ne vous le dirai pas, mais vous pouvez bien imaginer que je ne pouvais voyager en cotte au milieu de ces soldats !

Lorsqu'on lui demanda d'évoquer le siège d'Orléans elle répondit de bonne grâce. Au mépris de toute logique, Beaupère revint sur ses voix et voulut savoir si une lumière les accompagnait.

– Passez outre ! répondit-elle. Je n'ai pas licence de vous répondre. Croyez-vous que toute lumière vienne de vous ?

La réflexion fut accueilli par des rires étouffés. Le théologien voulut savoir si le soi-disant dauphin avait lui-même des visions, Jeanne protesta avec véhémence.

– Passez outre ! Épargnez-moi ces questions. Je ne puis répondre à la place de Sa Majesté. Pour ce qui est de mes voix, il n'est pas de jour, ou fort peu, que je ne les entende et qu'elles ne me réconfortent. Je ne leur demande d'autre récompense que le salut de mon âme.

– Vous auraient-elles incitée à attaquer Paris un jour de fête religieuse ?

– Elles me dirent que je devais rester à Saint-Denis. J'étais disposée à leur obéir, mais les gens de ma suite m'entraînèrent contre ma volonté. Si je n'avais pas été blessée, j'aurais poursuivi le combat.

Un frère mineur nommé Touraine demanda à la Pucelle si elle avait vu des cadavres d'Anglais sur un champ de bataille.

– En nom Dieu, oui, et souvent ! Mon souhait est que les Anglais retournent dans leur pays !

Alors que Beaupère et le vicaire de l'Inquisiteur échangeaient quelques mots en aparté, l'attention de Jeanne fut attirée par une porte qui venait de s'ouvrir à demi du côté des appartements royaux. Elle en vit surgir à mi-corps un garçon vêtu d'une houppelande de petit-gris et coiffé d'un chapeau noir à écharpe, qui la fixait avec une telle intensité qu'elle en fut troublée. Elle lui sourit ; il lui rendit son sourire, puis il disparut brusquement dans le claquement sec de la porte.

Lorsque l'évêque leva la séance, Jeanne se sentait pleine d'une brume sonore. On l'avait arrachée à la solitude de sa prison pour la jeter dans une arène, en proie à des attaques qui fusaient comme un feu roulant dans le but de la tourmenter et de la confondre. Elle en gardait l'impression d'une confusion, avec une crainte : avait-elle convenablement répondu, aussi bien qu'aurait pu le faire un avocat ? Elle en doutait : elle ne parlait pas le même langage que ces juristes et ils étaient bien disposés à ne pas l'entendre.

Massieu la rassura :

– Par ma bosse, je t'affirme que tu as répondu comme il le fallait et que tu as mis tes juges dans l'embarras. Mais prends garde : ils ont plus d'un tour dans leur sac. Quand tu as dit que les Anglais devaient retourner chez eux, j'ai entendu un seigneur de Londres déclarer : « Voilà une vraie femme ! Je regrette qu'elle ne soit pas anglaise. »

Jeanne n'avait pas été longue à comprendre où le tribunal voulait en venir : l'amener, en la harcelant, à provoquer chez elle des réflexions maladroites et à se contredire. Par chance, elle avait su garder son calme pour ne pas exaspérer ses juges, et rester vigilante pour ne pas donner prise aux attaques sournoises. Ces gens étaient des renards; elle devait se défendre d'eux comme une louve et ne distribuer des coups de griffes et de dents qu'à bon escient.

Pour la troisième audience, même lieu, mais avec un nombre d'assesseurs accru.

Qui étaient ces gens? Des prélats, des moines, des seigneurs, des notables... Les *Français reniés* étaient en majorité; la plupart des assesseurs ne s'étaient rendus à la convocation de l'évêque que pour s'éviter des représailles en cas de refus.

Jeanne faillit se rebiffer vertement lorsque Pierre Cauchon lui demanda de renouveler son serment.

– Vous risquez beaucoup, monseigneur, en m'accablant comme vous le faites. Vous vous passerez d'un nouveau serment : j'ai déjà juré deux fois!

– Par cette attitude obstinée, vous vous rendez suspecte au tribunal!

– Je suis au monde de par Dieu, et...

D'Estivet l'interrompit brutalement :

– Parle plus fort, chienne! Nous ne comprenons rien à ton charabia!

– Je disais que je suis au monde de par Dieu et que ma place n'est pas devant ce tribunal. Renvoyez-moi à Dieu!

– Ce sera plus tôt que tu ne le penses! répliqua d'Estivet.

Elle le foudroya du regard; il baissa les yeux.

Le manchot Beaupère remonta au créneau avec un enchaînement de questions qui sentaient le traquenard sous une apparence d'absurdité : quand avait-elle mangé et bu pour la dernière fois? Ses voix s'étaient-elles manifestées ces jours derniers? Y avait-il des touchers, des effleurements? Était-elle en état de grâce?

Là, Jeanne sursauta :

– Si je n'y suis, dit-elle, que Dieu m'y mette. Si j'y suis, qu'Il veuille m'y garder. Je serais bien malheureuse si je n'étais dans la grâce de Dieu. Si j'étais en état de péché mes voix se tairaient.

Les questions se bousculaient, se brouillaient dans sa tête. Le jeûne qu'elle avait observé la veille lui mettait du coton dans le corps et des nuages dans la tête. Elle réprima à plusieurs reprises l'envie de se lever et de dire à ces renards de cesser de la harceler. Alors que la voix en coups de fouet d'Estivet claquait à ses oreilles elle eut une défaillance et roula sur le sol. On la releva à demi inconsciente. L'évêque lui demanda benoîtement si elle souhaitait que l'on remît cette audience ; elle préférait que l'on en finît.

La suite de l'audience porta sur un sujet qui lui était cher : ses jeux innocents autour de l'arbre et de la fontaine dont les fiévreux venaient puiser l'eau pour leur guérison, les fêtes de *Laetare Jerusalem*...

– Sorcellerie ! s'écria le promoteur. Cette garce est une créature du diable !

Jeanne reprit sans se laisser démonter :

– On a pu dire que c'est à l'arbre des fées, près de la vigne de mon père, que ma mission m'a été dictée, mais c'est faux ! Une prophétie courait le pays, selon laquelle une vierge sortirait du Bois-Chenu pour faire des merveilles, mais je n'y ai jamais cru.

Sautant sur un autre sujet, Beaupère lui posa une question insidieuse : voulait-elle qu'on lui donnât un habit de son sexe ?

– Eh bien, répondit-elle, donnez-m'en un ! Je m'en vêtirai et je partirai. Sinon je me contenterai de celui que je porte, puisque cela plaît à Dieu...

Rouen, février 1431

La Hire mit le nez à la fenêtre ouvrant sur la place principale de Louviers, face à l'église aux portes brûlées lors de la retraite des Anglais. Il recula sous une gifle de neige et de vent glacé.

– C'est pure folie, dit-il, de partir avec ce temps de chien. Tu risques de te perdre.

– Il le faut, répondit Gilles. Mes hommes m'attendent à Sotteville et de l'autre côté de la Seine, à Amfreville. Si je n'arrive pas dans les délais prévus ils se disperseront. Pour ne pas risquer de m'égarer je suivrai le cours de la Seine. Adieu, mon frère ! Si tu ne me vois pas revenir d'ici une semaine, ce sera que...

– Tu reviendras, et avec Jeanne !

Ils s'embrassèrent en pleurant.

– J'aimerais être à ta place, ajouta La Hire.

– Nous avons joué la décision aux dés et j'ai gagné. Sais-tu ce que Jeanne aimerait ? Que tu pries pour la réussite de cette expédition.

– Je veux bien essayer mais je ne promets rien. Je connais davantage de chansons de route que de prières.

Gilles avait choisi, pour composer sa troupe, une cinquantaine d'hommes parmi les plus costauds et les plus décidés. La plupart avaient rencontré Jeanne à Orléans, à Patay, sur le chemin du sacre ; tous détestaient les Anglais et les Bourguignons. Il n'avait pas été facile de leur faire abandonner leur tenue de soldats pour les vêtir de sarraus, les coiffer de capuches, les chausser de sabots : des artisans de Louviers et un négociant en tissus y avaient pourvu. La troupe avait pris l'apparence d'une bande de vilains partis bûcheronner, encore que la saison et le temps n'y fussent guère favorables. Tous, y compris Gilles, iraient à pied.

Avant de trouver la Seine, Gilles dut descendre l'Eure jusqu'au Pont-de-l'Arche. Pris par les glaces, le fleuve laissait au milieu de son lit un passage pour les embarcations.

Gilles retrouva son second au soir de cette pénible randonnée. Thierry avait réussi à faire passer ses hommes à Amfreville, à louer quelques chalands et à les charger de bûches et de fagots.

À l'heure prévue, par un temps aussi tourmenté et froid que les jours précédents, on embarqua la majeure partie des hommes dissimulés sous le chargement, les autres étant occupés à la manœuvre, tous dissimulant leurs armes sous leur sarrau.

Il fallut moins d'une heure pour arriver au port de Rouen, libéré des glaces et où, déjà, des péniches débarquaient le bétail destiné à la boucherie. Il régnait un tel désordre aux abords des portes qu'il fut facile de négocier l'entrée dans la cité.

Attelé d'un couple de bœuf au départ d'Amfreville, le premier chariot fut soumis à une brève inspection, les conducteurs des suivants, chapitrés par Gilles, marquant leur impatience et pressant l'officier anglais de hâter la formalité. Il s'avança vers Gilles, s'informa de la destination de ce chargement ; Gilles répondit qu'il était attendu au château de Bouvreuil et qu'il avait été retardé par le mauvais temps.

– Montre ton passeport ! dit l'officier.

Gilles sortit de sa ceinture un document qu'il laissa volontairement tomber dans une flaque, de telle sorte que, souillé de boue, il ne fût guère déchiffrable.

L'officier fit un signe aux gardes qui l'accompagnaient. Ils soulevèrent quelques fagots et plongèrent leurs lances à travers le chargement.

Les trois chariots prirent la direction du nord, à travers une ville qui commençait seulement à s'éveiller. Ils laissèrent à leur droite la silhouette fantomatique de la cathédrale et le marché qui commençait à s'animer dans le brouillard de dix heures.

Soudain, alors que le convoi passait au large de l'église Saint-Godard, Thierry secoua l'épaule de Gilles.

– Nous n'allons pas tarder à attirer l'attention, dit-il. Regarde...

Il lui montra les traces de sang que l'un des chariots laissait dans la neige.

– Ne nous arrêtons pas, répliqua Gilles. Le château n'est plus très loin, mais quittons cette voie trop fréquentée de manière à tomber droit sur le châtelet, au pied de la tour des Deux-Écus. Avec un peu de chance nous y trouverons ce Stanley dont le capitaine de Sotteville nous a parlé.

Obliquant dans une rue étroite ils se heurtèrent à un gros fardier livrant du vin à une auberge. Il fallut s'arrêter et s'informer. Thierry trouva le patron en train de trinquer avec une sorte d'ours mal léché qui était le propriétaire du fardier. Il déclara qu'il se rendait au château avec un chargement de bois et que l'intendant allait s'impatienter.

– Eh bien ! dit l'ours, il patientera. Nous en avons encore pour une petite heure. Tu veux boire un coup en attendant ?

– Merci. Pas de temps à perdre. Fais avancer ton fardier jusqu'à la place.

– Eh là ! je ne suis pas à tes ordres. Si tu es pressé tu prends un autre chemin.

Alors que Thierry s'apprêtait à rompre pour ne pas faire d'histoires, un gamin entra dans l'auberge en agitant les bras et en criant :

– Venez vite ! C'est plein de sang sur la neige !

– Du sang ? dit le patron. Tu rêves, gamin !

Thierry décampa pour alerter Gilles. Ils revinrent à cinq et, sortant leurs armes, obligèrent le patron, l'ours et le gamin, ainsi que deux consommateurs ébahis, à plonger dans la cave dont ils rabattirent la trappe avant de pousser sur elle un bahut.

Gilles lança aux gars qui faisaient rouler les barriques l'ordre de s'interrompre et de pousser le fardier jusqu'à la place.

– Que le patron vienne nous le dire lui-même ! protesta l'un d'eux. Nous bougerons pas d'un pouce.

– C'est ce qu'on va voir, fit Thierry.

Il lâcha ses hommes sur les débardeurs. Quelques instants plus tard, trois hommes gisaient dans la neige, la gorge tranchée. On jeta leurs corps dans un jardin attenant à l'auberge, tandis que Gilles, prenant les brides, faisait avancer l'attelage.

L'altercation ayant fait quelque tumulte, il y avait du monde aux fenêtres, avec des protestations, des cris et des menaces. Le fardier venait de se ranger sur la place lorsque l'un des compagnons de Gilles donna l'alerte :

– Nom de Dieu ! La patrouille... Les gars, nous sommes foutus !

– Faites sortir nos hommes ! lança Gilles.

Les monceaux de fagots libérèrent leurs prisonniers. Ils sautèrent sur la chaussée, l'arme au clair, se précipitèrent sur les Godons qui, médusés, se débandèrent en sonnant de la trompe pour alerter ceux du château dont les remparts se devinaient entre les maisons.

– Foutons le camp ! hurla Thierry. Nous allons être attaqués de toutes parts. Regarde ce qui vient vers nous !

Un groupe armé fondait sur eux par une ruelle montant au château de Bouvreuil.

– Nous ne partirons pas, jura Gilles, sans en avoir tué quelques-uns. En avant, les gars !

Il en avait la certitude : cette tentative était vouée à l'échec. Pourtant, il ne savait quelle folle impulsion l'animait d'aller jusqu'au bout. Il savait que Jeanne n'aurait pas pensé ni fait autrement. Il savait qu'elle était derrière ces murailles qui limitaient l'horizon et se disait que, peut-être, elle avait été alertée et attendait ceux qui viendraient la délivrer. Il tenait à lui dédier ce qu'il savait être sa dernière bataille et peut-être sa dernière heure. Il lui devait bien cet ultime témoignage d'affection et d'amour.

Il se lança avec rage dans la mêlée, parvint à arracher son épée à un officier et à faire sa moisson de sang. Une dizaine de tués ou de blessés gisaient autour de lui quand il vit un autre groupe de Godons dévaler vers eux. Il lança à ses hommes l'ordre de rompre et de se disperser, à la grâce de Dieu.

Suivi de Thierry, il s'engouffra dans le jardin de l'auberge, escalada un mur, se retrouva dans une cour où des enfants jouaient aux boules de neige, se rua dans une maison où il sema la panique.

– Suis-moi, dit Thierry. La campagne est proche. Je connais un coin des remparts qui n'est pas gardé et que nous pourrons franchir à l'aide d'une échelle.

– Pas sans ma permission, fit une voix derrière eux.

L'un des soldats qui les avaient poursuivis leur faisait face, tenant son épée à deux mains. Il leur demanda de se rendre, affirmant qu'ils seraient considérés comme prisonniers de guerre.

– Nous ne sommes pas de ceux qui se rendent ! dit Gilles.

Il bondit, se heurta à une volte qui le fit reculer. Il se dit qu'il avait affaire à forte partie mais, faisant front de nouveau, il parvint à faire sauter d'un coup de taille l'épaulière marquée aux léopards d'Angleterre.

– Pas mal ! dit le soldat, mais ça suffit pas !

Il parvint à repousser Gilles contre une table, le tranchant de l'épée sur sa gorge et s'apprêtait à sortir sa dague lorsque Thierry lui fracassa un tabouret sur le crâne.

– Laissons-le vivre, dit Gilles. C'est un brave.

– Assez perdu de temps, dit Thierry. La clé des champs est au fond de ce jardinet.

Ils franchirent la muraille en s'aidant d'une échelle, sautèrent dans un buisson et se retrouvèrent dans un faubourg paisible ouvrant sur la campagne de Déville. Ils s'enfoncèrent dans des espaces sauvages de taillis et de guérets sans rencontrer âme qui vive, descendirent jusqu'à Croissel pour retrouver la Seine qu'ils purent franchir sans encombre par le bac.

Tard dans la soirée ils se retrouvaient à Sotteville que les Anglais avaient réoccupé et où ils avaient installé un poste d'une dizaine d'hommes. Ils parvinrent à voler deux chevaux et de la nourriture avant de s'engager sur le chemin de Louviers.

La Hire ne jugea pas opportun d'accabler Gilles, en se disant que sans doute lui-même n'eût pas fait mieux.

– Désormais, dit-il, nous ne pouvons rien pour Jeanne. Il faut en prendre notre parti. Je doute que Dunois et Xaintrailles aient plus de chance que nous. Je viens d'apprendre qu'ils tournent autour de Rouen avec une centaine d'hommes chacun, alors qu'il en faudrait des milliers.

Gilles se laissa tomber sur un tabouret, les mains ballant entre ses cuisses, le visage tourné vers l'âtre. Il marmonna :

– J'ai tout manqué dans ma vie ! Faire de moi un maréchal de France, c'était confier une épée à un incapable. Quelle dérision ! J'ai manqué mon mariage, j'ai toujours été impuissant à assurer la paix dans mes domaines, je n'ai pas su faire un bon usage de ma fortune... Et voilà qu'aujourd'hui j'échoue à délivrer la Pucelle. Une sorte de fatalité pèse sur ma vie. Il ne me reste qu'à disparaître, à faire en sorte qu'on m'oublie...

– C'est beaucoup de sottises et d'exagérations, protesta La Hire. Gilles, tu peux être certain d'une chose : on ne t'oubliera pas...

14

LE SEIGNEUR PREMIER SERVI

Rouen, février-mars 1431

Un dimanche de Carême, surprise pour la Pucelle : un clerc venant de la part de l'évêque lui remit une carpe de belle dimension.

– Un cadeau de monseigneur. Il a constaté que vous aviez besoin d'une nourriture roborative pour affronter les dernières séances du procès. Il a été fort marri de votre défaillance et souhaite que cela ne se reproduise pas. Mangez ce poisson en confiance. Il est tout frais pêché.

– Vous remercierez monseigneur de sa bonté, répondit Jeanne. Mes gardiens me prépareront cette carpe.

Elle ajouta :

– Si mon juge a quelque indulgence pour moi, pourquoi s'obstine-t-il à refuser de m'entendre en confession ?

– Peut-être parce qu'il vous tient pour une hérétique. Les voies du Seigneur ne peuvent vous être ouvertes tant que vous n'aurez pas fait amende honorable. S'il vous donnait satisfaction, que vous fassiez une profession de foi sincère, il serait contraint de vous absoudre, ce qui rendrait ce procès sans objet.

– Je comprends... soupira Jeanne, mais je ne suis pas l'hérétique qu'il imagine. Oserai-je vous demander à vous de m'entendre en confession, puisque vous êtes prêtre ?

– Ma fille, je n'en ai pas la permission. Je n'ai pas celle non plus, d'ailleurs, de m'entretenir avec vous. Pardonnez-moi, je dois me retirer...

Jeanne mangea la moitié de la carpe de bon appétit et laissa ce qui restait à ses gardiens.

– Pourquoi ne pas l'avoir mangée entièrement ? lui demanda Berwoit. Craindrais-tu que l'évêque veuille t'empoisonner ?

– C'est que je n'avais plus faim, dit Jeanne.

Elle s'endormit dès l'*Ave Maria* du soir. Peu après, réveillée par de violentes douleurs au ventre, elle appela ses gardiens pour qu'ils la conduisent aux latrines.

– On a voulu m'empoisonner ! gémit-elle. Faites venir un médecin.

– Demain, à la première heure, c'est promis, dit Berwoit.

Elle passa la nuit entière à se tordre sur son grabat. Le lendemain à l'aube maître Desjardins, médecin du château, était à son chevet, alerté par le gouverneur qui lui confia :

– Maître Guillaume, il faudra faire appel à toute votre science pour guérir cette fille. Elle ne doit pas mourir d'une quelconque maladie. Nous l'avons payée trop cher pour qu'elle nous échappe d'une manière aussi banale. De crainte que vous ne tombiez sous le charme de cette diablesse je vais vous faire accompagner du chanoine Jean d'Estivet qui doit dire la messe ce matin dans notre chapelle.

– Je suis médecin, protesta Desjardins, et la sorcellerie n'a aucune prise sur moi !

Muni de sa trousse, ce petit homme sec comme un fagot, affligé d'une claudication qui lui donnait l'allure d'un gros oiseau blessé, ordonna sèchement aux gardiens de se retirer, de fermer la porte, et au chanoine de tourner le dos. Il pria Jeanne d'ôter son pourpoint et sa chemise, et s'exclama en feignant la répugnance :

– Ce que tu peux puer, ma fille ! Tu ne fais donc jamais ta toilette ?

– Lorsqu'on m'y autorise, dit-elle, et ce n'est pas tous les jours. Quant à donner mes vêtements à laver, je m'y suis opposée, de crainte qu'on ne me les rende pas ou qu'on ne me donne à la place des habits de femme qui me protégeraient mal du harcèlement des houspilleurs chargés de ma garde.

– Je comprends tes craintes, dit maître Guillaume. On n'a pas choisi de confier ta garde à des anges...

Tout en parlant et en l'auscultant il marmonnait dans sa barbe, tantôt en français, tantôt en latin comme s'il priait.

– Tu as une forte fièvre, dit-il, mais tes jours ne sont pas en danger. Une bonne saignée te remettra d'aplomb en quelques jours. Qu'as-tu mangé qui ait pu t'indisposer à ce point ?

Elle lui parla de la carpe ; le médecin fronça les sourcils.

– Une carpe, vraiment ? Sûrement pas de la première fraîcheur...

– Si fait, et même excellente. Mes gardiens ont mangé la moitié que je leur ai laissée et n'ont pas été indisposés.

– Bizarre... bizarre... marmotta-t-il. Alors il faut croire que...

Il n'alla pas jusqu'au bout de sa pensée, de crainte d'être surpris par d'Estivet, mais sa conviction paraissait établie : on n'avait pas voulu faire mourir la prisonnière mais simplement diminuer son énergie pour mieux la maîtriser dans la suite du procès.

Lorsqu'il eut pratiqué la saignée, le chanoine se retourna en s'écriant :

– Cette garce est de la dernière mauvaise foi ! Elle répond à la générosité de monseigneur l'évêque par des accusations mensongères. Si tu crois, ordure, que cette carpe était empoisonnée, eh bien ! dis-le haut et fort !

– Laissez cette malheureuse en paix ! protesta le praticien. Cette fille est malade pour avoir consommé une nourriture suspecte. De plus, elle est mal nourrie et manque des soins qu'on ne refuserait à aucun criminel.

Il annonça qu'il reviendrait quelques jours plus tard pour effectuer une nouvelle saignée si la santé de sa patiente ne s'améliorait pas.

– Je m'y oppose ! Cette catin en profiterait pour tenter de mettre fin à ses jours ! grogna le promoteur.

– Absurde ! protesta Desjardins. Vous êtes peut-être le médecin des âmes, mais je suis celui des corps. Laissez-moi faire mon métier.

Il dit à Jeanne :

– Il faut que tu te reposes. Je vais demander à tes gardiens de ne pas t'importuner. Les audiences ne reprendront que dans trois ou quatre jours. Tu auras le temps de reprendre des forces pour te défendre...

Il l'embrassa sur le front.

– Maître Guillaume, dit d'Estivet, vous aurez à rendre compte de votre conduite !

– Et vous c'est avec le Ciel que vous devrez vous expliquer...

Lorsque la quatrième audience s'ouvrit, Jeanne se sentait de nouveau gaillarde.

Elle était restée en prière des heures durant, alors que les cloches bourdonnaient en essaim au-dessus de la ville. Ses voix, celle de Catherine notamment, l'avaient visitée, lui recommandant de garder courage et de prendre son mal en patience, l'heure de sa délivrance étant proche.

Maître Jean Beaupère tourna en grattant son moignon autour de l'escabeau sur lequel elle était assise. La salle du Parement était chauffée par un soleil qui sentait le printemps. Lorsque le théologien lui demanda comment elle se sentait à la suite de son indisposition, elle répondit :

– Vous le voyez bien : du mieux que je puis...

– Je dois, dit-il, vous interroger au sujet de vos apparitions. Il faudra me répondre avec précision. Comment vos saintes vous apparaissent-elles ?

À la surprise du tribunal elle déclara :

– J'ai la permission de répondre à cela.

Elle décrivit ses saintes richement vêtues, couronnées de diadèmes de pierres précieuses. Soudain, excédée, elle ajouta :

– D'ailleurs tout cela est consigné dans le livre de Poitiers, par les clercs de l'Université fidèles au dauphin qui m'ont interrogée.

On lui demanda néanmoins de poursuivre sa description.

Parvenait-elle à les différencier ? Mais oui ! Elles s'annonçaient par leur nom et la manière dont elles faisaient leur révérence.

– Est-ce le Ciel qui vous a incitée à partir en campagne pour délivrer Orléans ?

– J'aurais préféré être écartelée à quatre chevaux plutôt que de quitter ma famille sans la permission du Ciel !

– Et l'habit d'homme, Jeanne, est-ce le Ciel qui vous a conseillé de le porter ?

Elle haussa les épaules.

– L'habit d'homme... pourquoi insister là-dessus ? Quelle importance cela peut-il avoir pour votre procès ? Ce sont mes compagnons qui m'ont donné l'idée de m'en vêtir, mais je ne l'ai fait qu'en accord avec mes anges.

Beaupère aiguilla l'interrogatoire sur le fameux secret du dauphin : cet entretien mystérieux qu'elle avait eu avec lui, dans la grande salle de Chinon, le soir de leur rencontre. Quelles révélations lui avait-elle faites ?

– Je ne vous en dirai rien, du moins pour aujourd'hui.

L'évêque intervint pour déclarer avec un sourire :

– Le soi-disant dauphin doit se souvenir du Livre de Tobie, où il est dit : *Il est bien de cacher le secret du roi...*

Il fallait bien en venir à l'affaire de l'épée de Fierbois. Après qu'elle eut relaté cette découverte miraculeuse, le promoteur d'Estivet s'écria :

– Cette épée, Jeanne, tu l'as découverte par sorcellerie, en invoquant le diable. Tu as usé d'un charme, c'est certain !

Elle se contenta de hausser les épaules. Quant à l'épée qu'elle avait prise à un soldat bourguignon devant Paris, cette question la fit sourire.

– Cette épée, dit-elle, je l'ai portée jusqu'à Compiègne. C'était une belle arme, propre à donner de bonnes buffes et de bons torchons, comme on dit dans mon pays, mais je n'ai jamais tué personne !

Des rires fusèrent dans l'assistance.

On pouvait se demander ce qui resterait de ces interrogatoires décousus, de ces redites lassantes, de ces interminables audiences. Rien ou peu de chose. Jeanne avait flairé tous les pièges et les avait évités. Il y avait de quoi susciter la hargne de ses juges.

Lorsque l'évêque Cauchon vit entrer dans son cabinet maître Jean Lohier, il ne put se défendre d'un sentiment d'inquiétude.

Ayant appris que ce grand personnage, connu de toute la province et au-delà, était de passage à Rouen, attiré peut-être par le bruit fait autour du procès, l'évêque tint à le rencontrer et à le faire participer à une audience. Le notable avait demandé et obtenu copie des interrogatoires.

Un regard suffit à l'évêque pour comprendre que Lohier avait des choses graves à lui confier. Jambes longues, buste bref, bras ténus armés de longues mains fines, ce notable ressemblait à un héron aux ailes déplumées.

– Eh bien, maître Jean, lança l'évêque avec une voix qui trahissait son impatience, que dites-vous de la manière dont nous menons ce procès ?

– Je vais être franc avec vous, monseigneur, répondit le visiteur. Tout cela ne vaut rien ! Votre *beau* procès, comme vous dites, est nul !

– Et pourquoi cela, je vous prie ?

Lohier, homme d'ordre et de logique, habitué aux comptes, répondit :

– *Primo*, ce procès préliminaire pèche par sa forme. Il fallait, pour qu'il s'ouvrît dans les règles, fournir des informations préalables sur les présomptions de culpabilité.

– Tenez-vous pour rien l'enquête que j'ai ordonnée dans la province de la Pucelle ?

– Ce fut une enquête menée en dépit du bon sens, incomplète, partisane. Je me suis laissé dire que l'on en avait dénaturé les résultats.

– Je ne vous permets pas ces insinuations, maître !

Jean Lohier ajouta sans se laisser démonter :

– *Secundo*, ce procès se déroule non pas en public mais à huis clos, au château de Bouvreuil. Cela signifie que les assesseurs ne sont pas libres de donner leur opinion sans risque pour leur sécurité.

– Vous vous trompez ! Chacun peut s'exprimer à sa convenance...

– ... mais à ses risques et périls ! J'étais dans l'assistance et j'ai entendu ce qui se disait. *Tertio*. Plusieurs personnes que ce procès touche directement n'ont pas été citées à comparaître. Le roi de France n'a personne pour le représenter.

– C'eût été inutile ! bredouilla l'évêque. Charles n'aurait pas répondu à notre citation et n'aurait envoyé personne. De plus, ces démarches auraient retardé la procédure.

– Il vous tarde donc tant d'envoyer cette pauvre fille au bûcher ?

– C'est plus que je ne puis supporter ! Maître Lohier, en avez-vous bientôt fini ?

– Pas tout à fait, monseigneur. *Quarto*... Jeanne est une fille toute simple, nullement au fait des subtilités de ses juges. Vous la laissez sans avocat et sans information sur la procédure. C'est pour toutes ces raisons que je vous répète que votre procès ne vaut rien !

– Vous me répondrez de vos insolences, monsieur le censeur !

– Je sais ce que je risque, monseigneur, mais rien ne pourrait m'empêcher de proclamer ma vérité. Vous tentez de prendre cette malheureuse en défaut non sur des faits, mais sur les paroles que vous lui arrachez par malice. Vous et votre tribunal agissez par haine plus que par esprit de justice. Votre intention est de faire à tout prix mourir cette fille. N'attendez pas de moi que je cautionne ce comportement odieux ! J'ai bien l'honneur...

À peine Jean Lohier eut-il tourné les talons, l'évêque, encore sous le choc de ce déluge de griefs, réunit son conseil et déclara en s'épongeant le front :

– Je vous ordonne de fuir toute relation avec ce rebelle, ce traître, cet hérétique ! Il voudrait faire accroire que notre procès devrait être annulé et repris sur d'autres bases. Je vais informer le gouverneur, le Régent, le cardinal de ce comportement ignoble, demander qu'on mette cette mauvaise tête au secret.

– Hélas ! soupira Nicolas Loiseleur, nous ne pouvons rien contre lui. Touchez un cheveu de sa tête et vous aurez un soulèvement en Normandie !

– Quoi qu'il en soit, conclut l'évêque, nous ne changerons rien à notre manière de procéder. Les interrogatoires reprendront demain, et pas sur la place publique comme le voudrait ce trublion !

Rouen, mars 1431

Chaque jour, en traversant la cour pour se rendre à l'audience, précédée par maître Massieu et encadrée par deux soldats, Jeanne peut constater que l'enfant royal se tient à sa fenêtre, toujours la même, peut-être celle de sa chambre, et toujours au même moment. Comment s'y prend-il pour échapper aussi régulièrement à la surveillance de ses proches ? Parfois il lui sourit ou lui fait un signe de la main. Un matin, alors que le cortège longeait la façade des appartements royaux, elle l'a vu cracher. Sur qui ? sur elle, sur l'huissier, sur les gardes ? Que peut-on bien lui raconter sur elle ? Peut-être du bien un jour et du mal le lendemain. Elle ne le saura jamais. Elle s'arrête un instant, sourit et s'éloigne. Ils ont dix ans de différence : lui un enfant et elle une adolescente prolongée. Tous deux prisonniers : l'un de rideaux de soie, l'autre de la pierre et des chaînes.

Lors de l'audience suivante que l'évêque ouvrit de fort méchante humeur, il fut d'abord question du Saint-Père, sous forme de piège à l'intention de Jeanne. Pierre Cauchon lui demanda quel était le vrai pape [1].

La question laissa Jeanne perplexe. Y en avait-il deux ou plu-

1. À cette date, le trône de Saint-Pierre était vacant. Le pape Martin V était mort quelques jours avant. À Rouen on l'ignorait.

sieurs ? L'évêque sourit derrière sa main. Il rappela à l'accusée le message qu'elle avait reçu naguère du comte d'Armagnac, dans lequel il lui demandait de lui désigner, parmi les trois papes en compétition, celui auquel il devait obéissance.

– En vérité, dit-elle, je ne savais à quel pape donner ma foi. Alors, j'ai fait confiance à celui qui est à Rome. J'ai dicté la lettre dont vous parlez dans la précipitation d'un départ, en remettant ma réponse à plus tard.

Jean d'Estivet reprit la balle au bond.

– Tu t'es rendue coupable de prétention et de jactance en prétendant en savoir autant sinon plus que la Sainte Église. Prétendre être en mesure de désigner le véritable Souverain Pontife alors que l'on a encore de la paille dans ses sabots, quelle présomption !

Le promoteur révéla à l'assemblée que, dans sa cellule, devant ses visiteurs ou ses gardiens, elle vaticinait volontiers. Qu'avait-elle raconté, durant son indisposition, à l'un de ses gardiens, John Grey ?

– Je lui ai dit qu'avant sept ans les Anglais auront perdu la France, à la suite d'une grande victoire que Dieu donnera aux Français.

On voulut savoir l'année exacte, le jour, l'heure. On l'assaillait sèchement de questions, on la coupait dans ses réponses, on l'insultait. L'évêque se trémoussait dans son fauteuil. L'ambiance s'enfiévrait. Elle laissa sereinement s'apaiser le tumulte avant de répondre qu'elle ignorait la date exacte, mais qu'avant la Saint-Martin de novembre se produiraient des événements défavorables aux Anglais.

– Je le sais par révélation ! cria-t-elle. Aussi bien que je vous vois !

Par un de ces changements de cap si fréquents dans cette procédure, Pierre Cauchon demanda à Jeanne ce qu'elle avait fait de sa mandragore, cette racine magique à laquelle les sorciers attribuaient des vertus magiques. La mandragore ? elle ne savait ce que c'était et n'en avait jamais porté sur elle.

Retour sur les visites de ses frères du Paradis ! Parlaient-ils la langue anglaise ? Pourquoi l'auraient-ils parlée puisqu'ils n'étaient pas du parti anglais ? Saint Michel était-il nu ? Ridicule ! pouvait-on imaginer que Dieu ne pouvait le vêtir ? Avait-il des cheveux ? Pourquoi les lui aurait-on coupés ?

De retour dans sa prison à la suite de cette audience épuisante et grotesque, Jeanne demanda à Massieu la permission de faire halte dans la chapelle Saint-Gilles pour une courte prière.

– C'est impossible, Jeanne, tu le sais !

– Alors laissez-moi au moins m'agenouiller devant la porte.

– Ça, je puis te le permettre, mais fais vite !

Les gardiens ne s'opposèrent pas à cette requête. Elle s'agenouilla sur le seuil, les bras écartés, un bref moment.

Le lendemain, lorsque l'huissier vint remplir son office, il était d'une humeur de dogue : informé de cette pieuse halte, d'Estivet l'avait injurié, lui reprochant d'être le complice de cette putain et menaçant de le faire jeter dans un cul-de-basse-fosse. Lorsque Jeanne passa devant la chapelle elle constata que le promoteur se tenait sur le parvis, les bras croisés sur sa poitrine, la mine rogue, son lupus lui faisant aux lèvres une tache de sang.

Comme la précédente, la sixième audience n'apporta qu'un lot de questions oiseuses et absurdes. On chipota l'accusée au sujet de l'idolâtrie qu'elle suscitait dans la population, sur les anneaux qu'elle avait offerts – à qui ? elle ne s'en souvenait plus – sur les attouchements des femmes, sur le nourrisson qu'elle avait, disait-on, ressuscité...

Le procès tournait en rond et les Anglais commençaient à manifester leur impatience d'en finir. Les assesseurs venaient de moins en moins nombreux, écœurés pour la plupart par les conditions de cette procédure et la malignité des juges. Le vice-inquisiteur Jean Lemaître s'abstint de paraître, passé les premières séances.

Après quelques jours de repos, décision brusque de Pierre Cauchon : les derniers interrogatoires se dérouleraient dans la prison, en présence seulement de cinq *docteurs solennels*. La raison de ce changement ? L'évêque ne s'en ouvrit à personne, mais nul n'ignorait qu'il souhaitait éviter d'autres tumultes en renforçant le huis clos.

Nouvelle demande de serment ; nouvelle réserve de la Pucelle.

– Plus vous insisterez, dit-elle plus tard, moins je vous donnerai satisfaction !

L'interrogatoire porta sur ses armoiries, sa bannière, ses ressources, le signe du roi. Excédée par cette insistance, elle prit le parti de ne plus répondre.

Le lendemain, nouveau changement de lieu : c'est dans la demeure de l'évêque qu'eut lieu cette audience... en l'absence de l'inculpée mais en présence de Jean Lemaître qui, venant de recevoir ses pouvoirs, paraissait dans ses petits souliers.

Cette commission, à laquelle s'étaient joints quelques nouveaux éléments, élabora essentiellement un plan destiné à confondre une fois de plus l'obstinée. On se rendit ensuite dans la prison où Jeanne, venant d'achever son brouet, somnolait.

On voulut savoir quel était l'ange qui avait délivré un signe au soi-disant dauphin, à Chinon. Était-ce le même que dans le jardin de son père ? C'était le même. Ne l'avait-il pas trahie en ne lui révélant pas qu'elle serait prise devant Compiègne ? Si elle avait été prise, c'est que cela convenait au Seigneur.

Flagellée de questions et de menaces, elle se cramponnait aux montants de son grabat, consciente qu'on cherchait à lui faire effectuer un faux pas fatal. À bout de forces, les nerfs à vif, elle fondit en larmes.

– Il suffit ! lança Jean Lemaître. Vous tourmentez inutilement cette pauvre fille !

– Cette pauvre fille, comme vous dites, répliqua d'Estivet, est une hérétique de l'espèce la plus coriace, mais nous viendrons à bout de sa résistance.

À l'audience du lendemain Jean Lemaître s'abstint de paraître.

Maître Jean Lohier disparu, la gendarmerie du gouverneur à ses trousses, l'évêque reçut la visite d'une autre mauvaise tête.

Avant de demander audience à Pierre Cauchon, Nicolas de Houppeville, clerc de grande renommée en Normandie, avait pris la précaution de s'informer du déroulement de la procédure. Ce petit homme à peau brune, au front dégarni, au parler haut et sec, avait la réputation de ne pas s'en laisser conter.

– Votre procès, monseigneur, dit-il, est parti du mauvais pied. Il devrait y avoir, comme dans tout tribunal digne de ce nom, des gens des deux parties. Je n'y vois point ceux de la défense...

– Nous avons dû, répliqua sèchement l'évêque, mener ce procès rondement. Les Anglais sont pressés. Nous ne pouvons perdre un temps précieux à convoquer des gens de France qui, de toute manière, ne seraient pas venus.

– Vous accablez cette fille de questions oiseuses, alors qu'elle a déjà été soumise à l'examen des clercs de l'Université réfugiés à Poitiers, qu'elle a été jugée vierge, qu'elle a œuvré avec l'archevêque Regnault, votre métropolitain je vous le rappelle, au moment du sacre du roi Charles...

– Seriez-vous, maître Nicolas, en train de trahir notre cause ? Je pourrais vous faire citer devant mon tribunal et vous faire répéter vos accusations !

– Pardonnez-moi mais, si vous le faites, je me déroberai. Je relève de l'officialité de Rouen et l'évêque de Beauvais que vous êtes ne saurait être mon juge.

Sous cet assaut brutal l'évêque perdit de sa superbe.

– Au moins, dit-il, accepteriez-vous de siéger comme assesseur ?

– N'y comptez pas davantage ! Ce procès ne me plaît guère. Demain j'aurai quitté Rouen.

Nicolas de Houppeville ne put réaliser son projet : au moment de quitter son domicile il trouva deux gardes devant sa porte.

Il fallut retenir par le fond de leur robe plusieurs assesseurs qui, devant la tournure que prenait la procédure et jugeant qu'à la moindre réserve ils risquaient leur sécurité, songeaient à déserter.

Dieu merci on ne manquait pas de bonnes âmes pour les remplacer...

Rouen, mars 1431

Jeanne se demandait ce que les greffiers pouvaient bien écrire, de quelle manière ils traitaient les questions et surtout ses réponses... Elle entendait dans son dos le grincement de leurs plumes sur le parchemin, un bruit insupportable qui lui rappelait celui que les rats faisaient la nuit dans le grenier de Domrémy. Elle avait surpris l'un d'eux en flagrant délit d'omission dans la relation d'un interrogatoire et l'avait prévenu que, s'il récidivait, elle irait lui tirer les oreilles...

Étant donné le tour que prenait le procès, Jeanne prévoyait le pire quant au verdict. Le jour où elle avait demandé communication de certaine pièce du dossier, on lui avait ri au nez ; elle avait reconnu en son for intérieur que cette requête était absurde : elle ne savait pas lire et personne n'aurait consenti à lui donner lecture de ce document.

Lorsqu'on voulut la persuader que sa tentative d'évasion de Beaurevoir n'était qu'un suicide manqué, elle réagit avec humeur : son intention était d'aller porter secours aux gens de Compiègne.

Avait-elle renié Dieu et ses saints après qu'on l'eut remise aux Anglais ? La réponse fusa :

– Jamais !

Elle avait prétendu que ses juges couraient un grand danger en la mettant en accusation. Que risquaient-ils ?

Elle répondit avec fermeté :

– Vous vous prétendez mes juges, mais rien ne me dit que vous le soyez vraiment. Prenez garde à prononcer contre moi un jugement inique, car, je le répète, vous courriez un grand danger. Lorsque le Seigneur vous châtiera, souvenez-vous que je vous en avais prévenus. Sainte Catherine me répète que j'obtiendrai du secours, mais j'ignore ce qu'elle entend par là. Serai-je délivrée par jugement ou par quelque trouble public ? Peut-être par l'un et l'autre. La sainte ajoute que je ne dois pas craindre le martyre et que les portes du Paradis me seront ouvertes. Le martyre ? je le connais déjà dans ma geôle. Je crois, aussi fermement que si cela devait se produire sur l'heure, qu'à ma mort mon âme sera sauvée.

Elle avait entendu la veille les gardiens s'entretenir du *trouble public* qui s'était produit quelques jours plus tôt, non loin du château : une entreprise téméraire destinée à la délivrer. Elle se disait que cette idée folle ne pouvait venir que de ses compagnons. Elle en fut bouleversée.

L'audience suivante faillit d'emblée prendre un tour dramatique.

Après des questions relevant parfois de l'anecdote, les juges introduisirent la prévenue dans le domaine de la théologie, certains qu'ignorante comme elle l'était elle s'y perdrait. L'évêque demanda que Jeanne se soumît au jugement de la Sainte Église pour le cas où elle reconnaîtrait avoir péché. Elle n'y était pas opposée, sous réserve qu'elle consulterait ses voix. Elle regimba pourtant avec âpreté :

– L'Église que j'aime, je la soutiens de toutes mes forces, et pourtant vous me privez d'ouïr la messe et de me confesser !

– À quoi bon te confesser, persifla l'évêque, puisque tu te prétends assurée d'avance de ton salut ?

Le manchot Beaurepère souleva une question de théologie : l'accusée était-elle favorable à l'Église militante ou à l'Église triomphante ? Elle ouvrit de grands yeux, interrogea d'un regard éperdu les membres du tribunal, ne trouva qu'yeux baissés et bouches closes. Beaupère, charitable, daigna l'éclairer.

– L'Église triomphante, dit-il, est celle des saints, des anges et des âmes. L'Église militante est composée du Saint-Père, de la hiérarchie et des chrétiens. C'est à cette dernière que vous devez vous soumettre.

– Je suis soumise, répondit-elle, à Dieu, à la Vierge Marie, aux saints et aux saintes. Pour ce qui est de l'Église militante, je ne puis rien vous en dire sans l'avis de mes conseils.

Elle avait échappé au piège mais il restait béant. On la rattraperait bien... Lorsqu'on lui demanda si elle croyait que Dieu haïssait les Anglais elle ne marqua aucune hésitation :

– De l'amour ou de la haine que le Seigneur a pour eux, je ne puis rien dire. Ce dont je suis certaine c'est qu'ils seront boutés hors de France... excepté ceux qui y seront morts !

Protestations véhémentes des assesseurs :

– Faites taire cette sorcière ! Elle va nous jeter un sort !

– Brûlons-la sans plus attendre !

– À mort la putain des Armagnacs !

L'après-midi de cette même journée marquant la fin du procès préparatoire, Beaupère, à brûle-pourpoint, lui posa une question qui fit froncer les sourcils de l'évêque :

– Pensez-vous que, présentée au Saint-Père, vous lui diriez la vérité touchant à votre foi et à votre conscience ?

– Par le diable ! s'écria d'Estivet, retirez cette question : elle est hors de propos.

Jeanne reprit la balle au bond, sollicita la grâce d'être menée à Rome.

– C'est votre droit, convint le manchot. Selon saint Thomas il est licite d'en appeler au pape ou au concile général de toute chose concernant la foi. Pourtant, privée que vous êtes d'avocat et de conseil d'aucune sorte, cela ne vous serait pas possible.

L'atmosphère devint pesante. Jeanne venait de voir se refermer son dernier recours. Désormais, ses juges disposeraient d'elle à leur guise.

Rouen, mars-avril 1431

Les pluies de mars ont noyé la ville et les collines sous un brouillard épais. Dans la cour du château transformée en bourbier passent de temps à autre des groupes pressés, des patrouilles retour de la ville, leurs harnois de fer plus brillants sous l'averse. Dans le ciel bas passent parfois de longs vols de migrateurs remontant du sud.

On a laissé à Jeanne quelques jours de répit. Elle les passe à s'entretenir avec ses gardiens ou quelque religieux venu lui rendre visite. Durant ce temps, les greffiers colligent les interrogatoires pour les soumettre à la censure de Pierre Cauchon. En prévision des nouvelles épreuves qui l'attendent au procès ordinaire, ses geôliers sont aux petits soins pour leur prisonnière : elle n'est enchaînée que la nuit, ils lui servent une nourriture convenable et ne viennent plus troubler son sommeil.

Un matin, profitant d'une trêve dans le déluge, l'enfant roi est sorti de ses appartements pour une promenade à cheval dans la cour et la basse-cour. Il portait un chaperon de couleur verte et un joli pourpoint dont les boutons de perle scintillaient au soleil. Il fit caracoler sa monture avec grâce sous l'œil du maître d'équitation.

À plusieurs reprises Jeanne a vu passer, portant l'auge sous le bras et sifflotant un air de chanson, l'apprenti maçon Pierre Casquel. Elle avait aimé sa compagnie et aurait souhaité le revoir : il a son âge à quelques mois près et il ne lui veut que du bien. Elle ne le verra plus ; il s'est rendu suspect.

Lorsque le soleil daigne paraître, l'air a l'odeur poignante de la liberté. Jamais les prairies qui tapissent la colline n'ont paru plus vertes, les frondaisons de la forêt qui les prolonge plus épaisses, le ciel plus profond. Le pigeon qui avait disparu est revenu, la gorge gonflée de désir d'amour ; lorsque la provende tarde à lui être offerte il s'avance jusqu'à la bordure intérieure et vient picorer quelques miettes dans la main de Jeanne.

Le samedi 24 mars, la commission présidée par l'évêque prit place dans la prison de Jeanne. On lui demanda de s'asseoir ; elle resta debout.

– Nous venons, lui dit Pierre Cauchon d'une voix doucereuse, te donner connaissance du contenu des interrogatoires résumés en quelques articles. Si tu souhaites exprimer des réserves nous en tiendrons compte.

Elle écouta avec attention, se fit répéter certains articles dont le sens lui échappait et ne formula que des observations légères. Elle demanda à assister à la messe des Rameaux, ce qui lui fut refusé : pour que l'on satisfît à sa requête, il eût fallu qu'elle prît les habits de son sexe ; elle préféra renoncer.

– Nous te laisserons encore quelques jours de repos, dit l'évêque. Le procès ordinaire ne débutera que le 27 mars. En attendant je te conseille de prendre des forces : tu en auras besoin...

La première séance du procès ordinaire se déroula dans la salle du Parement avec quelques nouveaux venus, dont un prêtre anglais, John de Hampton. Le promoteur Jean d'Estivet était disposé à présenter son réquisitoire. Certains estimèrent qu'il allait vite en besogne. En revanche, il trouva de l'aide dans l'assistance lorsqu'il proposa de faire excommunier la prévenue au cas où elle s'obstinerait dans ses réponses dilatoires, sa jactance, son refus de prêter serment ou son mutisme. L'évêque se montra moins sévère. Il prit une voix suave pour déclarer :

– Nos assesseurs sont tous de doctes personnes qui entendent faire preuve envers vous de la plus grande piété. Ils ne souhaitent ni vengeance ni châtiment corporel mais votre instruction en matière de foi et votre retour dans la voie de la vérité chrétienne. Comme vous êtes dans l'ignorance de la procédure en matière de justice ecclésiastique, nous avons décidé de vous proposer de choisir un conseil dans l'assistance.

– Je vous remercie, répondit Jeanne. Le conseil de Notre-Seigneur suffira à m'éclairer.

On lui présenta de nouveau le Livre ; elle maintint ses réticences.

Deux jours furent employés à l'examen, article par article, des conclusions du procès préparatoire : il y en avait une soixantaine, chacun faisant l'objet de commentaires de Jeanne, de ses juges ou des assesseurs.

Au terme de la deuxième journée, d'Estivet présenta son réquisitoire. Il demanda que *cette femme fût déclarée sorcière, sortilège, devineresse, pseudo-prophétesse, invocatrice des esprits malins, conjuratrice, superstitieuse, impliquée et adonnée aux arts magiques, mal pensante dans la foi catholique, schismatique, sceptique, dévoyée, sacrilège, idolâtre, apostate de la foi, maudite et malfaisante, blasphématrice envers Dieu et ses saints, scandaleuse, séditieuse, perturbatrice de la paix, assoiffée de sang humain et incitant à le répandre, ayant abandonné sans vergogne la décence convenable à son sexe et pris un habit difforme, prévaricatrice des lois divines et naturelles, de la discipline ecclésiastique, séductrice des princes et du populaire, ayant permis qu'on l'adorât, hérétique ou du moins véhémentement suspecte d'hérésie, et caetera... et caetera...*

Dans ce fatras d'incohérence, des affirmations mais aucun argument sérieux. Pourtant, eût-on pu la justifier, la moindre de ces accusations eût suffi à faire condamner l'accusée à la prison à vie ou au bûcher. Jean Lemaître, le visage crispé, semblait près de sortir de ses gonds. L'évêque paraissait serein : il avait dû cautionner au préalable cette diatribe.

– Jeanne, dit-il, oui ou non, vous en rapportez-vous au jugement de l'Église ?

– Je m'en rapporte, répondit-elle, à l'Église militante pourvu qu'elle ne m'ordonne pas des choses impossibles, comme de révoquer les révélations que j'ai eues de par Dieu !

– Vous considérez-vous comme *sujette* de l'Église militante ?

– Certes, mais Notre-Seigneur premier servi.

Le 2 avril, assisté de quelques assesseurs, l'évêque condensa les interrogatoires en douze articles au lieu de soixante et les soumit à un aréopage de vénérables docteurs. Denis Gatinel, licencié en droit civil et en droit canon, fournit la conclusion en déclarant :

– Nous affirmons que Jeanne est hérétique, séditieuse envers l'Église, injurieuse envers Dieu... Qu'elle abjure publiquement ses croyances impies, sinon nous l'abandonnerons au bras séculier. Si elle y consent, que le tribunal, dans sa grande clémence, la mette jusqu'à la fin de ses jours au pain de douleur et à l'eau d'angoisse.

Il fallait que l'accusée fût punie, *pour l'honneur de Dieu*, mais, dit l'un des docteurs, *avec des égards pour la fragilité féminine*. Certains proposèrent d'en appeler au pape, ce qui suscita la colère de l'évêque.

De nouveau, Jeanne tomba malade sans que, cette fois-ci, l'on pût attribuer cet incident au poison. La lassitude éprouvée les jours précédents, soumise qu'elle était à la pression du tribunal, avait fait place à une asthénie qui la tenait attachée à son grabat.

Un matin, John Berwoit constata qu'elle n'avait pas touché aux aliments qu'on lui avait servis la veille. Il posa la main sur son front : il était brûlant.

Pour visiter sa patiente, maître Guillaume Desjardins se fit accompagner de deux autres praticiens : Lachambre et Tiphaine. Ils examinèrent la patiente, se retirèrent pour délibérer et ils conclurent à une fatigue due au surmenage.

– C'est insensé ! s'exclama Tiphaine. L'évêque a-t-il prévu de faire mourir cette fille avant le verdict ?

– Les Anglais s'y opposent, expliqua Desjardins. Ils la veulent vivante.

– Alors, protesta Lachambre, pourquoi la malmener à ce

point ? Jeanne est robuste mais on la charge trop. À ce régime elle ne tiendra pas longtemps. Il faut informer le roi, exiger...

– Je vous le déconseille, bougonna Desjardins. On a interdit à Henri de se mêler de cette affaire et même de rencontrer la Pucelle. Si nous nous en mêlons nous risquons d'être mis au secret. Tout ce que nous pouvons faire sans risque c'est soumettre notre diagnostic au gouverneur et à l'évêque. Je m'en chargerai.

Pierre Cauchon rendit visite à la prisonnière quelques heures plus tard.

– Eh quoi, Jeanne, dit-il, encore souffrante ! Quels aliments ont pu...

– Les aliments n'y sont pour rien, monseigneur. Le seul qui me conviendrait serait le pain des anges, mais on s'obstine à me refuser la communion. Je souffre de ne pouvoir faire mes Pâques, comme jadis à Domrémy.

Il lui répéta qu'elle ne serait admise à la sainte communion qu'à condition de s'y présenter en habit de femme.

– Vous connaissez les raisons de mon refus, dit-elle.

– Je puis l'admettre mais cela ne change rien.

– Cessez de me tourmenter, cela pourrait changer bien des choses.

– C'est pour ton bien, Jeanne, pour te délivrer des mauvaises choses qui grouillent en toi. Crois-tu que le tribunal prenne plaisir à te tourmenter ?

La voix de son âme damnée, l'abominable d'Estivet, aboya :

– N'avez-vous pas encore compris, monseigneur, que cette garce est une simulatrice ? Allez-vous tomber vous aussi sous son charme ?

– Paix ! s'écria l'évêque. Retirez-vous je vous prie.

Il prit la main fiévreuse de Jeanne, lui dit d'une voix mielleuse :

– Ces épreuves sont épuisantes pour nous comme pour toi. Nous aurions dû te proposer de choisir un avocat parmi nos assesseurs au lieu de faire confiance à ton bon sens qui n'est que naïveté et incompétence ! J'ai parfois l'impression que tu renonces à ton salut.

– Mon salut... Je vous remercie de vous en inquiéter, d'autant que je suis en danger de périr. S'il en est ainsi je m'en remets à Dieu et souhaite être enterrée chrétiennement.

– Il faudra pour cela que tu te soumettes sans restriction à l'Église. Si tu persistes dans ton refus, nous serons contraints de t'excommunier et de te laisser mourir comme une Sarrasine !

Le tribunal attendit les premiers jours de mai pour faire comparaître Jeanne. Elle se trouva devant une assemblée remaniée une nouvelle fois, de manière à faire le siège des prêtres de Rouen favorables à Pierre Cauchon.

Jean de Châtillon, archidiacre d'Évreux, admonesta Jeanne. Il n'y alla pas par quatre chemins. Après la lecture des articles il demanda à Jeanne de répondre sur chacun d'eux ; elle ne varia pas dans ses commentaires, s'en remettant à Dieu.

– Dis-toi bien, Jeanne, s'écria le religieux, que si tu refuses de reconnaître l'*Unam sanctam* tu seras considérée comme hérétique et envoyée au bûcher !

C'était la première fois qu'on exposait devant le tribunal cette menace précise. Jeanne répondit sans se troubler :

– Si je voyais le feu devant moi, je ne répondrais pas autre chose que ce que vous savez. Si vous mettiez votre menace à exécution vous seriez vous-même en grand péril !

Rouen, mai 1431

Le mercredi 9 mai, alors qu'elle venait d'être autorisée à faire une toilette minutieuse, l'huissier Massieu lui demanda de le suivre.

– Il n'y a pas d'audience aujourd'hui, dit-elle. Que me veut-on encore ?

– Je ne peux rien te dire, sinon que tu dois me suivre.

Ils traversèrent la cour inondée par un chaud soleil de mai, où le maître d'équitation faisait évoluer de nouvelles montures. On la conduisit dans la tour Couronnée proche de la résidence du gouverneur. Une assemblée d'une dizaine de clercs, parmi lesquels Pierre Cauchon et d'Estivet, l'attendait dans la salle basse mal éclairée par des pots à feu et des torches de résine. Tous paraissaient graves. Le lieu parut si insolite à Jeanne qu'elle marqua un recul et que les gardes durent la pousser de force vers un tabouret où elle s'assit.

– Jeanne, dit l'évêque, je vais te donner une nouvelle fois lecture des articles résumant les interrogatoires.

Elle répondit que c'était inutile : elle les connaissait par cœur. Il lui demanda de prêter serment ; elle refusa.

– Alors, ma fille, il ne faudra t'en prendre qu'à toi si notre tribunal décide de te livrer à la géhenne.

– À la géhenne ?

– Il s'agit de la torture, lui souffla Massieu. Sois courageuse.

Elle blêmit et se mit à trembler comme si la fièvre l'avait reprise. Elle parvint à affermir sa voix pour lancer à Pierre Cauchon :

– Je vous préviens, l'évêque, vous pourriez me briser ou m'arracher les membres, me faire sortir l'âme du corps, vous n'auriez pas de moi d'autre réponse. Si vous parveniez à m'arracher des aveux je dirais que vous les avez obtenus par la force !

– Nous verrons bien... dit l'évêque. Huissier, conduisez-la dans la salle voisine.

Une porte de fer séparait les deux salles. La seconde, de plus vastes dimensions, puissamment voûtée, était plongée dans la pénombre. Ce que Jeanne distingua en premier lieu c'est un gros homme en habit rouge, bras croisés sur sa poitrine.

– Maître Mauger Leparmentier, dit Massieu, est le bourreau. Son aide se tient à côté de lui.

Les caves de l'enfer du Dante ne devaient pas être plus impressionnantes : des pinces et des lames étaient plongées dans un brasero rempli de charbons ardents. Un chevalet de cuir occupait le centre de la salle avec à sa base deux poids de fonte destinés à étirer les membres et à faire céder les ligaments. De poulies accrochées aux murs pendaient des cordes et des chaînes. Sur un bat-flanc étaient disposées des pintes pleines d'eau et un entonnoir. Une panoplie d'outils de diverses natures et de tous calibres encombraient une sorte d'établi.

On fit asseoir Jeanne sur un billot, si pâle et tremblante qu'elle semblait sur le point de défaillir. En parcourant cette boutique de cauchemar elle se surprit à murmurer sans que l'on perçût le moindre mot.

– Que dis-tu ? lui demanda l'évêque. Eh bien, parle !

– Mes voix m'ont dit hier de ne craindre ni la torture ni la mort.

Alors que le bourreau s'entretenait avec d'Estivet sur le genre de torture que l'on allait appliquer à la patiente, Jean Lemaître dit à l'évêque :

– Monseigneur, vous risquez de faire subir à cette pauvre fille des souffrances inutiles et que de toute manière elle ne supporterait pas dans l'état de santé où elle se trouve. S'il lui arrivait malheur les Anglais ne vous le pardonneraient pas. Vous savez ce qu'ils veulent ?

– Vous avez raison, soupira l'évêque. De toute façon elle n'aurait pas cédé.

Il annonça à Jeanne que l'on en resterait là présentement. Elle se leva en chancelant et s'accrocha à Massieu pour ne pas choir sur le sol.

Pierre Cauchon n'avait pas abandonné son idée de mettre la Pucelle à la torture. Il demanda l'avis de quelques religieux.

Pour Pierre Roussel on avait fait à cette hérétique un si beau procès qu'il eût été dommage de l'entacher d'un acte de cruauté.

Jean Morel, maître en droit canon, était partisan de la torture : ce n'était après tout qu'une faible femme ; elle céderait rapidement.

C'était aussi l'avis de Thomas de Courcelles, docteur en théologie, certain que la mise à la géhenne permettrait d'éclairer quelques zones obscures du procès.

De même pour Nicolas Loiseleur, cet histrion qui déguisait sa voix, naguère, pour imiter les saintes : une bonne séance de torture serait pour l'accusée une excellente *médecine de l'âme*.

Guillaume Érard, docteur en théologie, se montrait réservé : selon lui l'acte d'accusation était assez solide pour que l'on se passât d'un acte inutile et cruel. Les autres religieux partageaient cet avis : une nouvelle admonestation charitable serait plus efficace.

– La majorité décline notre proposition, dit l'évêque. Nous nous plierons à sa volonté.

Il ajouta à voix basse à l'intention du chanoine d'Estivet :

– Cette garce échappe à la torture mais nous l'aurons quoi qu'il arrive. J'ai mon plan. Je vous en informerai sans tarder. Mon ami, cette diablesse vit ses derniers jours...

Rouen, mai 1431

Le dimanche 13 mai, à la tombée de la nuit, la résidence de Richard Beauchamp, comte de Warwick, s'illumina de mille feux. Le gouverneur donnait une réception pour l'anniversaire d'un de ses enfants. Il avait invité, outre quelques amis et des notables de Normandie connus pour leur attachement à la couronne d'Angleterre, Louis de Luxembourg et son frère Jean, sir Humphrey, comte de Stafford, le chevalier Aimond de Macy, l'évêque Pierre Cauchon, ainsi que quelques dames et gentilshommes d'Angleterre et de Bourgogne.

Un peu guindé au début, le festin prit vite une aimable animation.

On ne pouvait éviter de parler de la Pucelle. Une dame de Bourgogne se réjouit de ce qu'on eût évité à la prisonnière les tourments de la géhenne ; d'autres dames approuvèrent avec chaleur. Les hommes restaient perplexes parce que partagés. On attendait de l'évêque une opinion qu'il garda pour lui ; il était trop occupé à dépiauter une côtelette à coups de dents.

– Jeanne, fit étourdiment Macy qui tenait à se faire valoir, je l'ai bien connue durant son internement à Beaurevoir. Je ne puis dire si elle était pucelle, mais j'affirme qu'elle était des plus farouches. Mes joues auraient pu en porter longtemps témoignage.

– L'auriez-vous donc provoquée ? demanda sir Humphrey, une lueur de lubricité dans la prunelle.

– Nous jouions à des jeux innocents, mais elle détestait que je la touche. Je m'en excuse auprès de ces dames, mais j'étais fasciné. Le jour où je portai la main à sa poitrine elle a réagi comme une louve.

– Vous ne l'avez pas volé ! lança Anna Bavon.

– J'aimerais, poursuivit sir Humphrey, avoir la preuve formelle de sa virginité.

– Voyez le fripon, s'exclama sir Richard. Lorsque la matrone l'a examinée, vous auriez dû demander à l'assister !

– Allez-vous cesser ? lança la duchesse de Bedford. Vous avez déjà trop bu, mes amis.

Un jeune chevalier d'Évreux avait *entendu dire* que Jeanne était d'une nature particulière : elle n'avait pas ses fleurs, elle était fort étroite et elle n'était pas sujette à certaines déviations solitaires.

– Un mot de plus, s'écria Pierre Cauchon, la bouche pleine, et je vous prierai, jeune homme, de nous épargner votre présence !

L'incident jeta un froid.

Après les fraises à la crème – « les premières de la saison », dit l'épouse du gouverneur – les dames passèrent dans la pièce voisine pour y bavarder à leur aise, hors de la présence de ces butors.

– Jeanne... poursuivit Macy d'une voix pâteuse, j'aimerais la revoir une dernière fois, avant que... Cette garce... je ne puis l'oublier... elle m'a mis le feu au sang...

– L'amoureux éconduit n'a pas renoncé ! s'exclama joyeusement sir Richard.

Lorsque l'évêque Cauchon, les frères de Luxembourg et les autres religieux eurent pris congé, sir Humphrey proposa d'aller rendre visite à la Pucelle.

– Elle doit dormir à l'heure qu'il est, dit Macy.

– Eh bien, nous la réveillerons ! Elle a toutes ses journées pour se reposer. Nous lui apporterons quelques reliefs de ce magnifique balthazar.

Porteurs de lanternes, titubant dans la pénombre de la cour, ils se dirigèrent vers le donjon. Sir Richard imposa silence à Aimond de Macy qui entonnait une chanson grivoise tournant la Pucelle en dérision. Parvenus à l'étage ils se heurtèrent à John Berwoit qui, tiré de son sommeil, n'était pas disposé à plaisanter.

– Monseigneur, dit-il à sir Richard, je n'ai pas permission de vous laisser entrer. Il faut un viatique de l'évêque.

Sir Humphrey le gifla avec une telle violence que le gardien alla heurter le mur et s'affaissa.

– Ce viatique te convient-il, faquin ?

– Je vous en prie, mon ami, intervint sir Richard, pas de violence. Je suis moi aussi responsable de la Pucelle.

Aimond de Macy s'avança en dansottant vers le grabat, porteur de reliefs du repas. Jeanne, qui venait de se réveiller, lui lança un regard furibond.

– Tu ne me reconnais pas ? Je suis ton ancien compagnon de jeux, Aimond de Macy. Souviens-toi... Beaurevoir... le souterrain...

– J'ai oublié ! fit-elle d'un ton sec. Que me voulez-vous ?

– Nous t'apportons de quoi te restaurer. Quelques menus présents...

– Tu peux les remporter, ivrogne ! Laisse-moi en paix !

– Je ne veux pas te faire de mal. J'aimerais... avant qu'on t'envoie au bûcher... te demander une faveur : me laisser toucher ta poitrine...

Comme il avançait la main, Jeanne lui cracha au visage. Éberlué, il recula en essuyant la joue avec sa manche. Sir Humphrey ricana dans son dos :

– Mais c'est qu'elle mordrait, cette louve !

Repoussant la main de sir Richard qui jugeait qu'on allait trop loin, il s'agenouilla au bord du grabat, et, immobilisant Jeanne, chercha ses lèvres. Elle hurla, appela à l'aide. Comme il l'avait fait lors de leur première entrevue, il dégaina son poignard et lui en mit le tranchant sur la gorge. Elle lui jeta avec un mauvais sourire de défi :

– Eh bien, maudit Godon, qu'attends-tu pour m'égorger ? Tu m'éviterais bien des souffrances.

– Ce n'est pas te tuer que je veux, lui souffla-t-il au visage. J'aimerais avoir la certitude que tu es vraiment pucelle. Je ne connais qu'un moyen. Tu sais lequel ! Mais, décidément, je n'en ai guère envie. Tu es trop laide, trop sale et tu pues !

Un tumulte lui fit tourner la tête. Alertés par Berwoit qui avait repris ses esprits, les gardes venaient d'envahir la geôle.

– Sortez tous ! rugit Berwoit, sinon j'informerai monseigneur Cauchon de votre comportement. Cette fille est sous ma garde et elle a besoin de repos.

– Soit ! dit sir Humphrey en se relevant, mais si tu souffles un mot de notre visite je ne donnerai pas cher de ta peau !

Lorsque les gardes eurent repoussé les ivrognes dans l'escalier, Berwoit prit la prisonnière à part :

– Pardonne-moi, Jeanne, mais je n'ai pas pu t'éviter cette offense. Je crains que sir Richard n'use de représailles, mais je ne regrette rien.

Il ajouta d'un air jovial :

– Ces soudards t'ont apporté du dessert. Nous allons lui faire honneur, si tu veux bien. Des fraises, une bouteille de bourgogne... Nous allons boire à ta santé et à ta délivrance.

– Ma délivrance, dit Jeanne, je l'ai vue de près...

Au moment où l'évêque se retirait de la table, sir Richard l'avait rattrapé.

– Monseigneur, je me fais l'écho des autorités anglaises pour vous dire que votre procès n'a que trop duré. Vous proclamez que l'acte d'accusation est suffisant pour livrer cette garce au bras séculier et vous allez de réflexions en consultations. Encore heureux que vous ayez renoncé à faire appel au pape ! Tout le monde s'impatiente : le roi, son Conseil, les militaires, la population... On commence à murmurer contre ce que certains n'hésitent pas à appeler *complicité* de la part de votre tribunal. Seriez-vous tombé sous le charme ? Cette garce vous aurait-elle ensorcelé ?

– Messire, une telle supposition...

– ... est exagérée, j'en conviens, mais alors, à quelle échéance fixez-vous sentence ?

– Avant la fin du mois, messire. Soyez certain que Jeanne n'échappera pas à son sort.

– Fort bien ! avait dit en riant sir Richard. Je vais demander au bourreau de faire provision de fagots...

Lorsque, pour l'ultime phase du procès, Jeanne vit surgir Pierre Maurice, elle eut un mouvement de surprise : avec ses cheveux ébouriffés autour de la tonsure, son tendre regard bleu, ses lèvres de fille, il semblait émerger de l'adolescence. Debout dans sa robe barrée d'une étole, il tenait quelques feuillets dans ses mains croisées sur sa ceinture.

L'évêque le présenta à l'assistance comme un jeune religieux d'avenir dans le domaine de la théologie. Très jeune, il avait obtenu un canonicat en la cathédrale de Rouen et nombre de bénéfices s'accumulaient sur son nom. L'année précédente, chargé d'accueillir l'enfant-roi lors de son entrée à Rouen, il l'avait peu après représenté au concile de Bâle.

La voix de Pierre Maurice était aussi séduisante que son physique : suave, miellée, insinuante dans ses inflexions compatissantes.

– Jeanne, dit-il, eu égard à votre état de santé, je serai bref en résumant une dernière fois les griefs portés contre vous. Vous pourrez les commenter ou les contredire. Le tribunal ne veut pas votre perte mais vous extraire de vos ténèbres, vous apporter la lumière de la vraie foi...

Pour lui faire mieux comprendre le danger que lui faisait courir son obstination, il procéda par allégories. Bouche bée, comme absente, Jeanne écouta d'une oreille distraite ces exégèses, ces phrases savantes qui glissaient sur elle comme l'eau sur les plumes d'un oiseau. Seules retenaient son attention la beauté angélique du religieux et sa voix melliflue. Elle sursauta lorsque, posant sa main sur son épaule, il lui dit :

– Je vous conjure, Jeanne, au nom de la foi qui nous habite, de ne songer qu'à votre salut.

Elle ne put répondre que ce qu'elle avait répété :

– Je répète ce que j'ai dit : si je me trouvais sur le bûcher et que les flammes m'enveloppent, je maintiendrais mes déclarations.

À l'issue de l'audience, maître Beaupère dit à l'oreille de Jeanne :

– Vous vous êtes mise dans un mauvais pas et vous courez un grand danger. Il faudra vous soumettre, sinon...

Elle répondit d'une voix sans timbre :

– Peut-être ferai-je ce que vous attendez de moi. Peut-être...

Le visage de Beaupère s'illumina d'un sourire.

15

LA COURONNE DE FEU

Rouen, mai 1431

Elle s'est réveillée au milieu de la nuit, la sueur aux tempes, des frissons par tout le corps : dans son rêve elle s'était vue environnée de flammes et s'était interrogée : et si les menaces dont on la harcelait étaient bien réelles ? et si elle allait se trouver devant ce choix impossible : renier ses convictions ou monter sur le bûcher ? et si elle mourait dans l'erreur ?

Elle se demande pourquoi ceux qui, ayant cru en elle, ont suivi son étoile, l'ont assistée dans sa brève équipée, s'abstiennent de lui venir en aide alors qu'elle se trouve en danger de mort. Elle aurait pourtant été en droit d'attendre du secours du roi, de Madame Yolande et même de monseigneur Regnault. Au premier elle a donné un trône, à la seconde la sécurité sur ses domaines ligériens ; elle a restitué au troisième son siège d'archevêque. Et personne ne bouge, pas même ces clercs de l'Université de Poitiers qui ont écrit dans leur grand livre la confiance qu'elle leur inspirait. Non, personne ! À moins qu'on ne lui ait caché, coupée du monde comme elle l'est, certaines démarches pour la faire libérer par la voie de la négociation ou par la force des armes. Seuls ses compagnons, peut-être, mais ils ont échoué. Et maintenant il est trop tard.

En abordant le terme du procès elle se sent plus lasse que jamais. Lasse et brisée. Pour l'abattre en toute légalité ses juges ont usé de tous les moyens, de tous les subterfuges : torture morale et physique, intimidation, menace, fausses promesses. Elle a tenu bon, mais aujourd'hui il semble que toute son énergie l'ait abandonnée.

Elle se souvient de ce qu'elle a dit à Beaupère : que *peut-être* elle se soumettrait. Une parole maladroite qui lui a échappé et qu'elle regrette. Se soumettre ? Cette hypothèse est en contradiction avec sa foi, mais qui pourrait dire que, devant le bûcher, il ne trahirait pas son père, sa mère, sa mission terrestre ?

Le manchot a dû rapporter ce propos au tribunal. En la devinant sur la pente de la soumission, ses juges vont s'acharner sur elle avec plus de malice et de violence pour hâter son abjuration. Elle en a d'avance des nausées.

Jeanne, après son rêve de feu, n'a pu se rendormir. La visite qu'elle attendait : celle de ses frères du Paradis, ne s'est pas produite. Le seul visiteur qui se soit présenté à elle, alors que le premier soleil dessinait une croix dans l'archère, c'est John Berwoit.

Il s'agenouille près d'elle, balbutie :

– Ma petite Jeanne, mon enfant, j'ai le cœur brisé. Tu m'as bien jugé si tu m'as pris pour un mauvais homme, un paillard, un brigand, mais, devant Dieu, je jure que j'aimerais qu'un miracle se produise, que tu échappes au sort qui t'attend. Pour la première fois depuis des années j'ai prié pour ton salut, et j'enrage de ne pouvoir rien faire pour toi ! Quand je te vois entourée de ces renards et de ces loups, l'envie me prend de leur sauter à la gorge !

– Je te crois, fit Jeanne avec un mince sourire. Lorsque Dieu me rappellera à lui je dirai moi aussi une prière pour toi. Viendras-tu assister à mon supplice ?

– Je ne pourrai pas, Jeanne, répond le vieux soldat avec des larmes dans la voix. Pardonne-moi, ma Jeanne ; même si l'on m'y force, je ne pourrai pas...

L'averse de la nuit a fait place à un ciel couvert et à un temps lourd, avec de persistantes senteurs nocturnes venues de la colline de Bouvreuil. De la Seine encore tapissée de brouillards tenaces monte le son aigre des cornes de brume.

Lorsque Massieu vient chercher Jeanne elle lui demande s'il va la conduire au bourreau. Il bougonne : si tant est que le tribunal l'ait décidé, on n'en est pas encore à une telle extrémité.

– En revanche, tu vas vivre des heures pénibles. Cette dernière confrontation avec le tribunal se déroulera en public, dans le cimetière de Saint-Ouen, devant l'église. J'ai entendu dire qu'on allait te sommer une dernière fois d'abjurer. Il faudra bien réfléchir avant de répondre. Pense que ta vie est en jeu.

Il ajoute :

– Une de mes nièces, une adolescente, s'est prise pour toi d'une vive sympathie et même d'affection. Elle m'a confié une médaille en me demandant de te la faire toucher. Sa mère, c'est son chapelet. Je désapprouve ces pratiques idolâtres mais je n'ai pu refuser.

– Je les réprouve moi-même, maître Massieu, mais je sais que vous ne me trahirez pas.

En passant devant la chapelle Saint-Gilles elle a demandé la permission de s'agenouiller devant la porte pour une brève prière. Les gardes s'y sont opposés. Un chariot recouvert d'une bâche de cuir l'attend sous la tour des Deux-Écus, attelé d'un couple de bœufs, avec une escorte d'une douzaine d'archers en tenue de parade. Massieu monte avec elle et lui prend la main.

Le cimetière, que l'on appelle l'*aître* de Saint-Ouen, entoure l'église au porche monumental, au clocher carré, à la fois massif et délicat. Il est bordé de jardins, d'immeubles bas dont certains abritent des galeries semblables à celles des cloîtres, au fronton desquelles courent des images de danse macabre aux couleurs passées. Des volées d'enfants passent en rafale autour d'une haute croix de pierre à laquelle pend un écriteau portant en caractères maladroitement dessinés une formule mystérieuse : *Post tembras spero lucem.*

Deux chapiteaux ont été dressés sur cet espace libre : le plus grand accueillera le tribunal et les notables ; le plus petit est destiné à Jeanne.

– C'est en cet endroit, lui dit Massieu, que se tiennent les foires et les marchés et qu'ont lieu les admonitions qui préparent au billot ou au bûcher.

Jeanne a sursauté en apercevant, au fond de la place, bien en évidence malgré tout, le bourreau et son aide assis sur le banc d'un chariot.

La foule était déjà dense lorsqu'un cordon d'archers s'est rangé le long des barrières de bois qui limitent l'*aître.* Au milieu d'elles figurent quelques autres soldats dont on devine la présence à des casques et à des lances.

Lorsqu'on a fait descendre Jeanne de son chariot, un murmure profond a passé sur la foule, avec des insultes et des menaces que nul n'a repris et qui sont retombées comme des pierres dans le silence d'une citerne. Lorsque les voitures transportant les autorités se sont rangées devant l'entrée du cimetière, la rumeur s'est amplifiée, mêlée à quelques vivats vite étouffés.

C'est à Guillaume Érard, ancien professeur de théologie à l'Université, chanoine de Beauvais et de Langres, qu'est revenu le triste privilège de proposer à la prisonnière une ultime admonition. Massieu glisse à l'oreille de Jeanne :

– Ce religieux s'est donné aux Anglais depuis longtemps mais il a failli refuser cette tâche car il juge que ce procès a été mal engagé.

Drapé d'une longue robe en tissu léger, Érard accède à une sorte d'ambon proche de la grande tribune. Il commence son discours par une citation du livre de saint Jean : *Le pampre ne peut porter de fruit que s'il reste attaché à la vigne.* Allusion habile et claire à la situation de la Pucelle. Il a ajouté en ajustant ses bésicles sur son nez pustuleux :

– Tous les catholiques doivent de même rester attachés à la vraie vigne que Notre-Seigneur a plantée. En se séparant de l'Église Jeanne a scandalisé le peuple de Dieu ! Jamais dans la chrétienté ne s'est manifesté un tel monstre d'orgueil que celui qui gît en cette fille ! Le soi-disant roi qui la protège encourt les mêmes reproches en ayant retrouvé son trône grâce au secours d'une hérétique !

Chapitré sans doute par les juges, Érard met sur le même pied Jeanne et son roi, mais c'est à ce dernier surtout qu'il s'en prend par la suite, afin d'entacher de doute la légitimité de son sacre. Il lance d'une voix provocante :

– C'est à vous, Jeanne, que je m'adresse lorsque j'affirme que votre roi est hérétique et schismatique !

Conseillée par Massieu elle s'est promis de ne pas répondre aux provocations de ses juges, mais elle ne peut se retenir de répliquer :

– Sous peine de ma vie, je déclare que mon roi est le plus noble chrétien de tous les chrétiens et que sa foi en l'Église est sincère !

– Huissier, s'écrie l'orateur, faites en sorte que cette sorcière ne m'interrompe pas ! Jeanne, je vous somme de répondre aux dits et faits qui vous sont reprochés !

– Je répondrai, dit-elle d'une voix lasse, mais je rappelle à mes juges que j'ai demandé que les pièces du dossier soient envoyées au Saint-Père auquel je me reporte, Dieu premier servi. Je désire être menée à Rome pour que le pape m'interroge lui-même, car je n'ai aucune confiance dans vos papiers.

Protestation d'Érard : Rome est trop éloignée de Rouen et les routes sont dangereuses. D'ailleurs le tribunal est seul juge en son diocèse. Soumise aux monitions, Jeanne refuse de nouveau d'abjurer. Soudain, en présence de ces rapaces, elle sent sourdre en elle un sursaut d'énergie.

On en vient à la sentence.

L'évêque en a fait préparer deux versions : l'une au cas où la prévenue se soumettrait, ce qui lui éviterait l'excommunication ; l'autre en prévision d'un nouveau refus de reconnaître ses erreurs, qui la livrerait au bourreau.

Descendu de son perchoir, Pierre Cauchon s'approche de Jeanne pour lui donner lecture de la deuxième sentence. Autour d'eux des voix pressent la Pucelle d'adjurer et notamment de renoncer à son habit d'homme. Érard insiste pour qu'elle songe à son salut.

L'évêque s'apprête à lire la seconde sentence quand des

rumeurs montent de la foule, tandis que des officiers et des soldats anglais vocifèrent :

– Assez perdu de temps en parlottes, l'évêque !

– Qu'en envoie cette putain au bûcher sans plus tarder !

– À mort la Pucelle !

Un groupe de garnements vient de franchir le cordon d'archers en passant entre leurs jambes, se précipite vers la croix de pierre, escalade le socle, s'accroche au fût et lance les injures qu'on leur a apprises. Projetée par l'un d'eux une pierre atterrit sur la grande tribune, d'autres sur la cuirasse des archers qui montent la garde devant elle. Jean Lemaître se lève et, très pâle, s'apprête à se retirer ; il vient de prendre de nouveau le tribunal en flagrant délit d'irrégularité : Jeanne a bel et bien le droit de faire appel à Rome ! Il s'arrête, regagne sa place. Il vient d'entendre Jeanne, à genoux, mains jointes, crier :

– Je m'en rapporte à mes juges ! J'accepte d'abjurer !

La confusion qui suit ces propos devient dangereuse. La populace vient de forcer la palissade, d'écarter les archers ; elle se rue à travers la place en poussant des cris de mort. Un négociant anglais s'avance jusqu'au pied de la tribune des juges en hurlant dans un mauvais français :

– Qu'attend-on pour brûler cette fille ? Chez nous, en Angleterre, on envoie les sorcières au bûcher sans jugement. Vous êtes les complices de cette garce !

Hors de lui, Jean Lemaître lui jette au visage :

– Nous ne sommes pas en Angleterre ! Gardes, éloignez ce perturbateur !

D'autres surviennent, qui menacent les juges de les jeter à la Seine.

– Capitaine ! lance l'évêque, rouge comme une crête de coq, faites cesser cette chienlit, sinon j'interromps ce procès !

Le calme rétabli, il achève la lecture de la seconde sentence, prudemment écourtée. Jeanne l'écoute avec attention et, soit qu'elle n'en ait pas saisi la teneur, soit que la rumeur de la populace ait couvert la voix du prélat, elle déclare n'avoir pas compris et demande qu'on lui laisse le temps de prendre conseil de ses voix.

– Je doute, objecte Érard, qu'elles puissent se faire entendre dans ce tumulte ! Demandez plutôt conseil à Jean Massieu.

L'huissier résume les deux sentences et lui demande de faire son choix. Elle bredouille :

– Si l'avis de ce tribunal est que je signe pour assurer mon salut, eh bien, je signerai.

Tandis que Massieu rapporte aux juges l'avis de Jeanne, elle change brusquement d'avis, s'écrie qu'elle préfère être brûlée que de signer une telle abjuration. Aurait-elle reçu in extremis l'avis d'une de ses voix ? Érard, furibond, entreprend de lui lire à son tour les deux sentences, mélange les feuillets que lui a laissés l'évêque, bafouille, peste contre un tel désordre...

Un des tabellions du roi d'Angleterre, Laurent Calot, s'est avancé vers l'ambon occupé par la Pucelle. Il tire de sa ceinture un feuillet, écarte Érard et demande à Jeanne de le signer. Elle prend d'une main tremblante la plume que lui tend le tabellion, forme laborieusement les lettres qui composent le nom de *Jehanne*, y ajoute un rond : une astuce qu'elle utilisait jadis pour faire comprendre que ce courrier n'avait aucune valeur et qu'il ne fallait pas en tenir compte. En tendant le feuillet à Calot elle éclate de rire.

Son attention est attirée par une violente querelle qui vient d'éclater sur la tribune des juges. Un chapelain du cardinal de Winchester s'écrie :

– Une telle abjuration est une dérision, monseigneur ! Vous aurez à vous en expliquer ! Par votre faute cette fille risque de nous échapper !

– Je suis juge en matière religieuse ! réplique Pierre Cauchon. C'est le salut de l'accusée qui m'importe, pas son supplice !

– Si Jeanne ne reçoit pas le châtiment qu'elle mérite, menace Warwick, Sa Majesté sera furieuse !

– Dites-lui de ne pas s'inquiéter, messire ! Il est vrai que, pour l'heure, cette fille nous cause quelque tracas, mais nous la rattraperons bien d'une manière ou d'une autre.

Lorsque l'évêque, hué par la foule venue assister à un supplice et qui se voyait flouée, ordonna à Massieu de ramener Jeanne dans sa prison, elle protesta et se débattit :

– Laissez-moi ! cria-t-elle. Je ne veux pas retourner dans ma geôle. Je me suis réconciliée avec l'Église. C'est à elle de me garder.

Les archers répliquent par des sarcasmes :

– Si tu crois nous échapper, sorcière...

– Quoi que tu fasses on aura ta peau !

– Tu as cessé de nuire. Va falloir payer !

Avant de reprendre place sur le chariot dans un vacarme croissant de voix haineuses, elle a un dernier regard vers la tribune des juges. Ils ont disparu. Seul demeure, entre ombre et lumière, une sorte d'ange noir qui tient un crucifix contre sa poitrine et fixe Jeanne intensément : Pierre Maurice. Sa voix doucereuse est encore présente à sa mémoire.

À l'arrière du chariot qui les ramène au château, escortés par une foule hurlante qui lance des injures et des pierres, Massieu dit à la Pucelle :

– Ce procès est une infamie. Il a accumulé les irrégularités. La dernière suffirait à le rendre nul : après avoir obtenu ton abjuration l'évêque te remet aux Anglais !

Il sent la pointe d'une lance contre sa bosse : un soldat lui ordonne de se taire.

Le vicaire de l'inquisiteur, Jean Lemaître, l'a précédée dans sa geôle. Elle l'interpelle sévèrement :

– Que faites-vous là ? Vous avez obtenu ce que vous souhaitiez ? Que voulez-vous encore ? Si c'est l'évêque qui vous envoie...

– Je suis venu de mon plein gré pour t'éclairer. Les termes de l'abjuration que tu as signée m'ont échappé dans le tumulte, comme à la plupart des témoins. Un tumulte organisé, me semble-t-il, pour causer une grande confusion à seule fin de te troubler et de te faire signer n'importe quoi. Alors, écoute-moi, Jeanne : si tu veux échapper au bûcher il faudra dire *amen* à tout ce qu'on te demandera, y compris te laisser raser la tête et changer de tenue. Puis-je compter sur ta soumission ?

Jeanne se contente de hocher la tête.

Sans en avoir conscience, la Pucelle avait trouvé une alliée dans la duchesse de Bedford : cette grande dame l'avait prise en sympathie et avait menacé les houspilleurs de représailles s'ils maltraitaient la prisonnière. Certaine que l'obstination de Jeanne à garder ses habits d'homme constituait une charge sérieuse aux yeux de ses juges, elle lui avait fait confectionner une robe par son tailleur, Jeannotin. La Pucelle avait refusé de la mettre, prétextant que l'habit masculin était une sûre défense contre les houspilleurs qui parlaient souvent de la violer.

Berwoit tint à lui raser lui-même le crâne. Elle en éprouva autant de déplaisir que lorsque l'épouse de Le Royer, le forgeron-charron de Vaucouleurs, avait tranché sa chevelure de fille pour lui faire une tête de soldat. Avait-elle conservé quelques boucles comme elle le lui avait promis ?

Elle eut la surprise d'entendre Berwoit lui dire :

– Avec ta permission, je vais envoyer quelques mèches à mon épouse qui m'attend en Angleterre. J'en choisirai qui soient exemptes de vermine.

– Gare, John ! Vous risquez d'être accusé d'idolâtrie, si le gros évêque l'apprenait :

Il lui souffla à l'oreille :

– Ce gros goret ne me fait pas peur. Avant qu'il puisse m'attraper il aurait trois pouces de bon acier anglais dans la panse.

Il ajouta :

– Sais-tu que sir Richard, ses officiers, ses archers sont furieux de voir que tu risques de leur échapper ? Je suis peut-être le seul à m'en réjouir, mais je serais bien satisfait si tu te dérobais à leurs griffes. Je n'aurais qu'un regret : c'est que tu me quittes. Cela fait des mois que nous vivons sous le même toit, que nous partageons la même nourriture...

Singulièrement, Jeanne n'éprouvait aucun remords de son

abjuration : il est de pieux mensonges qui peuvent soulager. Elle se disait qu'elle ne resterait plus longtemps dans ce donjon ; on allait venir la chercher pour la transférer dans une prison d'Église où elle serait gardée par des femmes. Peut-être à Paris. Elle aurait bien aimé que ce fût Paris où il serait plus facile à ses compagnons de venir la délivrer. Ensuite, elle se rendrait auprès du roi, puis, à moins qu'il ne sollicite de nouveau son aide, elle reprendrait la route de Domrémy ou d'Orléans, où sa maison l'attendait.

Le lendemain, John Berwoit avait disparu. William Talbot apprit à Jeanne qu'il avait été envoyé en mission sur la côte et qu'il était parti avant l'aube pour ne pas la réveiller. Le jeune capitaine ignorait tout des motifs de cette mutation ; l'huissier de même.

Comme le lui intimait la sentence d'abjuration, elle revêtit l'habit de femme que la duchesse de Bedford avait fait de nouveau déposer sur le grabat. Elle ne tarda pas à regretter ce mouvement d'obéissance. Au cours de la nuit elle vit des ombres pénétrer dans sa geôle à la clarté louche d'une lanterne de corne et s'agiter autour de son grabat. Des mains couraient sur son corps comme de grosses araignées, fouillaient sous sa robe, glissaient le long de ses cuisses. Elle se débattit, fit un tel vacarme qu'en un instant sa geôle fut désertée.

Le matin, elle reprit ses habits d'homme, noua ses chausses plus serré, toute frémissante encore du danger qu'elle avait encouru.

Scandale pour les membres du tribunal ! Prévenus par William Talbot de ce nouveau changement de tenue, ils surgirent dans sa cellule alors qu'elle distribuait des miettes à son pigeon.

– Que signifie, Jeanne ? s'écria Nicolas Loiseleur. Encore un de tes tours ? Tu es incorrigible ! Sais-tu ce que tu risques en revenant sur ton abjuration et en reprenant les habits d'homme ?

Elle répondit qu'elle l'ignorait ou ne s'en souvenait plus.

– Dans la dernière cédule d'abjuration que tu as signée, il était stipulé que tu renonçais aux habits d'homme. C'était une des conditions de ton pardon. Tu viens de trahir ta parole. Tu es donc considérée comme relapse ! Pourquoi cette nouvelle provocation ?

Elle nia toute provocation de sa part. Elle n'avait accompli ce geste que pour sa sécurité. Elle raconta ce qui lui était arrivé la nuit passée. William Talbot démentit : ç'avait été une nuit ordinaire ; cette fille était folle.

– Encore une machination de l'évêque ! s'écria-t-elle. Pourquoi n'est-il pas là ? Aurait-il honte de ses actes ?

Les religieux échangèrent un regard perplexe.

– Je crois ce que je vois ! dit Beaupère. Tu as fait le serment de renoncer à cette tenue. Tu t'es parjurée. Tu es donc jugée relapse !

– Fallait-il que je laisse ces houspilleurs abuser de moi pour mériter ma grâce ? J'ai peut-être failli à ma parole mais vous, mes juges, vous l'avez fait cent fois !

Pierre Maurice s'avança vers elle, un sourire aux lèvres, et lui dit de sa voix la plus suave :

– Et tes voix, Jeanne, que pensent-elles de ton attitude ?

– Elles m'ont jugée sévèrement, me reprochant d'avoir trahi ma foi pour sauver ma vie. Elles m'ont prévenue que je risquais la damnation éternelle. Tout ce que j'ai dit était par peur du bûcher, mais je préfère mourir plutôt que d'être violée ou de rester en prison le restant de mes jours sous la garde de soldats.

Nicolas Loiseleur se pencha à l'oreille de Pierre Maurice.

– Cette réponse de Jeanne, dit-il, va lui coûter la vie.

Ils se retirèrent tête basse, sans ajouter un mot.

Dans les heures qui suivirent, prévenu du nouveau comportement de la rebelle, l'évêque réunit son tribunal une dernière fois pour lui demander son avis. Pour tous l'affaire était jugée : Jeanne devait être brûlée.

Certains proposèrent, avant de la livrer au bras séculier, de lui relire la dernière cédule d'abjuration que, de toute évidence, elle avait signée sans en comprendre un traître mot, et de lui demander les raisons qui lui avaient fait reprendre sa tenue masculine. Un prêtre anglais s'écria qu'il se faisait fort d'envoyer au bûcher, pour tenir compagnie à la sorcière, ceux qui s'acharnaient à vouloir la sauver. Tous baissèrent l'échine devant cette menace, sauf deux clercs qui souhaitèrent qu'on agît avec elle avec douceur. Un autre réclama au contraire la plus grande fermeté.

L'évêque remercia ses assesseurs de leur concours qui, dit-il, lui avait permis de juger *comme de droit et de raison.*

– Dès demain, je ferai tenir à la condamnée une citation à comparaître. Elle devra se présenter, accompagnée de l'huissier Massieu, à huit heures du matin, sur la place du Vieux-Marché pour se voir déclarée par nous relapse, excommuniée et hérétique.

– Hourra ! s'écria le prêtre anglais. Cette fois-ci nous la tenons ! *Capta est...*

Au sortir de cette brève conférence, l'évêque croisa sir Richard en train d'examiner un cheval dans la cour du château. Comme l'heure du déjeuner approchait, il lui dit :

– *Farewell,* Excellence ! Faites bonne chère. L'affaire est dans le sac...

Rouen, le 30 mai 1431

Ce matin du 30 mai, c'est John Grey qui vint éveiller Jeanne. Le jour paraissait à peine. Elle avait passé une nuit agitée et venait juste de trouver le sommeil.

– Tu vas changer de tenue, dit-il, revêtir cette tunique. Presse-toi ! Des moines dominicains attendent dans la cour que tu puisses les recevoir.

Elle revêtit la tunique de la duchesse, avala la soupe qu'un gardien lui présentait et, assise sur son grabat, attendit les visiteurs.

Les religieux étaient au nombre de trois. Deux d'entre eux : Martin Ladvenu et Isambard de la Pierre, avaient assisté comme assesseurs à quelques audiences ; le troisième était un jeune au regard timide et qui se tenait en retrait : Jean Toutmouillé.

– Jeanne, dit Ladvenu, nous avons une pénible mission à accomplir au nom du tribunal : t'annoncer que tu vas mourir aujourd'hui par le feu.

Il commença à lire la citation à comparaître mais les sanglots de Jeanne l'interrompirent. Elle gémissait :

– Seigneur Dieu ! Brûlée ? Mon corps net et entier réduit en cendres. J'aurais préféré que l'on me tranchât la tête. J'en appelle au juge suprême du mal que l'on me fait !

Tandis que le frère poursuivait d'une voix tremblante la lecture du document, d'autres religieux pénétrèrent dans la geôle, mine contrite, mains croisées sur le bas-ventre, capuchon baissé jusqu'aux sourcils. Elle reconnut parmi eux l'ange noir, Pierre Maurice, Loiseleur, Érard, Beaupère et quelques autres. Elle se dit qu'il ne manquait que l'évêque. Il survint peu après. Elle se leva pour l'apostropher violemment :

– Ah ! évêque, évêque ! C'est par vous que je vais mourir ! J'en appelle devant Dieu de votre décision !

– Oui, mon enfant, répondit Pierre Cauchon, il est vrai que tu vas mourir, mais c'est de ta faute : tu n'as pas tenu tes promesses, tu es retombée dans tes erreurs. Cet habit infâme dont tu t'es de nouveau revêtue...

– Je ne l'aurais pas fait si vous m'aviez enfermée en prison d'Église comme vous deviez le faire.

Jean Toutmouillé poussa une plainte, se cacha le visage et disparut. L'évêque s'offusqua de ce départ inopiné. Martin Isambart lui répondit que le frère Jean était un cœur sensible, un émotif...

Lorsque l'évêque, après s'être assuré que lecture avait été faite de la citation, se fut retiré, Jeanne demanda au frère Martin de l'entendre en confession et de lui donner le pain des anges.

– Tu viens d'être excommuniée, répondit le dominicain. La règle est donc de te refuser l'hostie. Je te promets pourtant de tenter une démarche auprès de l'évêque.

Il revint un moment plus tard, la mine réjouie. L'évêque lui avait répondu qu'on pouvait bien lui donner ce qu'elle demandait.

Après sa confession et sa communion, Jeanne pria les clercs qu'on la laissât seule jusqu'au moment du départ. De la pièce voisine on l'entendit invoquer ses frères du Paradis, tenir une conversation avec on ne savait qui.

Un roucoulement lui fit lever la tête : le pigeon au jabot couleur d'ardoise s'était perché sur le rebord de l'archère. Elle effrita pour lui quelques miettes qu'il vint picorer dans le creux de sa main.

La journée serait claire et chaude. Au-dessus d'un tapis épais de brume et de fumée les clochers de la cathédrale, de Saint-

Ouen, de Saint-Maclou et quelques autres projetaient flèches et tours vers les derniers nuages de la nuit. Un vol de corneilles passa en rafale au-dessus du château.

Au moment où Jeanne, interrompant un chœur de moines, apparut sur le seuil du donjon, elle resta figée de stupeur : Nicolas Loiseleur, qui venait de l'escorter, se prit la tête à deux mains et se mit à geindre d'une voix suraiguë en prononçant des mots incompréhensibles. D'une allure chancelante il traversa la cour jusqu'à la tour de la Grande-Chapelle, criant on ne savait quoi sous les sarcasmes des archers.

Jeanne fut hissée sur un chariot attelé d'un couple de bœufs, sans que l'on prît la précaution de la dissimuler sous une bâche, comme précédemment. Le cortège était impressionnant : une longue théorie de religieux porteurs de cierges précédait une centaine d'archers en grande tenue, arborant sur leur pourpoint les armes aux léopards.

La place du Vieux-Marché, toute proche, était déjà envahie, alors que toutes les cloches de Rouen sonnaient huit heures, par la foule des grandes festivités rouennaises. On l'abordait quand Jeanne demanda à Massieu quel jour on était.

– Le mercredi 30 mai, dit-il. Cela fait cent soixante-dix-huit jours que tu es prisonnière dans cette ville.

Elle semblait sereine, peu impressionnée en tout cas par les imprécations sporadiques montant de la foule, pas plus que par la vue des gibets d'où l'on avait enlevé les corps des suppliciés. En revanche, elle fut parcourue d'un frisson de peur en apercevant le soubassement de maçonnerie et l'estaque, sur lequel Mauger Leparmentier entassait les fagots.

Un archer lui délia les mains pour l'aider à descendre du chariot. John Grey lui ôta son chaperon de laine qu'il remplaça par une mitre de carton sur laquelle on avait écrit : *Hérétique... Relapse... Apostate... Idolâtre...* On avait oublié, et pour cause, l'accusation de sorcellerie.

Cernée de maisons aux façades et aux pignons à colombages et encorbellements, la place du Vieux-Marché était noire de monde. Il y avait des spectateurs jusque sur les toits et jusqu'aux fenêtres des mansardes qu'on appelait à Rouen les *belles voisines*. Il en montait une rumeur d'essaim ponctuée par des railleries et des sarcasmes qui soulevaient des tempêtes de rires. Quelque part sous un arbre un baladin jouait de la musette pour faire danser les filles.

Sur la place elle-même, enclose entre des alignements de maisons bourgeoises, les Halles aux Bois, à la Boucherie et le cimetière de Saint-Sauveur, on avait dressé des échafauds. Sur celui qui était accoté à la Halle au Bois on installa la Pucelle ; un autre, de plus vastes dimensions, destiné aux prélats et aux notables, se dressait contre le mur du cimetière. Le bûcher se dressait au milieu de la place, à l'endroit où, d'ordinaire, on procédait aux exécutions capitales ; on avait accroché à l'estaque un extrait de la sentence.

Massieu prit Jeanne par le bras pour la faire accéder, par un escalier fort raide, à l'échafaud qu'elle devait occuper dans l'attente de son supplice. Avant de la laisser seule il lui dit :

– Adieu mon enfant. Je suis obligé de te quitter. Sache que je ne t'oublierai pas et que je prierai pour toi chaque jour jusqu'à l'heure de ma mort.

Comme il avançait son visage pour l'embrasser, elle le repoussa en lui disant :

– En nom Dieu, n'en faites rien, sinon vous auriez à craindre pour votre sécurité ! Je vous sais gré de l'affection que vous n'avez cessé de me témoigner. Adieu...

C'est à un chanoine de Rouen, Nicolas Midi, que revint le soin de lire à la condamnée l'ultime admonestation de pure forme. Il s'écria, citant l'Epître aux Corinthiens :

– Si un membre souffre, les autres membres souffrent comme lui !

L'évêque ajouta, du haut de la tribune :

– Jeanne, tu es le membre pourri de notre Église et nous devons prendre garde à ce que l'infection n'attaque les autres membres. C'est ainsi que tu dois être rejetée de l'unité de l'Église, arrachée de son corps, livrée à la puissance séculière en souhaitant qu'avant ta mort et la mutilation de tes membres, elle modère l'exécution de la sentence.

Ce n'étaient que des mots. Agenouillée, Jeanne priait. Elle invoqua ses frères du Paradis, leur reprocha de l'avoir abandonnée, puis elle demanda pardon de ses fautes à ses juges, à ces prélats assassins, aux Anglais tortionnaires, au peuple hostile. Elle recommanda aux religieux de faire dire des messes pour le salut de son âme.

– Pour ce qui est de mon roi, dit-elle, sachez qu'il n'est en rien responsable de mes actes, en bien ou en mal.

Sur les tribunes, dans la foule, des gens pleuraient. Les Anglais, prêtres et soldats, riaient mais perdaient patience. L'un d'eux, un jeune officier, se planta, mains sur les hanches, devant la tribune des juges et lança à Pierre Cauchon :

– Quand vas-tu en finir, l'évêque, avec tes sermons ? Tu vas nous faire manquer notre dîner !

On ne tarda pas à lui donner satisfaction.

Le bailli de Rouen ordonna aux archers de conduire Jeanne au bûcher et de la confier au bourreau. Ils s'exécutèrent avec précipitation, si bien que Jeanne trébucha et qu'ils faillirent la traîner par les aisselles. Elle se tourna vers la foule en criant :

– Rouen, mauvaise ville ! Tu ne tarderas pas regretter de m'avoir laissée mourir !

Pudiquement, ainsi que le leur commandait la règle, les juges et les assesseurs se retirèrent tandis que le bourreau et ses aides aidaient Jeanne à escalader l'échelle menant à l'estaque. La plupart ne pouvaient retenir leurs larmes. Le cardinal de Winchester resta un moment seul à sa place, les mains sur son visage. On entendit un prélat dire d'une voix mouillée :

– Je souhaite qu'à ma mort mon âme rejoigne celle de cette fille.

Il fallut soutenir Pierre Maurice qui, venant de défaillir, s'accrochait à la rampe de la tribune. La plupart avaient rabattu leur capuchon pour cacher leurs larmes. Les frères Ladvenu et Isambard suivirent Massieu jusqu'au bas du bûcher où le bourreau était occupé à lier les mains de Jeanne dans son dos. Elle demandait qu'on lui apportât une croix. Un jeune officier anglais compatissant en confectionna une avec deux branchettes arrachées aux fagots. Elle la porta à ses lèvres et la glissa dans sa chemise. Isambard et Martin Ladvenu coururent à l'église Saint-Sauveur et y prirent une croix de procession qu'ils ramenèrent à la Pucelle.

Lorsque les aides de Mauger Leparmentier mirent le feu aux quatre coins du bûcher, une chape de silence tomba sur la foule. Jeanne invoqua à haute voix ses frères du Paradis. Lorsque les premières flammes soufflèrent autour d'elle leur chaleur avec les premières fumées, on l'entendit crier :

– Jésus !

Elle répéta six fois cet appel, les yeux fixés sur le crucifix que les frères tenaient proche de son visage, puis sa voix s'étrangla dans sa gorge et sa tête s'inclina sur son épaule.

On entendit Massieu s'écrier d'une voix brisée :

– Cela dépasse en cruauté tout ce qu'on peut voir ! Le bourreau aurait dû étrangler cette pauvresse pour lui éviter des souffrances inutiles. C'est la coutume. Pourquoi n'en a-t-il rien fait ?

– Il a reçu des ordres, dit Ladvenu, mais j'ignore de qui. On avait même demandé que le bourreau lui retirât sa robe pour l'exhiber nue à la populace. Il a pris sur lui de refuser. Ç'aurait été ajouter au martyre de cette pauvresse une cruelle humiliation.

Environnée de flammes, Jeanne parut soudain reprendre conscience. Les yeux exorbités, elle lança à plusieurs reprises le nom de Jésus, puis elle se tut définitivement. Les langues de feu grignotant sa robe révélaient à travers la fumée des lambeaux de peau écarlate puis cendreuse. Les yeux de la Pucelle se fermèrent, ses lèvres esquissèrent une grimace de douleur sous la mitre qui venait de se consumer, puis elle rendit l'âme.

– C'en est fini ! hoqueta Massieu en tombant dans les bras de Ladvenu. Notre Jeanne a cessé de vivre.

Attisé par les fourches que maniaient les aides, le brasier poursuivait inexorablement son œuvre. Des lamentations et des cris de femmes montaient de la foule soudain agitée de mouvements de terreur. Plus de cris hostiles, d'invectives, de rires. Un archer anglais ayant juré qu'il jetterait un fagot sur le bûcher pour hâter la mort de la Pucelle traversa la foule, ses mains plaquées sur son visage, en hurlant que les Anglais seraient maudits pour avoir brûlé une sainte ; on l'entraîna dans une auberge pour lui faire reprendre ses esprits devant une pinte de claret. Il n'arrêtait de boire et de gémir que pour raconter qu'au moment où Jeanne allait mourir il avait vu, de ses yeux vu, une colombe s'élever au-dessus des flammes.

Le bailli de Rouen s'avança jusqu'au pied du bûcher incandescent et lança à l'adresse du bourreau :

– Répands ce qui reste de soufre et de poix sur le cadavre, de manière qu'il n'en reste rien ! Après, tu écarteras les braises pour que l'on puisse constater que la combustion a été complète. Cette diablesse pourrait bien nous jouer un de ses tours...

Le bourreau s'exécuta. Le corps de la suppliciée n'était plus qu'un tapis de chairs charbonneuses. Il constata avec effroi que les entrailles et le cœur étaient intacts, et bredouilla :

– Justice est faite, monsieur le bailli...

– Fort bien, mon ami ! Vous allez mettre ces restes infâmes dans un sac de cuir pour aller les jeter dans la Seine. Il ne faut pas qu'il reste de cette hérétique de quoi faire la moindre relique...

16

LA HONTE ET LE REMORDS

Rouen, juin 1431

Une chape de plomb semblait recouvrir la ville.

On parlait à voix basse comme dans une église ; on marchait tête baissée, comme si l'on avait honte d'affronter le regard des autres. Peu de religieux dans la foule quotidienne : ils se terraient dans les presbytères, les hôtels particuliers, les cloîtres, par crainte d'être apostrophés et pris à partie comme cela s'était produit le lendemain du supplice. On avait dû enfermer la brute anglaise qui avait promis de hâter la combustion de Jeanne et avait failli tomber raide à la vue de la colombe, ajoutant qu'il avait vu le visage du Christ émerger des flammes. D'autres soldats couraient les cabarets en proclamant qu'une malédiction allait s'abattre sur le royaume d'Angleterre. Le bourreau, clamant partout qu'il craignait d'être damné, faillit être révoqué et emprisonné. Un religieux, le frère Bosquier, n'hésita pas à révéler sur une place publique que le procès de la Pucelle était un tissu d'iniquité ; il échappa aux foudres de l'évêque Cauchon en prétendant qu'il était ivre ; on le jeta en prison pour quelques mois.

Certains s'indignaient que l'on eût jeté à la Seine les restes de Jeanne au lieu de les ensevelir en terre consacrée. Au lendemain du supplice, des gardes chassèrent des femmes qui venaient recueillir les cendres du bûcher.

Le sentiment général était la honte.

Les religieux furent les premiers à la ressentir. Alors que les flammes arrachaient ses premiers cris à la Pucelle, ils n'avaient pu résister à l'émotion qui les étreignait et avaient pris la fuite en se répétant la malédiction que Jeanne avait lancée à Rouen. Nicolas Midi, l'un des contempteurs de la victime, fut des premiers à subir un châtiment : peu de temps après, atteint de la lèpre, il allait finir ses jours dans une maladrerie. L'adversaire le plus coriace de Jeanne, le promoteur-procureur Jean d'Estivet, mourait dans la misère quelque temps plus tard. Le duc de Bedford, Régent de France, tomba gravement malade.

Châtiments célestes, faits du hasard ? Bien malin qui aurait pu répondre.

Il fallait songer à faire sacrer le jeune roi qui commençait à donner des signes de dérangement.

À Reims ? Impossible : la ville était toujours occupée par les Français. On choisit Notre-Dame de Paris. En décembre, alors qu'il faisait son entrée dans la capitale sous une pluie battante et longeait les murailles de l'hôtel Saint-Pol, sa grand-mère impotente, la reine Isabeau, mère du roi Charles, se contenta de lui faire un signe de la main depuis sa fenêtre. Durant cette première journée et dans les jours qui suivirent, la foule ne lui montra qu'indifférence et hostilité. Le festin du sacre fut un désastre. L'enfant roi quitta la ville avant Noël, tête basse. Il gardait en mémoire les propos de la Pucelle qu'on lui avait rapportés : que les Anglais quitteraient la France avant sept ans.

On n'annonça le supplice de Jeanne au roi Charles qu'avec beaucoup de ménagement. On attendait des larmes ; il dit simplement, sans émotion apparente, que cela devait finir ainsi, qu'elle avait prévu et accepté cette fin, qu'elle n'était victime que d'elle-même. Le seul soupir qu'il poussa ne fut que de soulagement. Il pria son entourage de ne plus lui parler d'elle.

Charles avait d'autres préoccupations : le mariage, trois mois après la mort de Jeanne, d'une fille de Madame Yolande, que l'on appelait à présent la Vieille Reine, avec un héritier de Bretagne. Avec son goût du faste Madame Yolande avait vu grand : le 20 août la bonne noblesse de France envahit Amboise.

Dans le courrier qu'elle adressait à son gendre, pas une seule fois elle ne mentionna le nom de la Pucelle. Elle aurait sans doute aimé n'en garder aucun souvenir, alors qu'elle avait été l'instigatrice de l'épopée. Lorsque sa fille, Marie, l'épouse de Charles, se hasardait à parler de Jeanne elle la faisait taire et lui disait :

– J'avais besoin de cette bergerette inspirée pour régler mes affaires. Je l'ai sortie de la boue. Dommage qu'elle se soit prise pour une prophétesse et une miraculée !

– Mais enfin, mère, vous-même et le roi mon époux lui devez beaucoup ! Sans elle les Anglais occuperaient toute la France !

– Peut-être. Je ne sais. Ce que j'affirme, c'est qu'elle a eu tort, après le sacre, d'en faire plus qu'on n'attendait d'elle. Elle a péché par ambition et par orgueil.

La Vieille Reine avait ajouté de cette voix rude de montagnarde aragonaise qu'elle prenait souvent dans ses colères :

– En voilà assez ! Je vous prie de ne plus me parler d'elle à l'avenir !

Champtocé, octobre 1431

Quand Gilles s'éveilla dans l'aube brumeuse d'octobre, la bibliothèque de Champtocé, où il passait la plupart de ses nuits, était plongée dans la pénombre et froide comme une crypte. Il ranima d'une bourrée les braises subsistant de la flambée de la veille. Revenant vers le lit au chevet encombré de piles de livres, il resta un moment à contempler le bel adolescent qui avait partagé sa couche : il était nu, blanc et rose ; sa chevelure blonde frisottait sur son épaule ; un fil de salive avait glissé de la bouche au menton. Une image de beauté antique : Endymion endormi au bord d'une source. Une vision bouleversante, pure, insoutenable. Il se dit que la beauté est une provocation, que la détruire c'est affirmer son pouvoir. Où avait-il lu l'anecdote relatant l'histoire de cet *imperator* romain qui ne pouvait supporter la beauté des statues, leur regard vide, implacable, accusateur, et qui les brisait ?

Il sentait parfois monter en lui ce même désir implacable de détruire ce qui le dépassait et lui donnait une conscience suraiguë de son impuissance, de ses échecs, de ses doutes sur le monde et sur lui-même surtout. Ce garçon qu'il avait possédé au cours de la nuit, le plus cher de tous les chérubins de sa psallette, lui faisait injure et semblait le provoquer.

Il prit le poignard suspendu avec ses vêtements de jour à la potence, en éprouva le fil du bout du pouce, se pencha vers l'enfant, et, sans une hésitation, lui trancha la gorge. L'agonie fut brève mais pathétique : il en suivit les progrès dans le regard de sa victime.

Il se demanda comment se débarrasser du corps avant l'arrivée des domestiques et jugea que le plus simple était de le brûler. Il entreprit de le dépecer, surpris de la fragilité de ses membres, de leur légèreté d'oiseau. Il jeta les membres dans la cheminée, garda la tête un moment dans ses mains, l'embrassa sur les lèvres avant de la livrer aux flammes avec ce qui restait du corps.

Il se dit qu'il avait assez séjourné à Champtocé. On devait l'attendre à Orléans à l'occasion du mystère qu'il allait y faire jouer sur le parvis de la cathédrale. Il avait dû emprunter à Jacques Boucher des sommes importantes pour ce spectacle qu'il comptait dédier à Jeanne. Il n'avait plus un sou vaillant, et ce n'est pas son épouse, Catherine de Thouars, installée à Parthenay, qui pourrait l'aider dans ses fantaisies ruineuses.

Sa décision de mettre un terme à la guerre et aux mondanités se confirmait. Il allait brûler ses dernières ressources dans les fêtes d'Orléans, donner une dernière fois l'image de sa splendeur, de la gloire de Jeanne, avant de se retirer et de ne plus faire parler de lui.

La mort de sa compagne l'avait bouleversé. Il s'accusait de ne pas l'avoir soutenue comme il aurait dû le faire, d'avoir mal préparé l'expédition sur Rouen, mais il convenait qu'il eût fallu un miracle pour la sauver. Le souhaitait-elle vraiment, d'ailleurs ?

C'est à elle, à son épopée, à son martyre, qu'il allait consacrer ce dernier éclat de sa magnificence. Il avait choisi d'intituler son spectacle : *Le Mystère du siège d'Orléans...*

L'après Jeanne...

Il avait bien fallu se résoudre à admettre que ce pauvre Guillaume aurait mieux fait de rester dans ses montagnes du Gévaudan plutôt que de chercher à tirer gloire de ses stigmates. On avait vainement tenté d'en faire un substitut de la Pucelle mais, outre qu'il était ignare, que ses prophéties étaient vite éventées, il était plus sot, disaient certains, que la plus sotte de ses brébiales. Un innocent.

L'affaire lancée, on l'avait amené devant Louviers que les Anglais venaient de reprendre en se proposant d'aller ensuite porter leurs armes devant Beauvais. Ils avaient à leur tête les plus grands capitaines d'Angleterre ; en face d'eux, des chefs qui, en perdant Jeanne, avaient perdu un peu de leur âme et de leur ardeur : le vieux Boussac, La Hire, Xaintrailles, avec comme palladium le berger du Gévaudan. Après une bataille âpre et sanglante, les Français se débandèrent, laissant aux mains de l'ennemi ce nigaud de Guillaume. Il eut beau leur montrer ses stigmates, se proclamer l'envoyé de Dieu, les Anglais, qui ne comprenaient rien à son charabia, le jetèrent en prison puis à la Seine.

Au comble de sa puissance, La Trémoille, plus que jamais, jouait les maires du palais.

Son coffre gagnait en opulence et lui en obésité : devenu monstrueux il ne se déplaçait qu'en litière. Après la mort de Jeanne, le roi ayant replongé dans son inertie, avec de temps à autre des vagues de remords qui lui arrachaient des larmes, les décisions importantes étaient du ressort du Gros Georges. Il avait été l'usurier du royaume ; il en devenait le vice-roi. Parvenu au sommet de sa puissance, il avait maîtrisé les acrimonies de Madame Yolande à l'encontre des Bourguignons. Il se dit que le moment était peut-être venu de se réconcilier avec son pire ennemi : le connétable Arthur de Richemont, qui se montrait toujours menaçant et dangereux. Il l'informa de son désir de le rencontrer afin de conclure une trêve qui serait le couronnement de sa diplomatie.

Richemont accepta mais, prudent, délégua trois de ses proches pour établir les préliminaires de la rencontre. À la suite d'une violente querelle, La Trémoille fit trancher la tête à deux d'entre eux et mit le troisième à rançon, ce qui laissait mal augurer de la suite des entretiens.

Pour Richemont, c'en était trop : il jura la mort de son cousin.

Une nuit de juin de l'année 1433, tout dormait dans la forteresse de Chinon où demeuraient le roi et sa Cour, lorsque l'un des capitaines de la place et favori de Sa Majesté, Gaucourt, ouvrit discrètement une poterne et livra passage à un groupe d'une vingtaine de spadassins au service du connétable. Il leur fut facile d'accéder à la chambre que La Trémoille partageait avec son épouse. Ils se ruèrent sur le monstre et le lardèrent de coups de poignard sans qu'aucun d'eux, à travers l'épaisseur de graisse qui enveloppait le corps, pût atteindre un organe vital. Ils le ficelèrent, le traînèrent à grand-peine jusqu'au château de Montrésor, mal en point mais toujours vivant. Richemont se dit que, plutôt que de l'achever sans autre profit que la satisfaction de la vengeance, il était plus judicieux de le mettre à rançon en lui faisant promettre de renoncer à ses fonctions. Le Gros Georges repartit vers son château de Sully en méditant sur les distances qui séparent le Capitole de la Roche Tarpéienne...

De tous les compagnons de Jeanne, un seul, Gilles de Rais, avait renoncé à se battre et s'était cloîtré dans ses forteresses de Champtocé et de Machecoul. On n'en avait plus de nouvelles.

Jean d'Alençon, le *beau duc* cher au cœur de Jeanne, se ruinait en guérillas et s'enfonçait dans un tenace sentiment d'animosité puis de haine contre le roi Charles, au point de négocier avec les Anglais et de lui faire la guerre. La Cour des Pairs le condamna à mort ; Charles le gracia.

Le bâtard Jean d'Orléans, comte de Dunois, ne posa pas les armes après la mort de la Pucelle. C'était l'un des plus fidèles sujets du roi et l'un de ses plus valeureux capitaines, impliqué dans la reconquête de la Normandie et de la Guyenne. Il n'eut pas affaire à un ingrat : Charles lui décerna le titre de grand chambellan à la place du Gros Georges.

On avait de temps à autre des nouvelles de La Hire et de Xaintrailles : deux fidèles, eux aussi, à la mémoire de Jeanne, en dépit de leur carrière dans le brigandage. Nommé par Charles capitaine général en Île-de-France deux ans après la mort de la Pucelle, La Hire imposa à la capitale un blocus sévère en attendant de la libérer du joug des Anglo-Bourguignons. Il fallut attendre l'année 1436 pour que Charles fît son entrée au Louvre. Sept ans plus tard La Hire mourait à Montauban, dans son lit, d'une pneumonie.

Jean Poton, seigneur de Xaintrailles, son vieux compagnon, allait lui survivre dix-huit ans. Charles appréciait les services de ce chevalier-brigand au point qu'il le nomma capitaine de Bourges et maréchal de France. Ce chef d'écorcheurs traqua les Anglais en Normandie, devint leur bête noire, les battit à Gerberoy et s'en fut mourir à Bordeaux, comblé d'honneur.

Jean d'Aulon, intendant de la maison de Jeanne, resta inconsolable de la captivité et de la mort de sa maîtresse. Il avait été son ami, son confident, son soutien durant les derniers mois de son existence, avant qu'elle ne fût transférée à Rouen. Il se reprocha, comme bien d'autres, de n'avoir pas tout tenté pour la délivrer. Il avait suggéré au roi un plan de campagne qui avait été rejeté. Jean d'Aulon n'en tint pas trop rigueur au souverain :

lorsque Charles entra dans Paris c'est lui qui tenait la bride de sa monture.

Devenu adulte, le petit roi Henri sentit se confirmer en lui une lourde hérédité. Agité de troubles mentaux il laissa sa femme, Marguerite d'Anjou, petite-fille de Madame Yolande, régner à sa place et s'efforcer de ramener la paix entre York et Lancastre engagés dans la Guerre des Deux-Roses. Chassé d'Angleterre par Édouard IV il n'y revint que pour mourir misérablement dans la Tour de Londres en se souvenant peut-être de cette pauvre prisonnière qui, au château de Bouvreuil, passait sous ses fenêtres et lui souriait.

Le duc de Bedford, Régent de France, ne survécut que quatre ans à Jeanne. Il avait obtenu les seigneuries d'Anjou et du Maine mais ne put jamais y résider. La Normandie était devenue son domaine, mais il avait soumis la population à une telle pression qu'il dut faire face à des rébellions qui lui rendaient la vie impossible.

Certains prétendaient avoir vu des larmes sur le visage de Pierre Cauchon au moment du supplice de la Pucelle. Difficile à croire... Il ambitionnait de coiffer la mitre d'archevêque de Rouen et la pourpre cardinalice sur ses vieux jours ; il n'obtint que l'évêché de Lisieux. C'était mal payer ses services ! Il en eut des remords jusqu'à la fin de ses jours. Un matin de l'an 1442, un serviteur était en train de lui faire la barbe quand il s'aperçut qu'il rasait un mort... Une des consolations de ce zélé serviteur de l'Église aura été de savoir que son nom entrerait dans l'Histoire avec celui de sa victime. À distance respectueuse, cela va de soi...

Madame Yolande disparut cette même année, en novembre, à Saumur. On l'inhuma à Saint-Maurice d'Angers, auprès de son mari, Louis II d'Anjou, qu'elle aima d'un amour d'autant plus vif qu'il était presque toujours en train de courir après ses chimères italiennes. On lui reprocha son comportement ingrat envers la Pucelle. Elle méritait pourtant que l'Histoire retînt son nom : elle avait contribué à fabriquer le mythe de Jeanne, à sauver le roi et la France.

Un matin de l'an 1444, au retour de la chasse, le roi trouva près d'un grand feu l'épouse du roi René, Isabelle de Lorraine, accompagnée d'une jeune femme à la mise sobre et au regard timide. Elle se nommait Agnès. Son père, Jean Sorel, était seigneur de Saint-Géran, modeste apanage de Touraine. Isabelle avait une idée en tête en présentant au roi ce joli tendron. Il lui fit les yeux doux ; elle répondit par un sourire qui allait lui ouvrir une carrière de favorite et jeter aux oubliettes les petites maîtresses de Sa Majesté. Charles lui fit quelques années plus tard un présent royal : le château de Beauté-sur-Marne, proche de Paris. Elle devint la Dame de Beauté, un titre à double face, qui lui allait comme un gant.

Charles voulut se donner à la fois à l'amour et à la guerre. Il fit la guerre. Quant à l'amour... c'était compter sans l'hostilité du dauphin Louis à qui la belle dame faisait ombrage : Agnès avait donné à son amant royal quatre bâtardes en six ans. Louis se dit qu'un bâtard eût risqué de compromettre son avenir. On trouva la Dame de Beauté morte en l'abbaye de Jumièges. Empoisonnée, dit-on, par le dauphin Louis. On ne prête qu'aux riches...

La Lorraine et le Barrois étaient décidément la terre des prodiges.

À peine Jeanne disparue surgit une nouvelle prophétesse prénommée Claude. Elle fit répandre autour d'elle une nouvelle stupéfiante : Jeanne n'avait pas été brûlée à Rouen ; on avait livré au bourreau une autre garce. Jeanne vivait et c'était elle, Claude.

Elle se présenta aux frères de la Pucelle ; ils tombèrent à genoux. C'était bien leur sœur ; elle portait derrière l'oreille une tache rouge qu'ils reconnurent sans peine.

Devenue l'épouse d'un modeste châtelain, Robert des Armoises, elle se dit que le moment était venu de reprendre sa carrière interrompue. Elle se rendit à Vaucouleurs où le sire de Baudricourt refusa de la reconnaître. Loin de se laisser décourager, elle chevaucha jusqu'à Orléans, embobelina les bourgeois, leur soutira des subsides mais poussa si loin ses exigences qu'ils finirent par douter d'elle.

Après diverses tribulations, accompagnée des frères de Jeanne qui voyaient en elle un moyen de redorer leur blason, elle fut reconnue comme simulatrice et condamnée au pilori.

Claude des Armoises avait au moins démontré une nouvelle fois que le peuple a et aura toujours besoin de merveilleux.

Rouen, novembre 1449

Jean Massieu pénétra le premier dans la salle de garde du donjon et fit signe à Guillaume Manchon, notaire à l'Officialité de Rouen, qu'on pouvait avancer. Il dit en s'inclinant devant le roi :

– Pardonnez à votre humble serviteur, sire, mais je ne ferai que suivre. Je me fais vieux et mes jambes peinent à monter les étages. Et puis, l'émotion, vous comprenez...

Tout était en place après dix-huit ans, comme si la Pucelle venait tout juste de quitter sa cellule pour être conduite sur la place du Vieux-Marché. La gorge serrée, Charles contempla comme des reliques les chaînes, la grosse poutre, les anneaux de fer, le grabat où Jeanne avait souffert le martyre. Il murmura :

– Ce n'est Dieu possible ! Comment a-t-elle pu supporter un tel traitement ?

Il eut un sursaut devant la cage de fer où les nouveaux gardiens avaient jeté leurs frusques. Manchon le rassura : Jeanne n'y avait jamais été enfermée.

– Elle ne l'aurait pas supporté. Elle en serait morte, et les Anglais voulaient la garder bien vivante pour la confier au bourreau.

Charles jeta un regard, par une archère, sur la colline de Bouvreuil ruisselante de pluie sous d'épaisses frondaisons rousses. Il se pencha à la petite fenêtre donnant sur les douves et la cour où s'opérait la relève des patrouilles sous l'averse qui avivait l'éclat des casques et des cuirasses. On venait de faire remonter des caves les derniers archers anglais qui s'y étaient réfugiés lorsque les troupes de Dunois, du comte du Maine et de René d'Anjou, traversant la ville conquise, étaient venues mettre le siège devant la forteresse défendue par le comte de Somerset. Liés de cordes, les Godons attendaient sous la pluie qu'on veuille bien délibérer sur leur sort.

– Comment, ajouta le roi, notre Jeanne a-t-elle pu supporter sans feu, en plein hiver, sous ce climat rude, sa captivité ? Beaucoup d'hommes à sa place seraient morts de froid. Qu'en dites-vous, maître Manchon ?

– Je ne puis rien en dire, sire. Je n'avais, en tant que greffier, qu'un rôle des plus modestes dans le tribunal. Un jour que j'avais mal transcrit une de ses réponses, Jeanne a menacé de me tirer les oreilles !

– Et vous, Massieu ?

– Jeanne était d'une autre nature que le commun des mortels. Une nature, j'oserais dire... divine. Les souffrances physiques semblaient n'avoir pas prise sur elle. Alors que je grelottais elle trouvait le moyen de plaisanter. Elle disait en touchant ma bosse que ça lui porterait chance. Mon Dieu, quand j'y pense, il me semble que mon vieux cœur va éclater...

Il montra du doigt l'archère donnant sur la colline de Bouvreuil, où un pigeon s'était posé.

– Elle aimait ces oiseaux, ajouta Massieu. Ils lui tenaient compagnie. Elle leur distribuait des miettes, leur parlait. Elle...

Il se détourna pour cacher ses larmes.

– Maître Manchon, dit le roi, je suppose que le tribunal a conservé les minutes du procès. J'aimerais les consulter afin de me faire une idée précise du déroulement de la procédure. Faites-les déposer dès ce soir à ma résidence, je vous prie.

– C'est que, sire...

– Eh bien, quoi ? Les auriez-vous égarées ?

– Non, sire, mais il faudrait un chariot pour les transporter.

– Alors trouvez-en un !

Le roi se tourna vers le vieil huissier qui essuyait ses larmes du revers de son poignet.

– Asseyons-nous sur ce grabat. Vous allez me raconter les derniers moments de la Pucelle. Vous avez été, m'a-t-on dit, l'un des rares à l'avoir vue encore vivante dans les flammes. Que pensez-vous de cette colombe qui se serait évadée du brasier, du visage ou du nom de Jésus que certains affirment avoir vu dans les flammes ?

– Ce sont de pieuses légendes, sire. La vérité se suffit à elle-même. C'est le misérable clerc que je suis qui vous l'affirme. Jeanne est morte avec beaucoup de courage et de dignité, c'est tout ce que je puis dire. Oui, sire, j'étais présent, je l'ai entendue crier le nom du Seigneur, j'ai vu les premières flammes brûler sa tunique, la première fumée la suffoquer. J'ai vu...

Brisé de chagrin il ne put en dire davantage.

– C'est bon... soupira Charles. Je vous sais gré de m'avoir assisté. Vous êtes un brave homme. Guidez-moi vers la place du Vieux-Marché. Je tiens à voir l'emplacement du bûcher et ce que Jeanne voyait avant de mourir.

– Elle semblait, se souvint Massieu, ne rien voir d'autre que le crucifix que le frère Ladvenu lui présentait.

Guillaume Bouillé, conseiller du roi Charles, ouvrit grands ses yeux : du chariot arrêté devant la porte, des ouvriers municipaux déchargeaient des paquets de documents qu'ils entassaient dans l'entrée.

– Mon Dieu ! s'exclama-t-il, qu'allons-nous faire de tout cela ?

– Ordre du roi ! fit Manchon. Ce sont toutes les pièces du procès.

– Mais... il faudrait des semaines pour tout lire !

Charles se mit à la tâche le soir même, à la chandelle, avec l'aide de Bouillé et d'un autre secrétaire. Ils y passèrent la nuit. Au petit matin, en prenant son matinel, le roi soupira :

– Ma conviction est faite : ce procès était falsifié d'un bout à l'autre. Si le sinistre évêque Cauchon était encore de ce monde je le ferais jeter aux fers et quelques autres canailles avec lui !

Il ajouta en finissant son bol de lait :

– Guillaume, nous n'allons pas en rester là ! Je veux que toute la vérité soit faite et que Jeanne soit réhabilitée. Vous allez vous mettre à l'œuvre sans plus tarder, interroger les derniers témoins du drame puisqu'il en reste encore. Je me dois de faire éclater la vérité aux yeux du monde. Une dette dont je tiens à m'acquitter.

D'enquête en interrogatoire, les recherches durèrent sept ans. Tous les témoignages concordaient : le procès de Jeanne avait été une infamie dont la responsabilité retombait sur les Anglais mais aussi et surtout sur l'Église. L'Inquisition, si sévère dans ses jugements, n'y avait qu'une part modeste. Un nouveau procès inquisitorial en nullité s'ouvrit à Notre-Dame de Paris, en présence des envoyés du pape Calixte III. La mère de Jeanne qui, après la mort de son époux, Jacques d'Arc, avait élu domicile à Orléans, était présente.

Il fallut attendre l'année 1909 pour que Jeanne fût béatifiée et l'année 1920 pour qu'elle fût canonisée.

L'Église romaine avait pris le temps de la réflexion.

Table

OUVRAGES DE MICHEL PEYRAMAURE

Grand Prix de la Société des gens de lettres
et prix Alexandre-Dumas
pour l'ensemble de son œuvre

Paradis entre quatre murs, Laffont.
Le Bal des ribauds, Laffont ; France-Loisirs.
Les Lions d'Aquitaine, Laffont, prix Limousin-Périgord.
Divine Cléopâtre, Laffont, collection « Couleurs du temps passé ».
Dieu m'attend à Médina, Laffont, collection « Couleurs du temps passé ».
L'Aigle des deux royaumes, Laffont, collection « Couleurs du temps passé » et Lucien Souny, Limoges.
Les Dieux de plume, Presses de la Cité, prix des Vikings.
Les Cendrillons de Monaco, Laffont, collection « L'Amour et la Couronne ».
La Caverne magique (La Fille des grandes plaines), Laffont, prix de l'académie du Périgord ; France-Loisirs.
Le Retable, Laffont et Lucien Souny, Limoges.
Le Chevalier de Paradis, Casterman, collection « Palme d'or » ; Lucien Souny, Limoges.
L'Œil arraché, Laffont.
Le Limousin, Solar ; Solarama.
L'Auberge de la mort, Pygmalion.
La Passion cathare :
1. *Les Fils de l'orgueil*, Laffont.
2. *Les Citadelles ardentes*, Laffont.

La Lumière et la Boue :
1. *Quand surgira l'étoile Absinthe*, Laffont ; Livre de Poche.
2. *Les Roses de fer*, Laffont, prix de la ville de Bordeaux ; Livre de Poche.

L'Orange de Noël, Laffont, prix du salon du Livre de Beauchamp ; Livre de Poche, France-Loisirs et Presses Pocket.
Le Printemps des pierres, Laffont ; Livre de Poche.
Les Montagnes du jour, éd. « Les Monédières ». Préface de Daniel Borzeix.
Sentiers du Limousin, Fayard.
Les Empires de cendre :
1. *Les Portes de Gergovie*, Laffont ; Presses Pocket et France-Loisirs.
2. *La Chair et le Bronze*, Laffont.
3. *La Porte noire*, Laffont.

La Division maudite, Laffont.
La Passion Béatrice, Laffont ; France-Loisirs et Presses Pocket.

Les Dames de Marsanges :
1. *Les Dames de Marsanges*, Laffont.
2. *La Montagne terrible*, Laffont.
3. *Demain après l'orage*, Laffont.

Napoléon :
1. *L'Étoile Bonaparte*, Laffont.
2. *L'Aigle et la Foudre*, Laffont.

Les Flammes du Paradis, Laffont ; Presses Pocket et France-Loisirs.
Les Tambours sauvages, Presses de la Cité, France-Loisirs et Presses Pocket.
Le Beau Monde, Laffont ; France-Loisirs et Presses Pocket.
Pacifique-Sud, Presses de la Cité, France-Loisirs et Presses Pocket.
Les Demoiselles des Écoles, Laffont ; France-Loisirs et Presses Pocket.
Martial Chabannes gardien des ruines, Laffont, prix du Printemps du livre de Montaigut ; France-Loisirs.
Louisiana, Presses de la Cité, France-Loisirs et Presses Pocket.
Un monde à sauver, Bartillat, prix Jules-Sandeau.

Henri IV :
1. *L'enfant roi de Navarre*, Laffont.
2. *Ralliez-vous à mon panache blanc !*, Laffont.
3. *Les amours, les passions et la gloire*, Laffont.

Lavalette grenadier d'Égypte, Laffont ; France-Loisirs.
La Tour des Anges, France-Loisirs.

Suzanne Valadon :
1. *Les Escaliers de Montmartre*, Laffont ; Grand livre du mois.
2. *Le Temps des ivresses*, Laffont ; Grand livre du mois.

Jeanne d'Arc :
1. *Et Dieu donnera la victoire*, Laffont.

Pour la jeunesse

La Vallée des mammouths, Grand Prix des Treize. Collection « Plein Vent », Laffont. Folio-Junior.
Les Colosses de Carthage. Collection « Plein Vent », Laffont.
Cordillère interdite. Collection « Plein Vent », Laffont.
Nous irons décrocher les nuages. Collection « Plein Vent », Laffont.
Je suis Napoléon Bonaparte. Belfond Jeunesse.

Éditions de luxe

Amour du Limousin (illustrations de J.-B. Valadié), Plaisir du Livre, Paris. Réédition (1986) aux éditions Fanlac, à Périgueux.

Èves du monde (illustrations de J.-B. Valadié), Art Média.
Valadié (album, Terre des Arts).

TOURISME

Le Limousin (Larousse).
La Corrèze (Ch. Bonneton).
Le Limousin (Ouest-France).
Brive (commentaire sur des gravures de Pierre Courtois), R. Moreau, Brive.
La Vie en Limousin (texte pour des photos de Pierre Batillot), « Les Monédières ».
Balade en Corrèze (photos de Sylvain Marchou), Les Trois-Épis, Brive.
Brive (Casterman).

Cet ouvrage a été réalisé par la
SOCIÉTÉ NOUVELLE FIRMIN-DIDOT
Mesnil-sur-l'Estrée
pour le compte des Éditions Robert Laffont
en avril 1999

Imprimé en France
Dépôt légal : mai 1999
N° d'édition : 39873 – N° d'impression : 46043